培训经理破局

付鑫龙 / 著

SPM 南方出版传媒 广东人民出版社

·广州·

图书在版编目（CIP）数据

培训经理．破局／付鑫龙著．—广州：广东人民出版社，2021.2
ISBN 978-7-218-14783-3

Ⅰ．①培… Ⅱ．①付… Ⅲ．①企业管理－职工培训 Ⅳ．① F272.92

中国版本图书馆 CIP 数据核字（2020）第 252225 号

Peixun Jingli·Poju

培训经理·破局

付鑫龙 著

出 版 人：肖风华

策划编辑：李幼萍　何楚晴
责任编辑：李幼萍　韦　玮
责任技编：吴彦斌
封面设计：林国劲
内文设计：奔流文化

出版发行：广东人民出版社
网　　址：http://www.gdpph.com
地　　址：广州市海珠区新港西路 204 号 2 号楼（邮政编码：510300）
电　　话：（020）85716809（总编室）
传　　真：（020）85716872
天猫网店：广东人民出版社旗舰店
网　　址：https://gdrmcbs.tmall.com
印　　刷：广东鹏腾宇文化创新有限公司
开　　本：787 毫米×1092 毫米　　　1/16
印　　张：20.75　　　　字　　数：320 千
版　　次：2021 年 2 月第 1 版
印　　次：2021 年 2 月第 1 次印刷
定　　价：49.80 元

如发现印装质量问题，影响阅读，请与出版社（020-32449105）联系调换。
售书热线：020-32449123

目 录

CONTENTS

第一章

岗位调整

看着手上这张盖着鲜红大戳的岗位调令，柯锋狠狠地掐了自己一把，锥心的疼痛提醒着他——这不是在做梦！！！

这纸岗位调令，令所有人感到震惊和疑惑，包括柯锋自己！

四个月前，当柯锋第一次接到粤富石油总部人力资源部的借调电话时，他欣喜若狂，兴奋得差点跳上了办公桌。从穷乡僻壤的新云借调到省会城市花城，这是柯锋做梦都在期盼的事情。何况今年1月份，柯锋还考取了省城重点大学的在职硕士研究生，如果可以调到花城，那就不用每周末来回奔波三百多公里去上课了。

但柯锋的欣喜没有持续多久，新云分公司老总齐大海就一盆冷水把他浇了个透心凉。对于柯锋借调到总部这件事，齐大海压根不同意，新云分公司根本不放人！

柯锋依旧清晰地记得自己向齐大海汇报借调时的情景。

齐大海肥硕的身躯窝在沙发椅里，听完柯锋的叙述，他眉毛抬了一下，淡淡地问道："小柯，你怎么考虑的？"

柯锋心里一紧，小心翼翼地回道："齐总，我想去，希望您能给我一个尝试的机会。"

"尝试的机会？"齐大海的语调拉得很长，脸上阴云阵阵，"新云分公司没有给你机会吗？我没记错的话，你这销售主管是年初才提拔上来的。"

"是的，"柯锋点了点头，诚恳道，"感谢齐总对我的栽培，柯锋没有一分钟敢忘记的。"

齐大海重重哼了一声："没有一分钟敢忘记的？那还提什么借调的事情？！"

听到齐大海这话，柯锋心里咯噔一下，慌忙稳住心神，嘴上忙不迭地争取道："齐总，销售工作我已经干了快五年了，所以想尝试接触一些新的工作，挑战一下，还请齐总一定给我这个机会！"

从毕业到现在，柯锋已经窝在中粤省这个最偏僻的小城市勤勤恳恳、默默无闻地奋斗了五年，他渴望去到中心城市，渴望有更大的舞台展示自己。虽然这次只是借调，并非正式的岗位调整，但借调总部就有晋升、留在总部的希望，所以柯锋必须抓住这次难得的机遇！

"挑战个屁！在新云分公司就没有挑战了吗？啊？以前你管两个高速加油站，现在做了销售主管，管着差不多二十个站，这挑战还不够吗？"齐大海提高了嗓门，脏话也随口飙了出来。

"齐总，我还是想试一试，毕竟做培训也是我的兴趣所在。"柯锋咬了咬牙，面对齐大海的盛怒，他难得地坚持了一下。

见柯锋是铁了心想去，齐大海的眉头皱在了一起，他用力一拍桌子："培训有什么好干的？要想干成事，就得待在销售，冲在一线！没我的同意，你哪儿都不许去！哪儿都去不了！"

"齐总……"柯锋抱着最后的一丝希望，低声哀求道。

"出去！"齐大海肥手一挥，脸侧向了窗户，懒得再看柯锋一眼。

柯锋嘴唇动了动，但最终没有发出声音，他知道此时无论自己再说什么，齐大海都是听不进去的。

在职场混，领导需求永远优先于个人需求！柯锋又不是初入职场的新兵蛋子，他瞬间明白像齐大海这种领导，其实压根不在乎下属的前途发展，他需要的是你能够帮他冲在一线，拿下业绩。至于其他的，都是扯淡！

满怀的希望被扼杀，柯锋一脸沮丧地退出了齐大海的办公室，齐大海说得没错，没有分公司一把手的点头，他确实是哪里也去不了！他双腿乏力，花了比平时更长的时间才回到自己的办公位置上。

"算了，如果实在不行，就赶在9月份的研究生开学前在花城另寻一份工作吧！"柯锋绝望而悲愤地想道。

接下来的日子，柯锋一边工作，一边在网上递交简历寻找机会，然而递交的简历都石沉大海。四个月后，他仍没收到一份面试通知，反倒接到了总部人力资源部的一纸调令：将柯锋从分公司的销售主管岗位调任到总部人力资源部的培训主管岗位。

最先收到这纸岗位调令的是新云分公司老总齐大海，这个消息就像一记闷棍一样砸在了他的脑门上，令他无比郁闷和愤怒。这借调和直接下调令根本是两码事，调令就说明这事儿板上钉钉，没有回旋的余地了。

总部的主管岗位与分公司的主管岗位相比，虽说职级一样，但实质上薪酬待遇却至少高了半级。难道柯锋这小子在总部层面还有比较强硬的后台和关系，是自己一直疏忽大意了？齐大海摩挲了一会儿自己圆滚的肚皮，打电话叫来人事经理黄欢，吩咐她私底下去了解了解情况。半天后，黄欢回来汇报，这个调令是人力资源部的陶彧部长亲自要求下发的，其他详情就不甚了了。

听闻调令是陶彧要求下发的，齐大海暗叫大意，谁能想到柯锋还跟人力资源部新来的正部长陶彧有着关系。虽说柯锋作为他手下做业务的一员干将，他实在舍不得放手，但自己与总部手握实权的人力资源部部长相比，那就是小巫见大巫了。齐大海生怕自己再一耽搁，把新来的部长给得罪了，哪里还敢再推诿怠慢，于是立刻吩咐黄欢协助柯锋办理工作交接。柯锋临行前，齐大海还特地组织全公司的员工为柯锋办了一场欢送晚宴，恭贺他步步高升。

就这样，在收到调令的一周后，柯锋坐上了驶向省城花城的大巴车。

3月份的借调，7月份的调令，难道都是苏芩副部长一手促成的？柯锋瞅着手里的岗位调令，脑海中浮现了一个身影，但随即他就摇起了头，调任总部主管，绝非是一个副部长所能决定的。但自己在总部层面，除了苏芩外，认识的领导没有几个，又有谁能在这种重大事情上帮到自己呢？至于齐大海在欢送晚宴上的各种明示暗示——让自己在新来的人力资源部部长陶彧面前帮说几句好话、拉拉关系，就更令柯锋诧异了。陶彧是谁？柯锋自己都不认识，怎么能帮他说上话呢？

柯锋思索了半天，也没有什么头绪，索性将岗位调令折好，重新放回到背包里。看向车窗外，成片的桉树林正从眼前掠过，柯锋心里不由生出一阵感慨：五年前自己到新云报到时，是这成片的桉树林见证了自己的到来。五年后，当自己要离开新云时，一路目送自己的依旧是这成片的桉树林。

"年年岁岁花相似，岁岁年年人不同。"柯锋轻叹一声。眼看大巴车到了花城边界，他索性闭上了眼睛，打算眯一会儿。

"丁零零——"柯锋闭目养神没多久，手机铃声就响了起来。他从兜里掏出手机一看，来电显示：许辰逸。

"到哪里了？"接通电话，许辰逸的声音飘了过来。

"已经到花城了，估计再有二十来分钟就可以到车站。"柯锋瞅了瞅窗外，应道。

"好，到了车站，你打个车去总部吧，别耽误报到的事。"许辰逸叮嘱道。

"嗯，知道。这次太匆忙了，我也没有带太多东西。等这边安顿好后，回新云收拾东西的时候，我再抽空去庆州和你聚聚。"

"先把活儿干好吧，聚不聚的都无所谓。"许辰逸说完顿了顿，接着道，"蒋鹏也在人力资源部，你要多留意些。"

许辰逸这话讲得含蓄，但柯锋已经明白了他的意思，笑道："放心吧，我应付得来。"

"好的，有事打电话。"许辰逸见柯锋收到自己的提醒，也不再多说，寒暄两句后就挂了电话。

柯锋将手机放回兜里，叹了口气，调到人力资源部，自然是要天天和蒋鹏打交道了。想起他与蒋鹏的结怨，柯锋不禁苦笑着摇了摇头：这还真是城门失火，殃及池鱼啊！

此时，在花城粤富能源大厦附近的一家湘菜馆"聚湘阁"里，两位年轻人正等着享用午餐。

年纪较轻的男子，二十三四岁的模样，浓眉短发，精神干练。他正细心地用开水烫洗着餐具，待全部烫洗完毕、摆置整齐后，他又给旁边男子的茶杯中添好茶水，这才坐定下来。年长一点的男子则跷着二郎腿坐在一边，任由年轻男子忙活。他看起来二十八九岁的样子，清瘦的脸上架着一副金边眼镜，身材修长，虽然也和年轻男子一样穿着白色衬衫，但显然不是年轻男子那种公司制服，而是没有一丝褶皱、非常考究的品牌衬衣。

"鹏哥，听说新调来的培训主管下午报到？"年轻男子开口，打破了沉默。

这个被称为"鹏哥"的男子正是蒋鹏，他本来心不在焉，听到年轻男子的问话，鼻子中轻哼一声，漫不经心道："是的，叫柯锋，跟我同一届的。"

年轻男子并未注意到蒋鹏的表情变化，听闻这新来的主管和蒋鹏是同一届的，于是热情地接话道："原来是和鹏哥同一届的啊，这下太好了，都是熟人。"

蒋鹏脸色一沉，不悦道："小川，我和这柯锋虽是同届，但不熟。"

年轻人听完愣了一下，他全名叫郭小川，是去年才毕业的大学生，今年5月份刚刚被借调到人力资源部工作。因为他和蒋鹏是同一院校、同一专业毕业的，算得上是同门师兄弟，所以平时就走得比较近。

郭小川本以为这新来的柯锋和自己这位师兄关系不错，这才多说了两句，没承想到这马屁直接就拍在马腿上了。看蒋鹏这脸色，那岂止是和柯锋不熟，这摆明了两人是有深仇旧怨啊！

恰在此时，菜馆的服务员将两人点的剁椒鱼头端上了桌，辣椒色泽红亮，均匀地铺排在肉质细嫩的鱼头上，令人垂涎欲滴。郭小川慌忙起身，用公筷夹起一块鱼肉放到了蒋鹏的碗中，打着马虎眼说道："鹏哥，这家的鱼头味道不错，够辣，够地道，你先尝尝。"

蒋鹏夹起碗中的鱼肉，却并未直接送进嘴里。他举着筷子，心中琢磨着：这柯锋也是神通广大，竟然直接从新云分公司调到部里来了，听闻他和新来的部长陶彧有着深厚的关系，也不知道是真是假？

蒋鹏边想边将鱼肉放进嘴里，咬了一口。可恰巧这块鱼肉中的刺并未剔净，有一根鱼刺直直扎进了蒋鹏的牙床，痛得他"哎呦"一声。他顾不上形象，一扔筷子，直接伸手去抠鱼刺，好不容易才把鱼刺拔了出来，牙床上的血也已经沾到了他修长白皙的手指上。看着手指上的血迹，蒋鹏心里恨恨地骂道：这柯锋还真是灾星，他一来我就没好事！哼，等他到了部里，我一定让他好看！

这边，刚到花城车站，正从大巴车上走下来的柯锋，忽然不自觉地打了个冷战。他疑惑地抬头看了看这7月骄阳似火的天，感受着花城空气中迎面扑来的热浪，心里一阵纳闷："这么热的天还打冷战，真是活见鬼了！"

他摇了摇头，抬腿向站外走去。

第二章

又见面了

下了出租车，柯锋抬头望了眼矗立着的粤富能源大厦，不觉踌躇满志。

海阔凭鱼跃，天高任鸟飞！五年了，自己终于如愿以偿，从偏僻的新云市调进了花城总部。

粤富能源大厦是粤富能源集团及其下属分公司、子公司的总部所在地，位于花城CBD中心，总高八十八层，顶层外观设计黑白相间、错落有致，犹如一个竖起的棋盘，是花城的地标性建筑。

望着这棋盘似的高楼，柯锋忽然想到了一句棋语：方若棋盘，圆若棋子，动若棋生，静若棋死。自己跨进棋盘中的这一步，是职业发展的突破重生，还是会被困局中？谁也无法预料。

柯锋在一楼前台办理好登记手续，转入到电梯间。他所在的粤富石油是粤富能源集团的子公司，办公楼层在六十至六十六楼。柯锋搭乘电梯到了六十五楼，找到了粤富石油人力资源部的门牌。

此时，距离下午上班时间还有二十多分钟，柯锋隔着玻璃往里面一瞅，办公室里漆黑一片，大多数人还在午休。他犹豫了一下，还是决定先站在办公室的门外等候片刻。

站了没多久，柯锋身后传来了"噔——噔——噔"高跟鞋踩地的声响。他扭过头，但只看了一眼，就慌忙转身迎了上去，恭敬地打了声招呼："苏部长好！"

来人正是人力资源部副部长苏芩。她身穿一身干练的职业套装，身材修长，气质优雅，年龄在四十五岁上下，不过由于保养得宜，看起来却只有四十出头的样子。

苏芩笑容满面："小柯啊，刚到吗？走，先去我办公室坐坐。"说完，就在前面领路，带着柯锋踏进了人力资源部的办公大门。

柯锋毕业以后一直在新云分公司工作，来总部的机会并不是太多，到人力资源部更是头一遭。他环视一周，整个人力资源部的办公区域大概有三百平方米，除去左边两间部长室、右边一间部长室和一间会议室外，中间的位置用隔断隔开，作为员工工作区，有接近三十个工位。

进了苏芩的办公室，柯锋顿觉生机盎然，只见窗边摆了很多绿植盆栽，桌上的两盆兰花争奇斗艳、鲜艳欲滴。苏芩招呼柯锋在沙发上坐下，一边倒水，一边笑道："小柯，这终于是把你给调过来了啊。"

柯锋的屁股刚挨着沙发还没坐稳，听到苏芩这话，他霍地站起身来："小柯能有今天，要多谢苏部长的提携和关照。"

柯锋心里明白，虽然借调和岗位调整是两码事，但如果没有苏芩部长前面的举荐，自己今天无论如何也进不了人力资源部的门。自己跟苏部长不沾亲不带故，她能够如此看重自己、提携自己，怎能不感激涕零？

苏芩笑着摆了摆手："没什么关照不关照的，这以后的路还得靠你自己走。"

柯锋郑重地点了点头："部长放心，我一定会好好工作，不会给你丢人的。"

寒暄了一会儿，苏芩抬手看了看手腕上的精致手表，对柯锋说道："陶部长应该休息好了，我带你过去。"

柯锋在进到人力资源部时就已经注意到，与苏芩办公室相邻的那间部长室面积要大一些，应该就是正部长陶彧的房间。不过刚才的门是紧闭着的，也不知道陶彧是在午休，还是外出办事去了。现在听苏芩这样一说，陶彧多半一直就在办公室里。

到了门口，苏芩礼貌性地轻敲了下门，停顿了两秒，屋内传出一个沉稳有力的声音："请进。"

苏芩推门而入，柯锋紧紧跟在了后面。

办公室内的空间很大，足有五十来平方米，屋内的摆设端庄大气。此时，在宽大的办公桌后坐着一位额头饱满、四方脸庞、年龄在五十岁上下的中年男子，他就是人力资源部的正部长陶彧。

陶彧正在伏案书写着什么，他抬头看了一眼苏芩，伸手一指室内的沙发："苏部长，先坐，等我把手头的这份文件批完。"说完，看见跟着苏芩进来的柯锋，笔头顿了顿，笑道："小柯，我们又见面了。"

"部长好。"柯锋拘谨地应答了一声，心里惊诧道：又见面了？

柯锋刚进办公室看到陶彧的轮廓时，就觉得有些熟悉，等陶彧完全抬起头来，这饱满的额头、古铜色的面庞、深邃而冷峻的眼神让柯锋立刻意识到自己确实见过他，而且上一次见面的时间就在一个月前。

"难道自己这次岗位调整确实跟陶彧有关？"柯锋心里暗暗嘀咕。

约莫过了三分钟，陶彧将手头的文件处理完毕，他从办公桌后面绕了出来，坐到了侧边的沙发上。苏芩这才开口道："部长，小柯过来报到，我把他领到您这里来接受指示和安排。"

"什么指示不指示的？这以后是你的兵。"陶彧用手一指柯锋，哈哈一笑。

"我们都是您的兵。"苏芩笑着接话道。

"好了，苏部长，我们就别互相吹捧了。"陶彧把目光转向柯锋，打量了他几眼："小柯，你的课讲得不错！来公司几年了？都做过什么工作？"

"我2005年毕业加入公司，到现在刚好五年。其间做了四年的油站经理，一年的销售主管。"柯锋略显紧张，恭敬地答道。

"哦，做了四年的油站经理？据我所知，像你们这样的校招管培生（Management Trainee，指管理培训生），很少有人做油站经理的。"陶彧貌似不经意地问道。

"是的，部长，我们这一届就我一个人！"柯锋点了点头。

在工作两年后的公司管培生聚会上，蒋鹏还当着众人的面说过这个事情，全班三十八个人，除了中途离职的十个，剩余的二十七个都在总部或分公司的机关坐办公室，唯独只有柯锋一人还顶着烈日和寒风，在一线管着加油站。为啥？蒋鹏说这是柯锋大无畏的奉献精神的体现，号召大家向柯锋学习。实际上柯锋心里清楚，蒋鹏这是在讽刺他混得不行，只能待在油站！

"为什么选择去做油站经理？"陶彧继续问道。

"当时实习半年后，刚好有个油站经理离职，分公司领导征询我的意见，我觉得是个机会，就直接去做了。"柯锋解释道。

"是个机会？你这讲得倒有意思。"陶彧看了看苏芩，"我们粤富石油那么多油站经理的岗位，那么多的管培生，在大多数人眼中这都是苦差事吧？怎么在你眼中反倒是个机会？"

苏芩随声附和道："我们每年都花了很大力气动员管培生去竞聘油站经理岗位，可基本上没有人报名，像小柯这样的，确实是少数。"

"这个，我说出来怕两位部长笑话。"柯锋拘谨中带着些犹豫。

"没事，你尽管说。"苏芩在一旁鼓励道。

"刚毕业那会儿，我想的是趁年轻的时候，先去一线干干，了解了解基层业务，管管一线人员，体会和实践一下一线的基层管理，将来才有可能做好中层或者更高层的管理。"柯锋这话说得有点冒失，却也正是他真实的想法。

"志向远大嘛！不错！"陶彧点头赞赏道，"虽说基层管理和中高层管理差距比较大，但你在刚毕业时就有这样的想法，并且付诸了实践，难能可贵啊！"接着，陶彧话锋一转："小柯，你这次的岗位调整是培训主管。对于公司的培训现状，说说你的看法。"

陶彧的问话让柯锋心中一紧，如果刚才的开场只是寒暄闲聊的话，那么这个问题就让他觉得有点正式和严肃了。他想了想，如实答道："部长，虽然我本科学的是人力资源管理，可出来以后一直做的是销售工作，说到对培训的理解和看法，我当真是一知半解。"

陶彧对柯锋的犹犹豫豫有些不满，语气稍变："一知半解，那就知道什么说什么。"

柯锋这才体会到什么是领导威严，这以前，齐大海发火靠的是拍桌子增加气势，可陶彧部长只是脸色稍变，就让人觉得空气凝结，压力倍增，这完全不是一个量级的啊！

柯锋凝了凝神，知道现在不是退缩的时候，就硬着头皮讲道："部长，既然这样，我想还是从业务的角度来谈谈我对公司目前培训现状的理解，说得不对的地方，还请两位部长多指正。"

苏芩点了点头："小柯，你大胆说，不用太拘束。"

"我从2005年实习开始就一直待在新云分公司。前几年由于油品紧张，在油品资源受限的情况下，我们分公司油站规模几乎没有什么变化。2005年我刚加入时，新云分公司的加油站是十二座，到了2009年，不仅没有增加一座新的加油站，还关闭了一座。但自2009年开始，由于油品资源市场放开，仅这两年，新云分公司投运的加油站就有十座，在规模上几乎翻了一番。"柯锋边讲边观察着陶彧的反应，他担心自己讲的这些业务陶部长并不关心，却发现陶彧听得很是认真。

"不过，随着业务的迅速扩展，公司也出现了一些明显的问题。首先，加油站经理出现了断层，以前十个经理就够了，现在一下需要多一倍的人出来，根本没人顶得上。"

"嗯，加油站经理属于我们一线的关键岗位，这个岗位出现断层，是个很严重的问题。"陶彧点了点头，问道，"那新云分公司是如何解决的？"

"说实话，分公司的做法就是矬子里面拔高个儿，把一些加油站主管火速提拔上来了，也正因为提拔太快，很多人无法快速胜任岗位，出现了很多的问题，甚至发生了大的事故。我还为此总结了一句话，叫'少了一个优秀的主管，多了一个不称职的经理！'"

"这总结有点意思！"陶彧点了点头，柯锋的讲述跟自己之前调研情况出入不大，他对苏芩说道，"苏部长，我们这关键岗位的人才储备和培养没做好啊，人到用时方恨少。"

"部长批评得是，在关键岗位的人才储备和培养上，我们是需要多下功夫。"苏芩坦然地承担了责任，尽管之前的培训工作根本不是她分管的。

"其次，是新员工的问题。我们加油站一线员工流失率本来就高，新云分公司大概是40%，现在开站又快，每月都有二十来个新员工进入，需要他们迅速地学习和掌握技能，培训必须跟得上。而据我所知，我们各家分公司新员工培训基本没有统一的教材和规范，都是各搞各的，甚至会出现新员工不培训就直接上岗的情况。"柯锋不再顾忌，一股脑儿地将自己了解和思考到的问题倒了个干净。

陶彧听完柯锋的论述，沉默了一会儿，手指有节奏地敲了敲茶几：如果柯锋讲的是事实，这公司培训的现状比自己了解到的还要糟糕啊。他看了柯锋一眼，沉吟道："现在你是公司的培训主管，刚才你提到的问题，就是公司调你到这个岗位要解决的问题，你计划从哪个方面入手？"

这个问题让柯锋有点猝不及防，他略作思考，还是答道："新员工培训。"

"小柯，说说你的理由。"苏芩对柯锋的这个答案也比较好奇，插话道。

"其一，现在各个分公司都在大力投运加油站，业务需求紧；其二，新员工在油站岗位人数占比大，覆盖面广；其三，俗话说'基础不牢，地动山摇'，新员工培训是基础，夯实了基础，其他培训工作才能更有成效。"柯锋娓娓道出了自己的思考，不过还有一个原因他没有点明，就是对于新员工培训他本人有着一些经验，做起来更有把握。

"你觉得需要多长时间，新员工的培训可以做出成效？"陶彧单刀直入，追问道。

这个问题柯锋还真没有认真思考过，他索性咬了咬牙，拍了个脑袋："三个月吧。"

这个表态让一旁的苏芩眉头皱了一下，随即又恢复了平静。

"好，那就三个月，具体工作你向苏部长汇报，我期待看到你们的成绩。"陶彧说着，语气渐渐严肃了起来，"小柯，这三个月就当作你在部里的试用期吧！若做不好，你还得回新云分公司去。"

陶彧这话说得轻描淡写，却像一座忽然出现的巨山一样，压得柯锋喘不过气来。

试用期？竟然还有试用期？陶彧说的这件事太出乎柯锋的意料了，他本以为岗位调动，就是铁板钉钉的事情了，但现在按陶彧的说法，事情却并不是他想的这样。如果三个月做不出成绩，自己这培训主管的职位就会被撤掉，还得重新回新云分公司？到时候齐大海还能容他？恐怕连新云都回不去了。

想到这里，柯锋开始懊恼，自己这三个月的承诺许得太轻率了！但事已至此，他自知骑虎难下，唯有硬着头皮上了。

从陶彧的办公室出来，苏芩见柯锋眉头微皱，一脸沉郁，就拍了拍他的肩膀，安慰道："小锋，没事，这是部长给你在压担子呢，这点压力，我相信你还是能够承受的。"

听到苏芩的鼓励，柯锋把心一横：好好干一把，如果真干不好，大不了走人，有啥好怕的！他挤出一个笑容："部长，我一定会在三个月内干出成绩的，不辜负你的期望。"

"好，我带你去见见部里的其他同事。"苏芩说完，低声问了柯锋一句，"部里的郝部长，你熟悉吗？"

苏芩所说的郝部长，全名郝长春，是人力资源部的另外一名副部长，原本分管的就是招聘和培训工作，陶彧到任后重新做了职责划分，现在郝部长分管薪酬和绩效。

"不熟悉，没接触过。"柯锋如实答道。

"哦，"苏芩点了点头，不经意地提了一句，"当时在推荐培训主管人选时，郝部长是一直主张在人力资源部内部进行提拔或者换岗的。"

柯锋一愣，最终还是没有忍住自己的好奇心："那郝部长推荐的人选是？"

"蒋鹏。"苏芩轻声答道。

第三章

宴无好宴

吃完午饭，蒋鹏就一直心绪不宁，午觉也是眯了几分钟就醒了。他起身去了趟洗手间，然后又在吸烟区猫着吸了两根烟，这才回到了办公室。

回到自己的位置后，蒋鹏再也没了睡意。他索性收起躺椅，一边百无聊赖地上网浏览着新闻，一边用镜片的余光扫视着人力资源部的门口。他知道，今天下午他一定会看到一个人踏进人力资源部的门——那个曾经和现在都令他感到非常不快的老同学柯锋。说蒋鹏和柯锋是老同学吧，其实有点勉强，因为他们并非毕业于同一所院校。只不过加入粤富石油时，这些新人在培训中心一起度过了二十一天的入职集训，因此后来他们也常以"同学"自居。

没多久，蒋鹏就看到苏芩领着柯锋走进了人力资源部，两人先是在苏芩的办公室稍作停留，然后就直接去了正部长陶彧那里。蒋鹏竖起耳朵，想尽量听清楚里面的谈话内容，可奈何陶彧的办公室距离自己座位太远，又关着门，他费了半天劲却是徒劳无功。

半个小时后，苏芩和柯锋从陶彧的办公室退了出来。然后苏芩就带着柯锋，先见过了副部长郝长春，再一一跟部门里的同事见面打招呼。

蒋鹏见两人快要走到自己的工位时，暗暗整理了一下情绪，脸上瞬时挂起了灿烂的笑容，主动起身迎向柯锋。

"柯锋，你小子终于来了。我还以为你在分公司享福享得不想挪窝呢。"蒋鹏上前用力拍了拍柯锋的肩膀，爽声说道。

柯锋有点不太适应蒋鹏的热情，他稍微退了退，拉开两人的距离，这才说道："蒋鹏你就别损我了，我这不是快马加鞭地赶向组织报到来了吗？"

要是五年前，看到蒋鹏的这个热情劲，柯锋一定会认为许辰逸的提醒有点多余。可现在，蒋鹏这略带夸张的表演倒让他多了份警惕，看来自己以后在人力资源部真得处处留心啊，说不定哪天就会掉进坑里去。

蒋鹏对站在一旁的苏芩说道："苏部长，柯锋和我是一届的，2005年入职时我俩还住同一间宿舍呢。多谢您慧眼识才，把我这老同学从分公司调了上来。"

苏芩淡淡地笑了笑："既然你们是老同学，那我就不多介绍了。柯锋，蒋鹏现在主要负责绩效管理工作，他也是人力资源部的老人了，毕业以后一直就在部里，你要多向他请教学习。"

柯锋立刻表态道："我一定多向老同学学习，努力向优秀看齐。"

接着，苏芩伸手将郭小川招呼了过来："小川，这是柯锋，新来的培训主管，你以后协助他的工作。"

郭小川此刻正愣神呢。午饭时的蒋鹏对柯锋的冷漠态度，似有深仇大恨，可一转眼，现在打招呼的这股热乎劲，不免让郭小川产生了错觉：这中午吃饭时的情景到底是真实存在的呢，还是自己午休时做了一个恍惚的梦？如果不是梦，那自己这位师兄的变脸功夫真是让人叹为观止啊。

郭小川毕竟毕业还不到一年，为人也相对单纯，一时还理不清楚这中间的弯弯绕绕。

"小川，我说的话你听到了吗？"看郭小川有点失神，苏芩提醒道。

"听到了，苏部长，我这就把之前的培训工作整理一下，好好向柯主管汇报。"郭小川打了个激灵，忙不迭地答道。

"那小柯你就和小川一起熟悉下培训工作，有问题随时到办公室找我。"苏芩对柯锋说道。

"好的，部长。"柯锋点头答应。

苏芩走后，不多会儿，蒋鹏又绕到了柯锋的座位前，低声道："晚上有安排吗？没安排的话，兄弟请你喝酒，给你接风。"

"暂时没有。"柯锋本想拒绝，可这"伸手不打笑脸人"，何况自己和蒋鹏以前的那点恩怨，也可以借机消解消解，毕竟以后还要在一个部里长久共事。

"小川，一起来。晚上我请客，我们好好为柯主管接接风。"蒋鹏见柯锋应承得爽快，伸手扶了扶镜框，叮嘱了一旁的郭小川一句。

郭小川看到蒋鹏的殷勤劲，不禁打了个冷战：这师兄心里到底在想什么啊？不过，他也不敢拒绝，只得连声答道："好，好，知道了。"

柯锋配置好电脑，领取了自己的办公物品，与郭小川简单交流了一下培训工作，这时间就临近下班了。郭小川刚走，柯锋的电话就响了起来，他顺手拿起电话按了接听键，一个悦耳的声音传了过来："恭喜啊！"

"恭喜什么啊，换个环境、换个工作而已。"柯锋一听这声音就知道是谁，笑着说道。

"行行行，你就别跟我装了。怎么，晚上有空吗？我给你接风洗尘，好好庆祝庆祝。"电话那边发出了邀请。

"求之不得！不过今晚的时间被蒋鹏预定了，他要请我吃饭。"柯锋答道。

"蒋鹏……"电话那边的声音犹豫了一下，"那你可要注意点，宴无好宴啊。"

"放心，即使是鸿门宴，他也不是项羽，我也不会是刘邦。要不，你一起来？"柯锋邀请道。

"我来？你还真不怕事大啊！"电话那边的语调听起来有点夸张，"既然你们定好了，那我们找时间再约，晚上你自己注意点。"

"放心，我是不会忘记宰你这地主一顿的。"柯锋哈哈笑道。

晚上七点，孔府酒家。柯锋随着蒋鹏走进包间，他上下打量了一下包间的环境，这里的包间空间不算太大，但布置得井井有条，除就餐的圆桌外，还摆放了一张用于休憩喝茶的小沙发。而柯锋注意到在沙发一旁的角落中，此刻正放着三瓶未开封的白云边五星陈酿。看着这三瓶白酒，柯锋瞬间就明白了蒋鹏的打算。他不动声色，借口要去趟洗手间，然后就走了出去。

见柯锋出去，早早在包间里候着的郭小川试探着问蒋鹏："鹏哥，入职培训时你真的和柯主管住同一间宿舍，是舍友啊？"

蒋鹏正翻着菜单，听闻郭小川的话，把菜单重重地往桌子上一磕："小川，你是对我没向你汇报我和柯主管的关系有意见？"

郭小川一听这话，心里暗骂自己多嘴，连忙答道："鹏哥，你这说的哪里话？你就是借我十个胆，我也不敢啊！"

蒋鹏扫了郭小川一眼，这才又拿起菜单，慢条斯理地说道："今晚交代给你一个任务。"

"鹏哥尽管吩咐！"郭小川嘴上应承，心里暗骂自己愚蠢，看中午的阵仗，这蒋鹏和柯主管分明是八字不合啊，自己今天晚上就不应该来凑这个局！真是自找麻烦！

"你别坐我旁边，一会儿挨着柯主管坐。"蒋鹏指挥郭小川换了位置，眼光在镜片后闪烁，"柯主管酒量不错，你小子今天晚上给我陪好了！再说，以后你的工作还得多靠他提携照顾呢。"

蒋鹏这话半真半假，真的是郭小川以后要跟着柯锋做培训，自然少不了柯锋的照顾。假的则是柯锋的酒量不错，当年入职的时候蒋鹏的第一顿酒就是和柯锋喝的，当时两瓶啤酒就把柯锋喝翻了，第二天爬不起床，早上上课还是他帮柯锋请的假。两瓶啤酒就那样，何况今晚他为柯锋准备的是三斤白酒呢。

"没问题，鹏哥你就看我的表现吧。"郭小川拍着胸脯保证道。他确实不敢怠慢，自己实习一年要想顺利转正，还得多靠这位师兄在公司的关系。因此，今晚他必须陪好柯锋。

一会儿工夫，服务员就端上来各色菜肴，琳琅满目地摆了一桌。待柯锋坐定，蒋鹏满脸堆起了笑容，他提起酒杯缓缓站了起来，对柯锋说道："兄弟，恭喜你加入人力资源部，以后我们兄弟俩就可以并肩作战了。"

柯锋见蒋鹏起立，也随着站了起来，但并未提杯。他看了一眼蒋鹏手中的酒杯，微微一笑："蒋鹏，我们都差不多两年没见了，这第一顿酒不能这样喝吧。"

蒋鹏听到柯锋这话中有话，诧异道："不能这样喝？那你说应该怎么喝？"

此时，包间的门被轻轻推开，一位服务员端着三个高脚玻璃杯走了进来，她面向柯锋，恭敬地说道："这位先生，您要的酒杯，我帮您送过来了。"

蒋鹏看着服务员端进来的高脚杯，嘴巴惊成了"O"形，满脸的不可思议："柯锋，你要的杯子？我今晚可没带红酒啊。"

柯锋笑而不语，他接过服务员递来的杯子，拿起桌上刚打开的白云边，咕隆隆就径直倒了进去。一眨眼工夫，这一瓶白酒就被平均地分到了三个高脚杯里。

"我的计量水平还不错吧！"柯锋自我调侃了一句。接着他将一杯酒塞到还没回过神来的蒋鹏手中，自己则拿起了另外一杯，开口道："蒋鹏，这第一杯酒应该我敬你。多谢你在部里领导面前帮我美言，兄弟才从山沟沟里回到了大省城。这杯，我先干为敬！"

蒋鹏看着手中的白酒，神情都有点恍惚，这柯锋和五年前自己刚认识时那个喝两瓶啤酒就倒的人未免也差别太大了。他还在琢磨着这酒究竟应该怎么喝的时候，就听到了柯锋让他为之一颤的话："先干为敬！"

什么？先干为敬？这柯锋疯了吗？这高脚杯的白酒至少也有三两。这会儿筷子还没动一下呢，这柯锋就要先干为敬了？

等蒋鹏想要阻拦时，已然来不及了。柯锋昂起头，咕咚几下，就把杯中的白酒喝了个干干净净，而且眉头都没有皱一下。

柯锋喝完后，将杯子竖着倒了过来，竟没有多余的一滴酒滴落下来，果然干了个干干净净！

蒋鹏看柯锋这阵势，也来不及细思柯锋的酒量为何发生了这么大的变化。他心里想道："既然你能干，我也能干。何况等下我还有小川帮我顶呢，我就不信，我们两个还放倒不了你一个人。"他举起杯，也做出一副豪爽的样子，仰头将杯中酒全部倒进了嘴里。

蒋鹏这一杯白酒下肚，胃中立刻就开始翻江倒海。他本身酒量不错，一般喝个半斤八两没啥大问题。可他平时习惯喝慢酒，一小盅一小盅地慢慢品，没想到今天柯锋直接拿高酒杯就跟他干上了。

蒋鹏强行将酒气往下压了压，然后顺势坐到了椅子上，他伸手在桌上的梅菜扣肉里挑了一块肥腻的大肉塞进嘴里，边嚼边说道："来来来，柯锋，先吃菜，先吃菜。"

柯锋笑了笑，也跟着坐了下来，他一边吃菜，一边对一旁的郭小川吩咐道："小川，帮忙给我和你鹏哥把酒满上。"

有了饭菜垫底，过了一会儿，蒋鹏才逐渐缓过神来。他见柯锋正低头吃菜，就用眼神示意了一下郭小川，指示该他上阵了。郭小川心领神会，右手刚要去拿眼前的酒杯，不料柯锋噌地又站了起来，还顺势在他的肩膀上按了一把，把他稍微抬起的屁股又给按回到椅子上去了。

柯锋压根没瞧郭小川，他提起刚才小川为自己和蒋鹏倒的白酒，对蒋鹏说道："兄弟，并肩作战，再来一杯。"

蒋鹏这下真有点坐不住了，他慌忙拉住柯锋的手说道："兄弟，不急嘛，我们吃会儿再喝。"

柯锋哈哈一笑："好事成双嘛，没有兄弟你在部里帮我说话，怎么会有我今天和你并肩作战的机会啊。所以，必须得喝！"

蒋鹏听柯锋这话，表情多少有点尴尬，不过自己刚讲了要"并肩作战"，柯锋这是拿自己刚讲的话来堵自己啊。

"好，既然这样，那我就舍命陪君子了。"蒋鹏咬了咬牙，伸手扶了扶眼镜，心想：我还真不信，你柯锋现在的酒量能好到这种程度，可以连干六两白酒，咱们等着瞧！

"好，这才是兄弟嘛！"柯锋拿起酒杯，和蒋鹏碰了一下，然后又扬起脖子准备喝下去。

蒋鹏话虽是讲了，可他却留了个心眼，他将杯子放到了嘴边却不着急去喝里面的酒。他要看看这第二杯白酒柯锋到底能否喝下去。如果他喝不下去，自己自然也就不用跟着喝了。谁料，这第二杯酒，柯锋也是毫不犹豫，咕咚几下，又给干了个干干净净！

柯锋手里举着空酒杯，浑身上下都冒着酒气，但他却依旧站得很稳，满脸笑意地盯着蒋鹏。

蒋鹏看这阵势，今天自己是被逼上梁山了，这不喝不行啊。他意气上涌，把心一横：干就干，难道我蒋鹏还真的干不过你柯锋不成？他第二次举起酒杯，将里面的白酒缓缓倒进了嘴里。

刚开始，这酒经嗓子，滋味倒也还可以，可后面却越来越辣，难以下咽。等蒋鹏将所有酒喝完，这胸口就搅在了一起，身体也开始不由自主地晃动起来。

蒋鹏慌忙用手扶住了餐桌边缘，拼命使劲稳住，慢慢地坐了下来。坐下后，他晃了晃脑袋强自振作，抬头看着柯锋，嘴里说道："柯锋，你……也坐。"

这话音刚落，蒋鹏眼中的柯锋的头像就开始摇晃，晃晃悠悠，仿佛柯锋的头一下子从一个变成了两个，又变成了三个、五个……等再看时，这头像就不只是摇晃了，而且旋转了起来，由小到大，越转越快，当这头像已经转得晃成一团时，蒋鹏的头"扑通"一声砸在了桌面上，整个人醉死了过去。

这"扑通"的一声把郭小川给吓了一跳，今天师兄的意图已经很明显了，就是合二人之力把柯锋拿下，在他到任的第一天给他来个下马威。可这柯锋还未拿下，蒋鹏自己倒先败下阵来，这是谁也没有预料到的。

郭小川慌忙从侧边绕了过来，他走到蒋鹏的背后，伸手用力地晃动了下蒋鹏的肩膀，蒋鹏只是象征性地哼唧了几下，就再没什么反应了。他有点不知所措地看着柯锋，问道："柯主管，这个……鹏哥不会有事吧？"

"没事，喝醉了而已，让他先睡会儿。"柯锋观察着蒋鹏的反应，急酒上头，应该没什么大碍。不过，以蒋鹏的性格，今天吃了这个暗亏，怕和自己的梁子只会越结越深。俗话说"君子报仇，十年不晚，小人报仇，从早到晚"，以后自己得处处小心了。

郭小川有点进退两难：这蒋鹏都喝倒了，自己这酒还喝不喝呢？不过看柯锋的样子也是在强打精神硬撑着，自己是不是应该趁机出击，将他一举拿下啊？要不明天师兄问起来，自己这边没法交代啊！

想到这儿，郭小川就捧起了酒杯，走到柯锋面前："锋哥，既然鹏哥喝醉了，那我敬你一杯。"

柯锋冷冷地看了他一眼，语气冰冷地说道："我们还有拿大杯喝的必要吗？"

柯锋这一眼也是威势十足，盯得郭小川心里扑腾直跳。他早听说这柯主管做油站经理时，手下五六十号人都被他管得服服帖帖，这岂能是好惹之辈？再听这话音，柯锋摆明是从一开始就知道了今天这个局的设计。

郭小川看看已经醉若烂泥的蒋鹏，犹豫了一下，最终还是将手中的玻璃杯换成了酒盅："那我就用这小杯敬你一杯，我先干为敬，锋哥你随意。"

碰完杯，柯锋看着倒在桌上的蒋鹏，想到了许辰逸昨天的电话叮嘱和下午的那个来电，忍不住心里感叹了一声：五年前他们刚结识的那会儿，谁能想到几人的关系会变成现在的这番模样。

第四章

出师未捷

第二天清晨，柯锋提前十五分钟到了办公室。刚毕业进油站实习那会儿，上班要提前十五分钟交接班，后来即使离开了油站，这个早到的习惯也一直被他保留了下来。

可能是昨晚酒喝得太猛，脑袋还有点隐隐炸痛，柯锋拉开背包的拉链，从里面拿出了一小罐蜂蜜。以前做业务时经常喝酒，蜂蜜就成了他常备的醒酒物品。

柯锋小口地啜饮着泡好的蜂蜜水，心中开始琢磨：油站的新员工培训应该如何操作？陶部长已经下了军令状，这三个月后一定要有所交代，否则后果不堪设想。

昨天柯锋查阅了公司过往的培训资料，内容不少，但都太零碎，可参考的价值并不大，看来这新员工培训的方案要从头构思和设计了。

上午十点钟，副部长郝长春从办公室走了出来，他喊了一声郭小川，问道："蒋鹏跑到哪里去了？怎么还没见他来上班？"

郭小川一愣，蒋鹏怕是昨晚被灌倒了，到现在还没有起床呢。他慌忙答道："郝部长，蒋主管可能去其他部门了，我现在就给他去个电话问问。"

郝长春满脸不悦地"嗯"了一声，然后就走回办公室去了。

柯锋这才注意到蒋鹏早上根本没来上班。难道是因为昨晚喝醉了到现在还没醒？他不由想起和蒋鹏第一次喝酒，因为自己酒量不行喝得第二天爬不起床，还是蒋鹏帮他请了病假。两相对比，柯锋心里不由起了一丝内疚：昨晚不逼他喝那么多酒就好了。

刚入职时，柯锋的酒量确实不行，可是在新云分公司做销售的这五年，就是泡在酒桌上锻炼酒量的五年。记得有一次，一位客运老板倒了五杯高酒杯的白酒，说一杯代表了一天一吨的油品销量，柯锋能喝多少杯，他就在柯锋的油站每天消费多少吨油。柯锋二话不说，端起每杯三两的高酒杯，直接就倒进了肚里。结果业务是拿下了，而柯锋人则躺进了医院，调养了差不多十天才出院。因此这五年，柯锋除了销售业绩"噌噌噌"地往上涨之外，酒量也是突飞猛进。而这些，蒋鹏是不清楚的。

将近十一点半的时候，蒋鹏才摇摇晃晃进了办公室，路过柯锋的工位时，他一改昨日的热情，连招呼都没有打一个，径直走了过去。

此时，蒋鹏心中一阵恼火。早上被郭小川的电话吵醒时，他才发现自己躺在家里的床上，至于怎么回的家，他一点印象都没有。听闻郝长春在找自己，蒋鹏一个激灵，酒就差不多醒了一半。他猛然想起今天早上还要向郝长春作薪酬方案的汇报，这下糟糕了！

按照蒋鹏昨晚的设想，接风的这顿酒不仅要把柯锋撂倒，而且最好能够让他今天爬不起床。这样，在到总部上班的第一天，柯锋就会给领导留下不好的印象，以后这日子自然就难熬了。谁想千算万算，却把自己给算计进去了。

待蒋鹏从郝长春办公室汇报完出来，他的脸色就更加阴沉了，不知是郝长春对报告本身不满意，还是对他无故缺席有意见，平时温和的郝长春竟然劈头盖脸地把他说了一顿，搞得他面红耳赤，毫无脸面。蒋鹏狠狠地盯了柯锋的背影一眼，心里骂道：姓柯的，咱俩没完！

柯锋此时根本没有时间理会蒋鹏，他所有的心思都投入到了油站新员工入职培训的方案中去了。一周后，柯锋拿着已经完善的方案踌躇满志地敲响了苏芩办公室的门。

"小柯啊，找我有事？"苏芩把柯锋让进了自己的办公室，将手边削好的一个苹果给柯锋递了过去。

柯锋客气了两句，见推辞不过，就接过了苹果，说道："部长，关于油站新员工培训的事情，我起草了一个基本方案，拿来让你给把把关。"

"哦，这么快？"苏芩略显诧异，她接过方案，顺带问道："到部里还适应吗？"

"适应，适应。"除了蒋鹏外，柯锋和部里的其他同事相处得都还算融洽。

/25/

第四章　出师未捷

"那就好。"苏芩缓缓打开办公桌上的眼镜盒，取出一副无框眼镜，详细地研究起柯锋递交的方案。

良久，苏芩摘下眼镜，轻轻点了点头："小柯，你这个方案整体写得还不错。"

咦？苏芩的反应有点平淡。柯锋本来对自己做的方案信心满满，不料却只得了个"还不错"的评价，而且感觉苏芩还是客气的成分居多。

在柯锋正胡思乱想时，苏芩问道："关于新员工培训的框架你打算如何梳理？"

"部长，我在方案中提了一个培训的框架，只不过不知道是否合适？"柯锋小心翼翼地问道。自己在方案中明明已经把新员工培训的框架和课程罗列进去了，为何苏部长还会提出这样的疑问？

"我看到了。"苏芩指了指报告中柯锋设计的那个课程框架，问道："你这个框架，有没有和业务部门碰过头？调研了几家分公司？他们的意见如何？"

苏芩的这一串问题让柯锋一时语塞，他只能如实答道："部长，我没有和业务部门碰过头，还没有调研……"

"小柯，公司在总部有专门的业务主管部门，下面也有二十家地市分公司，超过三百座油站，我看到你设计的这个框架内容还是偏窄了一些，这全面性可能不够。"苏芩认真地说道。

苏芩的话语虽轻，但却像一颗炸弹一般在柯锋的脑袋里炸响了。做方案时，柯锋自认为自己对油站的业务精通，而且组织了多场新云分公司新员工的培训，因此这框架就没有做任何调研，只是根据自己过往的经验做了梳理。可事实上，新云分公司确实只是粤富石油二十家分公司之一，自己曾经管理的油站也只是三百多座油站的其中一座。仅凭自己过往的这些经验就拍脑袋做出整个公司的新员工培训方案，确实以偏概全了。

此时办公室的冷气很足，但柯锋的脑门上已经微微有细汗渗出，他面露愧色："部长，这个我确实考虑得不够全面，有些拍脑袋了。"

苏芩见柯锋已经意识到了问题所在，脸色稍微缓和了一些："小柯，以前你只是在一个油站、一个分公司工作，考虑的是一个油站、一个分公司的情况。现在你到了总部，部里需要你协助我统筹管理整个公司的培训工作，所以看问题的角度一定要改变，要学会站在总部的高度考虑问题，统筹规划。同时，做任何一个决策前，都需要全方位搜集资料和信息，不能轻易下结论。"

"嗯，我知道了。"柯锋郑重地点了点头，苏部长教诲得极是，自己的角色确实还没有转变过来，站的位置还仅是停留在油站和分公司的层面。

"当然，相对于过去来说，现在你能调动的也是整个公司的培训资源，而不仅仅是你自己。"

苏芩指了指方案上课程开发的部分，补充了一句。

在方案设计中，柯锋原本的计划是课程开发由他自己和郭小川一手搞定的。现在看来，这想法是有点过于简单和幼稚了。

"吃苹果，别光拿着啊，边吃边说。"苏芩见柯锋的苹果放在了茶几上，一口没动，就换了个语气提醒道。

柯锋现在哪里还有心思吃苹果，他拿起苹果生硬地啃了一口，说："部长，这方案还有什么问题，你一块儿指给我吧。"

"好。"苏芩也不客气，"对于油站的新员工来说，你觉得究竟是这些你列出来的通用素质的课程重要，还是他们实际工作中操作的流程和标准更重要？"

"当然是实际操作的流程和标准更重要。"柯锋不假思索地答道。

"你是从油站出来的，那你觉得我们现在油站这些操作的流程、标准怎么样？"苏芩追问道。

"有是有，不过比较零碎。流程、标准没有统一，各个分公司甚至油站都是自己做自己的。"柯锋如实答道。

这话刚出口，柯锋脑门上的细汗就汇成了豆大的汗珠顺着脸颊流了下来。因为他猛然意识到自己的方案中竟然缺少了非常重要的一块：业务操作流程和标准的梳理。

苏芩说道："这个才是新员工培训的关键吧？教清楚之前必须要理清楚，我们现在操作流程和规范都没有梳理清楚，这新员工培训怎么可能做得好呢？"

"是，部长说得对。"柯锋抹了下头上的汗，感觉有点无地自容。自己是业务出身的，只是因为后续通用的课程讲得比较多，实际的操作都交由下面的主管去做了，所以在方案中就遗漏了这个非常核心和关键的内容。

"小柯，你是业务出身，课讲得又好，这是陶部长和我都非常欣赏的地方。但到了部里，做事一定要稳，切不可急于求成。那天你在陶部长面前立军令状，打包票三个月把新员工培训的事情搞定，就有点太着急了。"苏芩正色说道，"我理解这三个月的试用期让你压力巨大，急于做出成绩，但合适的压力是动力，过重的压力可会让人犯低级错误的。"

"部长教训得是，我确实有点急于求成了。"柯锋坦诚地认错道，"回去我再好好考虑一下，多方调研和搜集一下信息，重新做个方案出来。"

"好的，不着急，做事要稳扎稳打，慢就是快。"苏芩叮嘱了一句。她今天的这番教导也是用心良苦，柯锋有行动力是非常值得肯定的，何况他设计的方案对于一个刚步入培训主管岗位的人来说已经着实不错。但柯锋身上的这份急躁不仅不能成事，还有可能误事，所以她必须尽早提醒。

和苏芩的这次谈话，使柯锋清醒地认识到了两件事情：其一，部里的工作和以前在分公司、油站的工作截然不同，看待问题和考虑问题的立场和角度要转变；其二，培训管理和讲课是两码事，自己虽然课讲得好，但在培训管理这个专业上还是个彻彻底底的新手，需要从头开始学习。

出师未捷，不仅首次给领导递交的方案被否定，而且接下来的方案到底应该如何修改完善，柯锋一时也没有思绪，这让他多少有点烦闷和沮丧。

在座位上呆坐了一会儿，柯锋的手机响了起来。他拿起电话看了一眼，不由用手狠狠地拍了下脑门：最近忙着写方案，竟把这么重要的人给忘记了。

第五章

邂逅培训

下班后，柯锋收拾完东西来到楼下，然后坐在一楼的候客沙发区翻看着报纸。

没多久，从写字楼电梯中走出一位女孩，但见她一袭白裙，一头秀发在脑后扎成了马尾，格外清雅秀丽。这女孩四处瞅了瞅，瞧见了坐在沙发区的柯锋，就加紧脚步走了过去。

柯锋感觉到有人站在了自己面前，一抬头，就看到白黎正眨巴着水灵的大眼睛。他咧嘴一笑，站起身来："老同学，好久不见啊。"

白黎撇了撇嘴："我可没有架子这么大的老同学。这都来了一个多礼拜了，才赏脸让我见上一面！"

"这不是刚到部里，要好好表现嘛。"柯锋耸了耸肩，辩解道，"再说了，在老同学面前摆架子，你借我十个胆，我也不敢啊。"

"得了，得了。"白黎白了柯锋一眼，"走，我今天带你去吃顿好的，给你接风。"

"恭敬不如从命。"柯锋做了个"先请"的动作。

两人在粤富能源大厦门口叫了一辆的士，司机在白黎的指挥下，左转右绕，最后停在了一个艺术园区的门口。

"榕城工坊"——柯锋抬头瞅着这几个大字，疑惑地看着白黎："在这里吃饭？"

"是啊。这里以前是一个旧的厂房区，后来被改造了，里面既有展馆，可以看一些艺术展览，也有吃饭的地方，特别适合你这种文艺青年。"白黎随口介绍道，看来她对这个地方非常熟悉。

"文艺青年？我啥时候成文艺青年了？"柯锋环顾园区的布置，反问道。

"你还不是文艺青年？"白黎瞪大了眼睛，"记得当年毕业，我们两个一起乘火车来公司报到，火车出古都时，我问你什么感受，当时你回答了一句……"

"西北望长安，可怜无数山。"柯锋轻叹一声，这个情景他也有印象。只不过那时那刻，随口的一句回答蕴含了太多复杂的情愫。

"瞅瞅，这还不是文艺青年？"白黎揶揄了一句，在前面领路，柯锋跟了上去。

如果说柯锋与蒋鹏的"老同学"关系尚有勉强的成分的话，那白黎与柯锋则是货真价实的老同学了。两人毕业于同一所大学、同一个学院，毕业后签了同一家公司，2005年7月搭乘同一趟火车来粤富石油报到。

白黎带着柯锋在园区里转了转，在几个开放的展馆里溜达了一会儿，最后在一家川菜馆前停了下来。这家川菜馆被几棵大榕树环绕，外面碧艳青翠，里面环境优雅，确实是就餐小聚的佳地。

两人就座，点完餐后，白黎笑嘻嘻地问道："你那天鸿门赴宴的结果如何？"

柯锋为白黎斟上茶水，给自己也倒满一杯，苦着个脸说道："还能怎么样？那天蒋鹏拿了三瓶白云边，还带了小师弟，车轮战，惨不忍睹啊！"

白黎听到柯锋这话，内心不由泛起一阵歉意："唉，这事怪我，要不是当年的事，恐怕蒋鹏也不会这么对你了。"

柯锋哈哈一笑："怪你什么？那天蒋鹏摆好了阵势，要把我喝个底朝天。结果呢，被我先下手为强——拿下了！饭还没吃半小时，他就喝趴在桌上了！"

白黎这才回过神来，敢情这惨不忍睹的是蒋鹏啊，还害自己内疚了半天。她竖起大拇指："你牛，看来在下面做销售，你这酒没少喝啊。"

"没办法，酒量决定销量。"说完，柯锋轻叹一声，"只是没想到刚回到花城，就碰上了蒋鹏的鸿门宴，酒量是用上了，但这跟蒋鹏结的疙瘩恐怕一时半会儿是解不开了。"

白黎秀眉微蹙，略带歉意地笑了笑："不好意思，城门失火，殃及池鱼了。我记得刚入职时你和他还住同一个房间，是舍友来着。"

"是啊。要不是舍友，也不存在让我牵线搭桥的事啊，我也不至于这么遭他怨恨。"柯锋看着白黎，表现出一副无辜受害者的模样。

"好，都怪我，行了吧。"白黎拿起茶杯，"那小女子以茶代酒，敬你一杯，欢迎老同学回到总部，来到花城。"

柯锋拿起杯子晃了晃，说："是啊，时隔五年，我胡汉三又回来了。"

两人边吃边聊，不由说起了柯锋这次从新云调动到花城总部的事情。

"你这次的调动究竟是怎么回事？"对于柯锋调动的缘由，白黎和其他人一样充满了好奇。

"运气，全凭运气。"柯锋夹起一块鱼肉，举着筷子笑道。

"你就别在老同学面前装了，说说，究竟是怎么回事？"白黎翻了个白眼，她才不信柯锋这话。

"好吧，那我就实话实说了。6月份人力资源部在庆州搞了个加油站经理培训，恰巧原来讲课的讲师病了，恰巧时间又很紧，恰巧他们就找到了我，我那天讲课的时候恰巧又被新来的陶彧部长碰上了，所以我就阴差阳错地被他调到总部来了。"

"不是吧？"听到柯锋的解释，白黎一脸的不可思议，"你这也太巧合了！你这是在编故事哄小孩吗？我不信！"

柯锋耸了耸肩，自己这位老同学向来聪明伶俐，不是一两句话就可以糊弄过去的，他只能把自己从苏芩口中了解到的事情原委详详细细地给白黎讲了一遍。

今年年初，陶彧由粤富电力公司调到粤富石油公司担任人力资源部部长，任职不久，他就发现粤富石油公司的培训工作相当基础和滞后。为了打开局面，陶彧首先对两位副部长的职责进行了重新分工，由更积极作为的苏芩副部长分管培训，同时要求苏芩挑选合适的人来落地执行。

培训要想做好，必须有合适能干的人来操盘运营，否则有可能适得其反。可在对总部的人力资源部及分公司的人事人员进行考察后，陶彧沮丧地发现：完全没有令他满意的人可用。

这时，苏芩适时地推荐了柯锋。不过由于柯锋是在销售部门，之前并未做过培训工作，没有相应的工作经验，陶彧因此有过疑虑，最后决定先借调柯锋到人力资源部来工作一段时间，但由于新云分公司总经理齐大海的从中阻挠，这次借调没成功。陶彧也不便直接要人，这个事情就暂时搁置下来了。

6月份，陶彧去庆州分公司出差，做干部调研。当天上午忙完，他原本决定中午返程。在午饭期间，陶彧听说部里正在庆州组织一场培训，而当天下午上课的讲师正是柯锋。陶彧于是临时起意决定去旁听柯锋讲课，而且这旁听是"悄悄地进村，打枪的不要"。他拒绝了庆州分公司几位领导陪同的请求，独自一人出现在了柯锋培训的课堂上。

这一堂课听下来，陶彧对柯锋有了深刻的印象：这小伙子不仅业务精湛，而且总结能力很强，课讲得不错，有着不错的培养潜力。几番权衡之后，陶彧当即决定直接把柯锋调到人力资源部来，这才有了柯锋后来收到的一纸调令。

"怪不得。"白黎听完柯锋的讲述，觉得柯锋还真不是在讲故事，她接着说道，"大家都在传你和人力资源部新来的陶彧部长关系不浅，我还以为是真的呢。"

"这话你也信？我要是和他关系不浅，我用得着在新云那偏僻荒凉的地方待五年吗？"柯锋提高了声音，这些小道消息简直是无稽之谈。

"嗯，就是嘛！"白黎点了点头，"你的事我还会不清楚？不过，陶彧部长听你一堂课，就决定把你调到总部来了，你这讲课的魅力也是够大的！"

"当然。"柯锋拉长了语调，"不是吹牛，我现在讲课讲得那还真是人见人爱，花见花开。"

"得，得，再说你得上天了。"白黎没好气地笑道，"不过你这个做销售的怎么就讲上了课，跟培训沾上关系了？还因为一堂课被调到人力资源部担任培训主管？"对于这事，白黎一直很纳闷，按照粤富石油公司以往的专业分工，即使岗位调整，柯锋也应该进销售部，而不是人力资源部。

"这个嘛，说来话长……"柯锋顿了顿，面有难色，"还是不讲的好。"

"怎么，还有秘密啊？"柯锋的神态更加激起了白黎的好奇心。

"倒谈不上什么秘密，说起来还是一件糗事，这事许辰逸也知道的。"柯锋顺口答道。

"辰逸也知道？"白黎的眼睛里透着笑意，伸手就去拿手机。

"你干什么？"柯锋瞪大了眼睛。

"给辰逸打电话啊，他总不会瞒我的。"白黎眼角的笑意更浓了。

"别，别。"柯锋慌忙伸手去拦，"我说还不行嘛。"这糗事与其让许辰逸去讲，还真不如自己讲的好。

"其实，我跟培训沾上关系，是因为一次事故。"柯锋喝了口水，顿了顿，开口道。

"事故？什么事故？"这个答案有点出乎白黎的意料，她扑闪着大眼睛追问道。

"一次加错油的事故。"一想到那次事故，柯锋就是一脸苦涩和郁闷。

"你还加错过油啊？这倒是个新闻啊。"白黎有点幸灾乐祸，"不过也没啥大不了的，油站不是经常加错油吗？"

"不太一样。"柯锋摇了摇头。

"怎么不一样了？我在油站实习的时候，也见过好几起加错油的事故。"白黎不以为然。

"我加错油的车是一辆保时捷，而且是新车。"柯锋一字一顿道。

"什么？保时捷？"白黎听到这个答案，惊得筷子都险些掉了下来，"那怎么处理的？赔了多少钱？"

在粤富石油，为车辆加错油这种事故的处理费用一般都要由当事人自己承担。给豪车加错油，柯锋怕是没少赔。

柯锋并不着急给答案，他夹起一筷子米饭嚼了嚼，反问道："你觉得应该赔多少钱？"

"十万？二十万？不至于吧？"白黎顺口猜着数字。

"那倒不至于，关键是车没发动，要是发动了，肯定十万都不止！"柯锋想起当年的事故，依旧心有余悸，还好当时自己第一时间发现事故就报告了车主。要是隐瞒了实情，等车一发动，恐怕自己当年就得从粤富石油滚蛋了。

"最后总共赔了25412元。"这个数字柯锋今天还记得清清楚楚，当年赔完钱，他是靠着许辰逸的救济才勉强挨过那段泡面就咸菜的苦日子的。

"那还好。"当年大家毕业时工资并不算高，但这个数字还在可接受的范围之内。"不过，这加错油事故跟你做培训好像也没啥关系啊？"白黎的心思转得快，她并未被柯锋的这个事故绕进去。

"是，不过紧接着油站又有一位新来的员工加错了油，而且那个新员工还趁着大伙儿处理事故的空当，直接跑路了，害得班长白白垫付了事故的费用。"讲到这里，柯锋仿佛还能看到当时那位班长气得跳脚的情景。

"还有这样的事情？"白黎觉得新奇，她当年在油站实习时总共待了不到三个月，因此经历的稀奇古怪的事情并不是太多。

"当然。也正是这接连发生的两起事故给了我很大的触动，我痛定思痛，下定决心要解决这个加错油的问题。最后，我发现其实80%的加错油事故都是由于培训不到位造成的。因此，我就针对油站的加错油事故做了研究，写了份PPT课件，将功赎罪，主动请缨为新员工做培训。"

柯锋想到当年自己第一次站上讲台为油站的员工做分享，分享了一个小时，腿抖了一个小时。但也正是从那次开始，后来他一次一次地站在了培训的讲台上，腿也不抖了，课也越讲越好了。

"从哪里跌倒，就从哪里爬起来，你也是够牛的。"白黎由衷赞叹道，怪不得柯锋说自己跟培训沾上关系是源自事故，现在看来还真是这么回事。

"我这几天在想，可能我命中注定要做培训吧。"柯锋一本正经地总结道。

"为什么？"白黎好奇地眨巴着眼睛。

"你看，我调进人力资源部做主管，无论是苏芩副部长，还是陶彧部长，对我的认可都是从培训讲课开始的。"柯锋讲道，"所以，我感觉应该是命中注定的。"

"你这么一说，好像确实是这个样子的。"白黎附和道。

柯锋与苏芩的相识，白黎之前倒听柯锋讲过。那一次，苏芩带队去外省参观交流，柯锋是四十名队员之一。在交流接近尾声时，对方单位的领导忽然提议苏芩也派一到两名油站经理上台分享。因为是临时起意，没有准备，所以苏芩点名的第一位油站经理分享得并不是太好。这时候柯锋毛遂自荐，为在场的人做了主题为"加油站经理的'六脉神剑'"的分享，赢得了满堂彩，由此进入了苏芩的视线。

后来，苏芩鼓励柯锋将会上的分享写成文章，她帮忙推荐到能源行业的著作刊物上。结果，柯锋的文章意外地拿到了国家能源行业管理论文的二等奖，这个奖项就像一剂增强剂一样，巩固了总部核心部门的副部长与偏远分公司的油站经理的关系。

想到柯锋一路走来的不易，白黎重新举起茶杯："柯锋，谢谢你！"

"谢我什么？"白黎这没头没脑的话搞得柯锋一愣，不过他见白黎的神情严肃，便收起了玩笑。

"谢谢你终于来到花城。"白黎认真地讲道。

"啥意思啊？"听到白黎这莫名其妙的话，柯锋的眉头拧在了一起。

"有件事情，我一直没有告诉你。"要不是柯锋这次调回到花城总部，白黎还真不知道如何对他讲这件事情。

"什么大不了的事啊，搞得这么紧张？"柯锋咧了咧嘴。不过他心里清楚，白黎既然这样说，必定是件很重要的事情。

第六章

一丝希望

"五年前，我们培训完毕，你和许辰逸被分到新云分公司的事。"白黎缓缓讲道。

"哦，我还以为什么大事呢，搞得一惊一乍的。"柯锋舒了口气，"这不是公司的统一安排吗？"

"不是，是某人的安排，确切地说，是蒋鹏的安排。"白黎轻轻咬了咬嘴唇，道出了这个埋藏在她心里近五年的秘密。

"什么？不可能吧。怎么会？"柯锋摇了摇头，一脸的不相信：这种事情怎么可能是蒋鹏安排的呢？当时他也是被分配的对象啊。

"是真的，蒋鹏亲口告诉我的。"白黎点了点头，继续道，"当年他因为我和许辰逸的事情迁怒于你，因此把你和辰逸一起分到了最偏远的新云分公司去了。"

"他瞎编的吧，这人事安排岂是他一个毕业生可以插手的？"柯锋还是不敢相信。

"唉！"白黎叹了一口气，"我本来也不相信，可当时我被分配到禅城分公司，有一天蒋鹏打电话给我，说有办法把我调回花城总部。我当时还笑他痴人说梦，可一个月后，我就收到了总部的调令。"

白黎理解柯锋现在的感受，因为当年她自己也觉得这事太不可思议了。

听完白黎这话，柯锋沉默了，既然白黎把自己回到总部的原委都道了出来，那管培生分配的事情便是确凿无疑的了。

柯锋坐在餐桌前，面色如常，可脑中早已思绪万千：没想到当年自认为公平的分配安排，背后还有这样的事情？！自己还一直以为是自己运气不好。如果这一切都是真的，那么若不是这次的机缘，他柯锋就有可能在新云那个偏僻荒远的小城市待得更久，甚至是一辈子！庸庸碌碌的生活会磨损斗志，理想渐远，自己最终可能会变成一个彻底湮没在那个城市的小市民。

柯锋抬起头，眼中闪过一丝怒火："他蒋鹏凭什么来安排我的工作？凭什么？就因为他有一个有权有势的叔叔？"

对，一个有权有势的叔叔！柯锋心里恨恨地想道。

白黎看着柯锋，这位老同学的反应正是自己所担心的。她轻声劝解道："柯锋，这正是我今天约你出来吃饭的目的。当年他叔叔还仅仅是人力资源部的部长，而现在……"

"现在，堂堂的纪委书记蒋书记，领导班子成员。"柯锋鼻子"哼"了一声。他本以为自己和蒋鹏之间只是一点误会，现在看来，这岂止是一点误会！

"柯锋，我相信你的能力。不过在总部，还是要事事小心，能不招惹蒋鹏就不要去招惹，毕竟你现在后面还有苏部长和陶部长。"白黎善意提醒道。她天生聪慧，在总部待的时间又长，这事看得比柯锋透彻。

柯锋点了点头：对啊，既然蒋书记由着蒋鹏恣意妄为，那么一不小心，不光自己会惹火烧身，还极有可能连累两位一手提拔自己的部长，为他们带去无妄的灾祸。

"谢谢你，白黎，我会注意的。"柯锋翻腾的愤怒逐渐被理智安抚。他很感激地看了一眼白黎，要不是白黎告诉自己这些信息，恐怕自己极有可能要为自己的天真付出更大的代价。

"谢我？"白黎摇了摇头，"说实话，当年要不是因为我和辰逸的事情，你根本不用去新云。幸亏这次你能调回到总部，不然我都不知道要内疚到何时去了。"

"好了，我们就别谢来谢去了，搞得那么客气。"柯锋哈哈笑道，刻意化解着刚才有些低沉的气氛。

"对嘛。"白黎也换上了伶俐的笑容，"在总部，有什么事需要我，随时吭声。"

"那是，必须的！"柯锋再次举起了茶杯。

出了"榕城工坊"，柯锋不经意地抬头望了一眼天空，星光璀璨。只是在这灿烂的星空背后，那无底的黑暗中究竟隐藏了什么，谁也说不清楚。和白黎的一番交谈使他意识到，自己以前看到的、知道的，也许只是冰山上的一角。

但，怕什么！

没事不惹事，来事不怕事。这份无名的压抑倒使柯锋生出一股豪气：蒋鹏以后安分守己还好，若他再来招惹我，管他背后的权势如何，这新仇旧怨，我一定加倍奉还！

这天夜里，柯锋做了一个奇怪的梦。

骄阳炙烤着大地，整个服务区熙熙攘攘地排满了等候加油的车辆，空气中弥漫着人群、车辆尾气和油气混合的令人烦躁的气味。

柯锋呆呆地站在一辆崭亮如新的桃红色保时捷卡宴面前，面如死灰，大脑一片空白。

在挂上油枪、回身合起油箱盖的那一刻，柯锋看到了"请加注97号汽油"的字样。他扭头看了一眼自己刚挂上的油枪，枪托绿色，旁边写着大写的"柴油0#"标识。

加错油了！而且是给一辆崭新的保时捷加错油了！柯锋回头再次核对了一下油枪和品号。天啊，真的加错了，这下闯大祸了！

此时，身着红色的阿玛尼短衬衣的车主从便利店走了回来。他瞥了一眼已经盖好的油箱，直接打开车门，坐进了驾驶室。

柯锋大惊，他想跑过去阻拦车主，谁知一抬腿，竟挪不开半寸。他急得张口大叫，可嗓子里竟然喊不出一丝声响。

"噔"——车灯闪烁，车辆打着火了。

柯锋一下子瘫坐在加油岛上，他眼睁睁地看着保时捷缓缓开了出去，心里回荡起一个声音："完了，这下完了……"

这时，怒发冲冠、青筋暴跳的加油站经理赵旭光出现在柯锋眼前。他冲上来就给了柯锋两脚，用手指着柯锋的鼻子骂道："柯锋，你是不是在找死啊？谁让你给豪车加油的？还加错油？你眼睛到底长到哪里去了？"

那位车主也凭空出现了，他满脸愠怒，剑眉倒竖。"你们这是怎么搞的？这事你们要负全责，现在！立刻！马上给我解决！"说着，他用手一指赵旭光，"你们这儿加油的都没经过培训吗？怎么会出现这种事情？我要找你们领导……"

蒋鹏也出现了，他"嘿嘿"冷笑两声，嘲讽道："柯锋，当初让你搭线介绍白黎给我。结果，你竟帮了许辰逸。现在出了这么大的事故，活该！我看你不光在新云分公司待不下去了，粤富石油也别想待了！"

柯锋目瞪口呆地看着这一切，想开口申辩，但张开的嘴却发不出声音。他想站起来，可两条腿就像被黏在前庭的地面上一样，左拉右扯，动弹不得。

柯锋一着急，右脚使了很大的力气蹬了出去。

"啪"——脚结结实实地踹到了一侧的墙壁上，痛得柯锋倒吸一口凉气。他睁开眼，屋内漆黑一片。

原来是在做梦。柯锋坐起身来，伸手抹了抹额头上的汗，蜷起自己的右脚揉了起来。

奇怪，怎么会做这个梦？而且梦里不仅车打着火了，自己还被赵旭光踢了两脚？柯锋心里一阵纳闷。

"你们这儿加油的都没经过培训吗？"柯锋脑子里猛然响起梦中车主的这句话。不对，这不是梦话，当年那位车主就是这样说的，一字不差。

柯锋想起白天和白黎的聊天，还有最近一直在困扰自己的新员工培训方案。

难道……有一丝亮光从柯锋的脑海中冒了出来，就在亮光即将消失的一瞬间，柯锋忽然想明白了什么。

他迅速地打开床灯，跳下床来，一把拉开了写字台最下面的抽屉，将上面的笔记本扔在了一旁，从抽屉底部抽出两本厚厚的名片夹。

谢天谢地，还没有扔。柯锋翻着名片夹，从中抽出一张泛黄的名片，只见上面写着"余智"两字。

当年柯锋加错油的那位车主就叫余智，修完车后他给了油站经理赵旭光这张名片，告诉赵旭光如果他这车六个月内再出现问题，他还是会来找油站的。赵旭光当时觉得麻烦，事故处理完后就顺手把名片扔给了柯锋，说："你闯的祸，你负责到底。"

柯锋小心翼翼地把名片捡了起来，因为他承诺过"一定会帮车主把车修好，所有的事情我一力承担，负责到底"。柯锋看到了名片上印着"培训管理咨询"的字样，当时他就在想，难怪这个余智会一直抱怨"油站的人没有经过培训"呢。

现在柯锋盯着手中这张泛黄的名片，那"培训管理咨询"的字迹依旧清晰。难道命中注定当年与培训邂逅时遇到的这个人，现在可能会帮到自己？想到这里，柯锋彻底清醒了，他迅速打开桌上放着的笔记本电脑，开机后，在百度搜索栏中输入了"余智"两个字，然后敲下了回车键。

"余智，智传企业管理咨询有限公司CEO，智传研究院院长，专注和致力于组织学习力的研究和发展……"这是百度百科上有关于余智的详细介绍。

"这还真被我找到了。"柯锋眼中冒着亮光，继续看了下去。

看完余智的简介，柯锋这才发现，当年自己加错油的车主还真不是一般人。据公开资料显示，余智原本在国内著名的高校任教，然后转战BAT（指百度、阿里巴巴、腾讯，为中国互联网公司三巨头）。他十年前出来创业，创办了智传企业管理咨询有限公司，业绩斐然。在专业研究上，余智也是名副其实的专家，连续出版了好几本关于组织学习力的专著，广受好评。

看来自己这次是"瞎猫碰上死耗子"了，柯锋兴奋地翻弄着手中的名片。

第二天一早，柯锋就按照余智名片上的号码拨了过去。

手机"嘟——嘟——嘟"响了几声，但无人接听。

"奇怪，为什么会没有人接呢？"柯锋暗自嘀咕，隔了十分钟，再次打了过去。

"嘟——嘟——嘟"，听筒每"嘟"一声，柯锋的心就收紧一下，几声过后，依旧没人接听！

柯锋看着已经挂断的手机，眉头拧在了一起。难道这好不容易被自己挖出来的专家竟然联系不上，就此消失了？

柯锋放下手机，伸手揉了揉自己的太阳穴。他知道，新员工培训的方案不能再搞砸了，三个月的试用期，自己必须拿出成绩！而且和白黎的一番对话使他清楚地认识到，自从进入人力资源部开始，他代表的就不仅仅是自己一个人了，自己的所作所为以及最终做出的成果，都会直接影响到苏苓和陶或的声誉。

"我绝不能辜负两位部长的厚望，这个余智无论如何我都得联系上。"柯锋下定决心。他再次打开了电脑，决定去智传企业管理咨询公司的官网上碰碰运气，看是否可以设法联系到余智。

正当柯锋浏览着网站信息时，放在桌面上的手机振动了起来。柯锋的眼睛瞬时就放出光来，来电的竟是余智！他慌忙接通了电话，听筒里传来了一个陌生的声音："请问你是哪位？我看到有几个未接来电。"

"您好，请问是余智——余总吗？"柯锋礼貌地确认道。

"你好，我是余智，你是？"对方客气地回了一声。

"余总，我是柯锋！五年前有一次在粤新高速启安服务区，我为您的保时捷加错了油，不知道您还有印象吗？"柯锋确认了余智的身份，赶紧自我介绍道。

"嗯？加错油？"对方顿了一下，停顿了几秒钟，然后冷冷地回应道："不好意思，没有印象！如果没有其他事情，我先挂了。"

没有印象！余智的这个回答让柯锋有点措手不及，柯锋想再解释几句，余智那边的电话就挂断了。等柯锋再回拨过去时，电话那边出现的又是联系不上的忙音。

这下柯锋是真傻眼了，好不容易接通了余智的电话，余智却想不起他这个人了。这刚燃起的希望直接就被浇灭了。

柯锋再次放下手机，浑身生出一阵无力感。他抬起头看着窗外，7月的酷暑天气此时竟蒙上了一层阴云。

昨晚梦中的情景适时出现在了柯锋的脑海中，他的耳边仿佛又响起了蒋鹏的冷笑："放弃吧，没用的。你一个没做过培训管理的强出什么头，现在专家也联系不上了。柯锋，你就等着玩儿完吧。"

"嘭"——柯锋一拳砸在桌子上。"不行。我还得再想想办法，不能就这样轻易放弃了。"

他抬头瞅了一眼电脑屏幕，忽然眼前一亮，顺手拿起桌上的手机拨了出去。

"您好，智传企业管理咨询公司。请问有什么可以帮到您？"一个甜美的声音从话筒中传了过来。

"您好。"柯锋脸上堆起了笑容，强作镇定，"是这样的，我之前和你们余智余总有约，可刚才我打他电话一直打不通，我想看看有没有其他方式可以联系到他？"

"这样啊。"电话那端迟疑了一下，"不知道您拨打的余总的号码是？"

"135××××××××。"柯锋按照名片上的数字报出了号码。

"您好，您刚才所报的正是余总的电话号码。"对方确认了信息，接着道，"这样吧，如果您联系不上余总，建议您可以联系一下他的助理，Angela，何小姐。"

"太好了，请问何小姐的联系方式是？"柯锋拿过便签和笔，右手兴奋得都有点颤抖。

"那请您记好了，何小姐的电话是134××××××××。"

看着便签纸上自己写下的号码，柯锋长舒了一口气，天无绝人之路啊！

柯锋联系上了何小姐，更令他感到惊喜的是，余智的这位助理告诉他，余智今天就在花城，正在凯旋广场上公开课。

柯锋详细地询问了开课的时间和地点，抓起背包就冲出了门外。当他冲出居住的小区时，抬头望去，天上的乌云已经消散了。

一个小时后，柯锋出现在了凯旋广场二十二楼的会议室，此时会议室大门正紧闭着。柯锋侧耳听了听，里面隐隐约约传来了余智讲课的声音。那么多年过去了，余智的音色竟然没有太多的变化。

柯锋抬手看了下手表，十点二十分，按照上课的惯例，应该差不多要中场休息了。

恰在此时，会议室的后门轻轻开启，一个高挑靓丽的身影手持电话从门后走了出来。

看到这个倩影侧颜的一刹那，柯锋像是被雷击中了一般，他的身体僵硬了几秒，随即又好像突然从内心深处冒出了一柄锥子，刺破了柯锋的僵硬，但也笔直地扎到了柯锋的心脏上。

怎么可能？怎么会是她？柯锋仿佛看到了这天底下最不可思议的事情。

第七章

以点带面

柯锋使劲揉了揉眼睛，定睛再去看时，只见门口出现的高挑倩影是一位身着白色衬衣、黑色套裙，面貌清秀精致的女孩。女孩此时正打着电话，轻声地聊着什么。

柯锋端详着女孩的长相，只见她有着清澈明亮的眼眸，笔直小巧的鼻梁，脸上有两个浅浅的酒窝，年龄在二十四岁上下。

比"她"年龄小，比"她"个子稍高，不过这侧颜还真是像，柯锋心里一阵苦涩：认错人了！

唉！柯锋长叹了一口气，缓了缓情绪，拨通了余智的助理何小姐的手机。

"丁零零——"柯锋的电话刚拨过去，门口女孩刚放下的手机就响了起来。

柯锋看看手机，又看了看女孩，迎上两步，不好意思地笑了笑，问道："请问，你是余总的助理何小姐吗？"

"你好，我是何玉琪。请问你是？"女孩也略感意外，她刚从会议室走出来时就见柯锋杵在这里，却没有想到是找自己的。

"我是柯锋，早上有和你通过电话。我想找余总咨询一些问题，不知道方便吗？"柯锋欠了欠身，礼貌地问道。

"等课间休息吧。"何玉琪的酒窝带出了笑意，"不过你可能还要再等一等，我们余老师可是拖堂大王。"

"好的，我就在外面等着。"柯锋连忙点头应道。

何玉琪也礼貌地点了点头，然后就往会议室门口走去。快到门口时，她忽然停下了脚步，顿了顿，又走了回来，说道："你刚说有问题要请教余老师，可以先说给我听听吗？你可以叫我玉琪，或者Angela。"

柯锋看着何玉琪年轻的样子，心想：这问题你可能回答不了吧？不过他不忍心拒绝眼前这个和"她"神似的女孩的要求，何况对方还是余智的助理。

"没问题。"柯锋便不遮掩，一五一十地将自己关于新员工培训的事情给何玉琪讲了一遍。

"冒昧问一句，你之前是不是没有做过培训管理？"何玉琪听完柯锋的陈述，客气地提了一个问题。

柯锋心中大惊：这还真是人不可貌相啊！她只听我讲了没几句就可以迅速判断出我以前不是做培训管理的，难道是我设计的方案太low（网络用语，泛指素质差、品位低）、太不专业，被人家一眼就看穿了？

柯锋有些脸红，但同时也收起了轻视之心，答道："是的，何老师。我这个月才调回到粤富石油总部做培训，之前一直做的是销售工作，对培训管理不太懂，所以才想找余老师请教请教。当然如果可以，也烦请您多给我指点指点。"

"是粤富能源集团下属的粤富石油？"何玉琪眼里闪过一丝亮光，确认道。

"是的，何老师。"柯锋如实答道。

"我可不是什么老师。"何玉琪笑着撇了撇嘴，心想：这人还挺机灵的，刚才一开始还称呼"余总"来着，见我喊"余老师"，也就跟着改了口，现在连叫我也叫起了"老师"。不过见他态度诚恳谦逊，倒不像那些大公司里装腔作势的人。只是他这培训管理的基础确实有点弱，幸好自己多问了一句，否则等下又得挨余智的训斥了。不是所有的人都能见到余智的，也不是所有的问题都需要余智来回答的。否则，自己这个助理就当得太不合格了。

"好像下课了，玉琪。"柯锋听到会议室内的嘈杂声，见何玉琪秀眉微蹙，若有所思，忍不住提醒了一句，这称呼自然也就按照何玉琪的意见叫了。

"你这变得还挺快的。"何玉琪本想直接拒绝带柯锋去见余智，可却有些于心不忍，大概是柯锋的坦诚和谦虚打动了自己，她最后决定道，"走吧，我带你去见余老师。不过等下见到余老师有什么问题就直接问，千万别不懂装懂，否则麻烦就大了。"

"好的，我听你的，太感谢了。"柯锋笑着谢道，对于这个初次见面的女孩的善意提醒充满了感激。

"举手之劳。"何玉琪莞尔一笑，伸手在空中抓了抓，"跟我来吧。"

看着走在前面的高挑丽影，柯锋没来由地又是一阵心痛。

柯锋随着何玉琪从后门进了会议室，此时上午第一节的课程刚刚结束，学员们或起身添水，或三三两两围拢在茶歇桌旁吃着点心闲聊。而在会议室的讲台后面则坐着一位年龄在四十五岁上下，气度儒雅、两鬓微白的中年人，此人正是柯锋要找的专家——余智。

何玉琪将柯锋带到讲台前，轻轻招呼了一声："余老师，这位柯锋说有事找您。"

余智抬起头，只见一位短发、五官分明、眼神坚毅的小伙子站在何玉琪的身旁。

这人有些眼熟。余智心里想道。

"你好，余老师，我是柯锋。"柯锋主动上前自我介绍道。

"柯锋？"余智念叨了一句，这个名字也有些熟悉。

他重新上下打量了柯锋两眼，猛然想起早上的那个来电。一瞬间，他记起眼前的人是谁了。

"你怎么会在这里？出去！"余智脸上的肌肉抽动了一下，沉声说道。

"余老师，我……"柯锋被余智的忽然发难搞蒙了，这到底是什么情况？

站在一边的何玉琪也吓了一跳。她看着脸色发青的余智，又侧头看了看柯锋，余老师向来对人客气，怎么会无故发这么大火？

"余老师，我再次为当年的事情向您道歉，希望您可以谅解。"柯锋弯下腰，郑重地向余智深鞠了一躬。

"出去！"余智好像根本没有听到柯锋的话语，声音略微提高了一些。

"余老师，我今天专程跑来，是有事来向您请教的。"柯锋对于余智的无视有点懊恼，但依旧站着没动。

余智的目光转向了何玉琪，愠怒道："是你领他进来的？带他出去！"

何玉琪本想问清缘由，但见余智的态度非常坚决，此时又身处教室，她只得对柯锋说道："我带你出去。"

柯锋脸色微变，一丝怒气浮上年轻的脸庞，心想：我诚心诚意前来请教，这哪里有专家和前辈的样子？

他冷哼一声："不用劳烦何小姐，我自己走。"说完一甩手，转身就朝门外走去。

"等一等。"出了教室门没有多远，跟来的何玉琪叫住了柯锋，"你这人究竟是怎么回事？不是说找余老师有问题请教吗？怎么惹得余老师发这么大的火气？"

"没什么。"柯锋不想再提旧事，他强挤出一个微笑，"不好意思，今天还得多谢何小姐引见。"说完，朝电梯的方向走去。

"你不能走！"何玉琪见柯锋说走就走，脾气也上来了，一把拽住了柯锋的胳膊，"你这么一走，余老师肯定会训我一顿，我不能无缘无故地挨顿训吧？你不说清楚，就别想走。"

柯锋被何玉琪拽住了胳膊，有点哭笑不得。他看着何玉琪，心里一软，这姑娘毕竟是帮了自己的，若真因为自己闯的祸反倒被余智责怪，确实有点冤。而且因为她与自己心中难忘的那个人侧颜确实相似，心底便更没来由地生出信任了，于是就实话实说道："实不相瞒，五年前，我刚毕业在油站实习时，给余老师的保时捷加错过油。"

"什么？你给余老师的保时捷加错过油？"何玉琪上下打量了柯锋几眼，竟捂着嘴"咯咯"地笑了起来，"原来是你啊，我说今天余老师怎么生这么大气？"

何玉琪的这个反应倒把柯锋搞糊涂了，他困惑地问道："你知道这件事情？"

"当然知道，"何玉琪的表情变得轻松起来，"我听余老师说过，2005年的时候他刚买了不到三个月的保时捷就被一个愣小子给加错了油，原来就是你啊。"

"嗯，嗯。"柯锋被何玉琪说得有点脸红，辩解道，"不过那次我已经

/49/

第七章 以点带面

帮余老师把车修好了，他这气也生得太久了吧？"

"可能是一下看到你，想起当年的巨大损失，余老师比较心痛吧。"何玉琪笑道。既然知道柯锋是当年加错油的人，她也就理解为何余智会有这么大的反应了。

"巨大损失？可是当时没有什么损失啊？修车费用我全部都出了。"柯锋表情诧异。他帮余智修好了车，加上保险索赔，余智不应该有什么损失啊？

何玉琪用明亮清澈的大眼睛看着柯锋，问道："你想知道？"

"嗯。如果方便的话，还请你告诉我。"柯锋点了点头，诚恳地请求道。余智为何这么看不惯自己，这其中的缘由，柯锋是想彻底搞清楚的。

何玉琪的大眼睛闪了闪，心里在思量到底应不应该把这个事情告诉柯锋。按理说，这事不应该对外讲，可她最终还是禁不住将原委道了出来："你以为余老师生的是你加错油的气啊？那倒真不是！修车确实没有什么损失，可那天余老师本来是去新云一个重要项目上讲标的，因为车坏了没有及时赶到现场，我们公司被取消了投标资格，丢了一个大客户，那年损失了一百多万。"

"一百多万？"柯锋被何玉琪报出来的数字吓了一跳，"还有这样的事情？"

"千真万确！那个项目本来是十拿九稳的。"何玉琪认真地点了点头。

原来如此！柯锋恍然大悟，怪不得余智会有这么大的反应，人家损失了一百多万，没找自己算账已是万幸。今天忽然见到自己厚着脸皮出现在他面前，怒火攻心，骂上两句岂不是应该的事情？想到这里，柯锋抬脚就往回走。

"哎，哎，你干什么去啊？"何玉琪急忙叫道。

"我回去给余老师道歉，请求他的谅解。"柯锋一脸的真诚。

"道歉？没用的。"何玉琪摇了摇头，"他现在正在气头上，你就不要再去火上浇油了。"

柯锋有些进退两难，试探着问道："那还有没有其他办法？"

何玉琪又摇了摇头："他这一生气，一时半会儿缓不下来。"

"既然这样，那我还是回去吧。"柯锋沮丧地叹了口气。作为余智的助理，何玉琪必定是非常了解她老板的，既然她都这样说了，看来今天自己只能是白跑一趟了。

"谢谢你，玉琪。"柯锋还是很感激这个眼睛动人的姑娘，她道出了自己不曾了解的实情。

"不用谢，也没有帮上什么忙。"何玉琪礼貌地回道，看着柯锋略显落寞的身影从楼道中渐渐消失。

中午时分，当何玉琪和余智在楼下的西餐厅落座准备享用午餐时，一个身影从角落里起身，快步走向了两人的餐桌。

"余老师，您好。"一声问候打断了何玉琪和余智的交谈。何玉琪讶然发现，站在餐桌前的人竟然是上午来找余智的柯锋。

"怎么是你？"余智对于柯锋的出现也大感意外，他扭头狐疑地看了一眼何玉琪，上午不是说这个人已经走了吗？怎么现在又会出现在这里？

何玉琪耸了耸肩，意思是她也不清楚。

余智不想跟柯锋再有任何的交集，五年前，因为这愣小子的一次操作失误而让自己损失惨重。这种厄运，出现一次就够人受的了，余智可不想再有第二、第三次。他用眼神示意何玉琪把这个人赶走。

何玉琪见余智瞅着自己，却假装没看见。她饶有兴致地看着这凭空又冒出来的柯锋，心里忽然对这个人产生了兴趣。

"余老师，帮人帮到底。您之前已经帮过我一次了，这次我相信您也不会袖手旁观的。"柯锋毫不在意余智的态度，见缝插针，拉了一把椅子就在余智的对面坐下了。

我帮过你一次？哪有这事情？余智心里纳闷。

"是的，您帮过我一次！"柯锋斩钉截铁地说道，"听玉琪讲，上次加错油害您损失了一百多万的项目，您大人有大量，事后没有来找我的麻烦，就是在帮我，要不然当时我就得从公司滚蛋。而且要不是当年为您加错油，您反复强调'你们这儿加油的都没经过培训吗'，我也就不会去研究培训、去讲课，更不会因此阴差阳错地被调回到公司总部来做培训主管。所以这次，我才会来找您请教，您还得再帮我一次。"

柯锋的这番强词夺理倒令余智有点刮目相看。

"狗屁逻辑！"余智嘴上回了一句，心里却对柯锋产生了一丝好感：这小子有韧劲，为了达成目的决不罢休的这股韧劲倒是挺令人稀罕的。

"玉琪，你好，又见面了。"柯锋朝何玉琪打了一个招呼，用眼神请求她帮忙打打圆场。

"你好。"何玉琪点了点头，莞尔一笑，明亮的眼睛很是动人。她对余智说道："余老师，我觉得他说的还是有点道理的。"

"有什么道理？"余智轻哼一声，冷冷地说道，"先吃饭吧。"既然何玉琪不愿意撵柯锋走，还帮忙说话，总不能自己亲自动手把人撵跑吧。

柯锋见余智不再撵自己，心中一喜，感激地看了何玉琪一眼，暗道：功夫总算没有白费！上午和何玉琪告别后，柯锋越想越觉得这退堂鼓打得有点早，以前自己做业务，为搞定一个大客户，可以磨上三四个月，这点挫折算什么？打定主意后，柯锋索性就留了下来，看中午有没有机会再和余智见上一面，果然皇天不负有心人啊。

柯锋主动点好了饭菜，余智也没阻拦，何玉琪只是交代了一句："余老师午餐一般吃得比较少。"

等菜上了桌，余智开始细嚼慢咽地吃饭，并不搭理柯锋。柯锋几次想开口，都被何玉琪用眼神制止住了。

余智用完餐后，非常细致地将餐具摆放整齐，这才开了口："你有什么问题？"

"余老师，我想请教下，培训体系建设应该如何着手去做？"终于熬到了余智开口，柯锋迫不及待地抛出了问题。原本柯锋想直接问新员工培训的事，又觉得这个问题过于简单，他想到公司的培训没有体系和规划，都是零敲碎打，想到哪里做哪里，因此先把这个问题抛了出来。

"做培训体系？"何玉琪感到有点意外，插话道，"你之前不是说新员工培训方案吗？"

"我们公司培训体系也没个样子，所以想一并请教了。"柯锋厚着脸皮说道。

余智摇了摇头："我觉得有一句话挺适合你的。"

柯锋迅速地在脑海中搜索了一下，想不出是哪一句，便问道："余老师，请问是哪一句？"

"步子迈大了，容易扯着蛋！"余智不假思索地说道。

明白了余智的意思，柯锋心里一阵气恼，语音发颤道："余老师，你是在说我不自量力？"

余智端起手边的茶喝了一口，接着问道："听玉琪讲，你之前做的是销售工作，做培训管理好像时间不长？"

"是的，不到一个月。"柯锋点了点头。

"砖瓦都还没准备好，你就准备一口气盖个大别墅？"余智冷哼了一声，不再言语。做培训咨询这么长时间，他特别反感那些一上来就要搞体系的人，认为这些人既不看公司业务培训的成熟度，也不管是否有合适的人才来运营，好高骛远，异想天开。柯锋这第一个问题就刚好撞在了枪口上。

柯锋本想站起来辩解两句，屁股起到一半，又重新跌回到凳子上，余智的话虽然听起来有些刺耳，但这也正是自己所面临的事实。

"柯锋，早上听你说新员工培训方案是你接手培训管理岗后做的第一件事情？"何玉琪倒是很了解余智的脾气，适时地岔开了话题。

"是的，是第一件事。"柯锋答道。

"所以，你应该做的是以点带面、首战必胜，而不是去考虑大而全的培训体系。"何玉琪说完，扭头看着余智，脸上露出了两个小酒窝，"对吗，余老师？"

余智不置可否地点了点头。

"以点带面，首战必胜"柯锋念叨着这八个字，却不知道有何深意。他向余智请教道："余老师，什么是'以点带面，首战必胜'？"

"你问她。"余智朝何玉琪努了努下巴，依旧一脸冷峻。

"余老师，人家请教的是您，又不是我。"何玉琪嘟了嘟嘴。

"考考你。"余智言简意赅。

"讲就讲。"何玉琪稍微思考了一下，"以点带面，指的是对于刚接触培训管理的人来说，不要一开始就把面铺得太广，所以选择一个切入点非常重要。对于你而言，这个新员工培训其实就是一个点，所以必须要做好，首战必胜！"

"可如何才能做到首战必胜呢？"听到何玉琪的论述，柯锋觉得有点道理，同时也提出了自己的疑问。

"这，这个……"何玉琪一时没有头绪，索性耍起了小性子，"余老师，人家是来找您请教的，这个问题我不回答。"

柯锋见何玉琪的表情不像是故意卖关子，因此赶紧站起身来，为余智斟满茶水："还请余老师指教。"

"给你说过多少次了，又忘了啊？项目制运作！这是常识！"余智不理会柯锋，反倒敲打起何玉琪来了。

"项目制运作？什么意思？"柯锋听得云里雾里。

"她知道。"余智撂下一句，又不吭声了。

"又来考我？"何玉琪有点不太乐意。这余老师哪里是指点柯锋，明明是借机考验自己啊，不就是自己没有遵照他的意思把柯锋撵走吗？这也太小心眼了。

何玉琪心里一阵嘀咕，嘴上却不紧不慢地为柯锋解释道："余老师的意思是，你需要用项目管理的方式来做你的新员工培训。一般来说，项目有两大特点：时间性和唯一性。所谓时间性，指的是项目要有明确的起止时间。唯一性，指的是每一个项目由于参与的干系人或者干系人投入的感情不一样，所以需要精心地设计和控制。"

"用功了！"余智难得地开口肯定了何玉琪一句。

何玉琪被余智表扬得有点飘飘然，她嘴角刚刚上扬，结果就听到了余智的下文："不过却没有抓住核心！"

何玉琪不服气："我怎么没抓住核心？"

"时间性——虽然从表面看来，是要有明确的起止时间，但更关键的其实是要有明确的项目目标。没有明确的项目目标，起止时间有何意义？"余智缓缓说教道。说完，他才终于向柯锋提了一个问题："你的新员工培训项目，项目目标是什么？"

"目标？"柯锋有点迟疑，两个眉毛拧在了一起，"统一分公司新员工培训的标准，提升新员工的知识、技能，快速胜任岗位。"

"这个是目的，不是目标。目标是可观测、可衡量的具体产出！"余智纠正道。

"产出？新员工培训的流程？培训课件？"柯锋讲到一半，忽然想起自己和苏芩的聊天，补充道，"还有，新员工实操流程和标准？"

"新员工实操标准？你们现在新员工的操作没有统一的流程和标准吗？"何玉琪忍不住在一旁插话道。

"没有，我们有二十个分公司，之前基本都是自己搞自己的，没有统一的流程和标准。"柯锋如实答道。粤富石油最近几年业务发展过于迅速，培训却并未跟上业务的脚步，基础欠缺和滞后。

"好机会。"何玉琪听完柯锋这话，禁不住地乐道。

"好机会？"柯锋有点不明就里。

"是啊，一线操作流程和标准的梳理与业务关系重大，一旦做好，很容易赢得声誉，首战必胜。"何玉琪一边回答，一边用得意的眼神看着余智。

经过这一番讨教，柯锋终于把新员工培训项目操作中的要点和关键点理了出来。他心满意足地买完单，目送着余智和何玉琪进了电梯。

进到电梯里，余智佯怒道："玉琪，你为什么没第一时间把姓柯的愣小子撵走，还让我费了那么多口舌？"

何玉琪吐了吐舌头："小舅，我这可是为公司好啊！粤富能源集团啊，中粤省最大的能源产业控股集团，这可是大客户。我帮公司牵线搭桥联系业务，你还不乐意了？"

没有其他人在场时，面对余智，何玉琪尽显小姑娘的任性和可爱。

"得，得，下不为例。"余智故意板起了脸，随即又道："不过柯锋这愣小子还不错，有韧劲，肯学习，是个不错的苗子。"

"你干吗盯着我看啊？"何玉琪见余智说这话时，饶有深意地看着自己，清秀的脸庞不由飘起了一丝红晕。

第八章

寻求支持

这天，柯锋来到了位于六十四楼的粤富石油销售部。在分公司做销售主管时，柯锋曾来过销售部一两次，因此还算轻车熟路。

进了销售部，靠门边工位的一位脸色白净、身材臃肿的胖子抬起头来，他仔细瞅了瞅柯锋，眯着小眼问道："你找哪位？"

柯锋环视了销售部一圈，想看看有无熟络的人在。但不巧的是，之前和他有过工作接触的那几位同事此时都不在座位上。

柯锋把眼光收了回来，问道："请问肖部长在吗？"

"不在。"那白脸胖子冷冷地回了一句，低头继续忙着手里的事情。

"我听说肖部长出差回来了，他是刚出去？"柯锋耐着性子询问道。

"我哪里知道？领导又不归我管。"白脸胖子冷冷地又撂了一句。

听到这话，柯锋不由多瞧了这白脸胖子两眼。看样子这小子也就刚毕业两三年，不知为何对人如此傲慢。不过他也懒得跟这白脸胖子计较，自己今天来销售部是有要事找销售部副部长肖军商议的。

这段时间，柯锋陆续找了几个分公司做新员工培训项目的远程调研，而由于业务部门的副部长肖军一直在外出差，柯锋没能碰上面。转眼间，时间就到了7月底，柯锋的培训项目方案还未最终敲定，很是心焦。这不，刚听闻肖军出差回来，他就赶忙找上门来了。

柯锋看到其他工位还有人在，决定再去问问消息。

"你这人咋回事？我告诉你了，肖部长不在，改天再来，你懂不懂规矩？"白脸胖子见柯锋不仅没走，而且绕过他走向了其他工位，这火气就滋滋地冒了出来。

蹬鼻子上脸！柯锋也被这白脸胖子惹毛了，他缓缓转过身来，脸上已无温和之色。今天他倒要看看，这小子难不成能把自己从销售部撵出去？

柯锋冷眼瞅着白脸胖子，一字一顿道："你说什么？谁不懂规矩？"

"我说你，说的就是你……你不懂规矩！"白脸胖子站起身，一手叉腰，一手指着柯锋的鼻子说道。

岂有此理！这小子欺人太甚，柯锋的火气有点压制不住了。

就在这时，一声霹雳在销售部门口响了起来："我看是你不懂规矩！"随着这声响，肖军出现在了销售部门口，只见他四十岁出头，浓眉大眼，一米八五左右的身高，身材魁梧，浑身上下透着一股彪悍劲。

那白脸胖子听到肖军的声音，不由打了个哆嗦，心想：坏事了，怎么会回来得这么巧？

肖军几步走到了两人面前，怒瞪着双眼问白脸胖子："你刚才说谁不懂规矩？"

白脸胖子这时犹如被放了气的气球，结结巴巴地说道："肖部长，我，我，我……"

"我什么我？这位是人力资源部新来的培训主管柯锋。"肖军扯着嗓门吼道，"不认识的同事就这么不客气，啊？"

白脸胖子被肖军训斥得面红耳赤，一时语塞，都不敢再接话了。

肖军又瞪了白脸胖子一眼，心里骂道：成事不足败事有余的东西，要不是看上面的一点情面，早让你滚蛋了！

这销售部副部长肖军是军人出身，退伍转业后便进了粤富石油。他在没有任何背景的情况下，硬是凭着自己敢打敢冲的气势和能力，从销售一线一步一步地跻身到了公司的中高层。因此，对于部里的这些关系户，他是一百个看不上的。

"见过肖部长。"直到此时柯锋才有说话的机会，他笑着跟肖军打了个招呼。

肖军哈哈一笑，用力地拍了拍柯锋的肩膀："小柯，好久不见。你上次打电话说找我有事？去我办公室坐。"说完在前面带路，领着柯锋进了办公室，把这白脸胖子晾在了一边。

肖军将柯锋让进办公室中的沙发，嘴里嚷嚷着："看看，我说吧，早知道这样，当初就应该把你调到我们销售部来。这人力资源部也是，不从自己下面的部门招人，反倒把我们销售部的人才给抢走了。"

柯锋可不敢把这话当真，赶忙谦逊地回应道："肖部长你说笑了，柯锋可没有这个能力。"

"你没有能力干销售？你有能力跑到人力资源部干培训去？扯淡！"肖军说话气壮如牛，直来直去。不过他这话倒并非全是客套，肖军本身就对销售一线的这些优秀的加油站经理印象不错。现在，柯锋这小子能够从一线奋斗到公司总部，和自己几乎是同样的职业发展历程，这让他对柯锋更多了一份好感。

此时，白脸胖子端着两杯泡好的茶水战战兢兢地走了进来。

肖军看了他一眼，略感意外：这小子今天怎么忽然有了眼力见儿了？

不过"伸手不打笑脸人"，肖军用手一指柯锋："小乾，这位是以前新云分公司的柯锋柯经理，公司十大明星油站经理，听说过吧？他现在在人力资源部管培训，你小子以后多向他学着点，别整天就是咋咋呼呼的。"

白脸胖子全名李向乾，他慌忙点头应道："听说过，听说过……我以后一定多向柯主管学习。"边说，边将茶水给柯锋递了过来。

人前一套，背后一套，对于这种人柯锋实在懒得搭理，他接过茶水放到了茶几上，客气地道了一声"谢谢"。

这李向乾却并不在意柯锋的冷落，他"嘿嘿"干笑了一声，站在了一边，气势与刚才和柯锋吵架时判若两人。

肖军见李向乾杵在这里，不禁有些奇怪："怎么，小乾你还有事？"

"没有，没有。"李向乾本想找个理由留下，但眼见肖军刚才的火气还未全部消散，自己在这里掺和下去，可能适得其反。他只好打了个招呼，悻悻地退了出去。

李向乾刚刚回到自己的办公位置时，电脑上的QQ对话窗就抖动了起来。

"怎么样？"对方许是等着急了，急切地问道。

"没吵起来，好戏被肖军搅黄了。刚点着，他就出现了，真是邪门！"李向乾打了一长串无奈的表情。

"怎么？被肖军碰上了？那还真是邪门！"对方也觉得这事挺巧合。

"是啊。如果不是他，碰上其他几位部长，怎么也得维护我吧？这肖军，也不知道是吃错什么药了，真是一点面子都不给我。"李向乾恨恨地骂道。

"唉！"隔着屏幕，李向乾也能感受到对方的沮丧。"算了，人算不如天算，下次再找机会吧。你帮我去打听打听，他找肖军干什么。"

"好的，蒋哥。"李向乾敲字应诺道，心里想的却是：我都被撵出来了，还打听个屁啊！

这边，肖军的办公室内，柯锋从文件袋中取出一份文件，递给了肖军，说道："肖部长，我做了一个油站新员工培训的方案，请您给把把关。"

因为肖军一直在外面出差，柯锋也摸不清楚他什么时候回来，就根据前期分公司的调研，结合余智的指点，先做了一版方案出来。

"新员工培训？"肖军狐疑地接过方案，"这不是你们人力资源部的事吗？"

柯锋尴尬地笑了笑，这肖部长还真是直接！从业务部门的角度看，这当然是人力资源部的事，包括柯锋以前也是这样认为的，但余智的指点让他明白，这事不能只是人力资源部的事。

"唯有参与，才有认同！"余智的话时常在柯锋耳边响起。

新员工培训项目，面向的对象是加油站一线人员，主管部门正是公司最核心的业务部门——销售部。柯锋要想最终的项目成果得到认可，除了目标达成一致外，过程一定要销售部参与进来。

"肖部长，你先看看再说嘛。"柯锋笑着说道。

肖军却并不着急看文件，他从茶几下面摸出了一盒"芙蓉王"扔在桌面上，说道："自己拿。"

柯锋连忙摆手："肖部长，不好意思，我不会。"

"真不会？"肖军有些意外。

"真不会！"柯锋摇了摇头。

肖军见柯锋不像是假装客气，就不再强人所难。他从兜里掏出打火机，"啪"的一声点燃了烟，猛吸一口，这香烟就下去了三分之一，然后才慢悠悠地拿着方案看了起来。

一根烟吸完，接着又换了一根，这方案也就看得七七八八了。肖军把烟头摁灭在烟灰缸中，讲道："这方案写得不错。"

"再好的方案，没有肖部长的支持，也没用啊。"柯锋笑着回应道。

"哦，这话怎么讲？"肖军从烟盒中又抽出了一支烟，放在鼻子下面闻了闻，这次却并没有再点着火。

"是这样的，肖部长，"柯锋身体往前凑了凑，拿起桌上的方案讲道，"我们这个新员工培训项目，需要根据加油员的岗位职责和关键任务梳理培训框架，明确要培训的理论课程和实际操作课程。"

"这事你们干不就可以了吗？"肖军不以为然地说道。

柯锋摇了摇头："肖部长，关于培训框架的梳理和关键任务的分解，人力资源部只能做一些组织工作，我们业务部门才是专家啊，内容还得业务专家出啊。"

"嗯，你小子说的好像有点道理。"肖军摩挲着下巴上的胡茬，"那你说说，具体需要我们做些什么？"

"肖部长，是这样的。苏芩部长的意思是希望这个项目可以由我们两个部门牵头，联合公司的其他业务部门一起做梳理，同时需要一些分公司的业务骨干和油站经理参与和配合，大概十个人。"柯锋挑要点向肖军作了汇报。

肖军点点头："业务骨干和油站经理倒不难找，不过你这项目需要多长时间？"

"最多两个月。"柯锋给出了一个大概的时间。再过两个月，也是陶或给柯锋定下的试用期的时间。

"两个月？"肖军的眉头皱了起来，"需要全程参与？"

"原则上恐怕得全程参与了。"柯锋如实答道。

"这样啊。"肖军沉吟了一会儿，说道，"小柯，你也做过油站经理，你知道我们这些一线骨干天天都忙得四脚朝天，哪里有这么长的时间集中来搞这个事情？"

看到肖军的态度起了变化，柯锋赶紧回应道："肖部长，这个我清楚。可因为我们现在新员工培训差别很大，甚至有很多新员工不培训就上岗的情况存在，造成了很多的事故和问题，对吧？"

柯锋讲的这个倒是事实，肖军点了点头。

"我们新员工的流失率也非常高，我前期调研汇总了分公司的新员工流失数据，去年整个公司一线新员工流失率高达55%，而流失原因中占据前两项的是工作环境和培训不到位。所以，要降低流失率，减少现场事故，新员工培训项目的梳理和规整是当务之急啊。"柯锋继续劝解道。

"好，你把方案留下，我先考虑考虑吧。"沉默了一会儿，肖军表态道。这个培训工作以前都是人力资源部在操作，类似的项目销售部几乎没有怎么参与过，这一下要投入这么多的人力和时间，肖军心里也没有底。

"肖部长，这……"柯锋心里着急，这文件在肖军这里一放，项目就不知道拖到猴年马月去了，自己立的军令状总共只有三个月啊。这项目方案不确定，后续的实施根本无法往下推进。

"别急嘛，小柯。我又没说不行，你总得给我点时间研究研究，考虑考虑嘛。"肖军拿起茶杯，拧开杯盖，"咕咚咚"地喝起水来。

事已至此，柯锋也不敢强求，万一把肖副部长逼急了，他甩手不配合，自己这项目岂不是就直接黄掉了？

"那先谢谢肖部长，我过两天再来找你？不知道你什么时间方便？"柯锋以退为进，既然这次达不成目标，总得把下次的时间约出来吧。

"这个……"肖军没想到柯锋来了这么一手，他稍作思考，"那就下周一吧，你来找我。"

"好，那到时我再来叨扰你。"柯锋起身告辞。

"叨扰什么？说真的，你小子就应该来我们销售部。"肖军忍不住又发了一句牢骚。

柯锋从肖军办公室出来，回到部里，直接去了苏芩的办公室。

苏芩看着柯锋的脸色，询问道："怎么？肖部长没同意？"

柯锋有点沮丧，他摇了摇头："肖部长说方案先放一放，他研究研究，不过他也没明确表示拒绝。"

先放一放，其实就是拒绝的意思。苏芩在总部多年，对于机关的这些弯弯绕绕，她自然比柯锋看得更清楚。

"没事。没明确拒绝就好。"苏芩安慰道。她泡好一杯茶水给柯锋递了过去，接着问道："肖部长主要担心的问题是什么？"

"他觉得时间太长，抽调业务骨干比较困难。"柯锋接过茶，顺口答道。

"哦。"苏芩在办公室踱了两步，高跟鞋发出"噔噔"的踩地声。"那我们有没有办法不花这么长的时间，比如把项目按阶段拆分了，每次抽调的业务骨干不一样？"

"嗯，这倒是个方法。"柯锋连连点头，苏部长提出的方案确实可行。看来自己有点钻牛角尖了，老想着一批人搞定这个事情，其实完全可以分阶段，不同人参与嘛。

"肖部长有没有说什么时候再和你谈这个事情？"苏芩问道。

"临走时，我约了他的时间，下周一。"

"下周一，有点晚了。"苏芩想了想，对柯锋说道，"这样，你把方案重新调整下，分阶段，不同阶段不同人参与，明确下业务骨干具体投入的时间，我去找他谈。"

"部长，这……还是我去吧。"柯锋有点不好意思，感觉自己的工作没有做到位，居然还得领导亲自出马帮忙。

"没事。别忘了，我本身就是你的资源和后盾嘛。"苏芩浅浅一笑，柯锋的努力和长进自己是看在眼里的，关键时刻当然得自己出出力了。

"谢谢部长。"柯锋由衷地感谢道，有这样支持自己工作的领导，他还担心什么。他松了口气，合上笔记本，准备起身告辞。

"小川你要用起来啊，我看自从你来后，他反倒比较清闲了。"苏芩貌似无意地点了一句。

听到这话，柯锋的脸色变了变。因为郭小川和蒋鹏的关系，在这段时间的工作上，柯锋确实有意冷落了他，不想这些事情都被苏芩看在了眼里。

"知道了。"柯锋尴尬地点了点头，退出了苏芩的办公室。

第九章

带教技术

粤富石油，人力资源部会议室。

柯锋此时和郭小川正围在会议桌旁讨论着新员工培训项目。在苏芩的助力下，肖军果然同意了派人参与，项目整体方案通过以后，柯锋和郭小川就开始紧锣密鼓地推动项目实施，这已经是他们的第三次项目碰头会了。

"小川，你对照这个优化后的培训框架，先找各分公司收集他们之前用于新员工培训的课件，看看理论课程这块是否还有什么欠缺的。"柯锋吩咐道。

"锋哥，培训框架优化后，我已经提前收集了一部分分公司的课件。目前看来，理论这块的内容还是相对完善的。"郭小川翻了翻面前的资料，顺手递了一份课程清单给柯锋。柯锋拿过清单一看，上面是郭小川罗列的收集到的课件名称和主要内容。柯锋暗自点了点头，这段时间和郭小川深入接触下来，他发现郭小川在工作上还是比较灵活和主动的，怪不得之前苏芩叮嘱自己要把他用好呢。

"只是实操这一部分的内容，基本空白。"郭小川面有难色，"我找遍了所有的分公司，也没有能拿得出手的资料。"

"这个我知道，你已经做得不错了。"柯锋示意郭小川不用自责。柯锋自己从业务一线出来，对于分公司的培训现状还是比较清楚的：现有分公司的新员工培训基本上就是人力资源部负责讲讲理论课程，实操则完全是放养状态，交由加油站进行师傅带徒弟，因此没有现成的内容都实属正常。

"锋哥，我再想想办法吧。"郭小川搓了搓手，表态道。

"算了，这个事情还是我来吧。"实操内容事关重大，柯锋决定还是由自己把担子挑起来。

"好，锋哥，那我再把理论部分的课件整合整合。"郭小川和柯锋确认了自己的任务，起身准备离开会议室。

"我也走。"柯锋从椅子上站起身来。

"柯锋，你的快件。"刚出会议室，柯锋就听到人力资源部综合岗的秦小岚对他喊道。

"我的快件？"柯锋一脸纳闷，最近没有买什么东西啊？

他顺手从秦小岚的手里接过快件，眼睛不由一亮，只见"邮寄人"那一栏写着秀气的三个大字——何玉琪。

柯锋小心翼翼地拆开了快件，一本书显露了出来，映入眼帘的书名是《成就卓越的培训经理》。他拿起书，翻开了扉页，上面还有一行娟秀的小字：专业成就未来！落款是Angela——何玉琪。

柯锋的嘴角微微上扬，脑海中浮现出了何玉琪的样子。

对于初次见面时何玉琪迅速准确的判断，柯锋一直充满好奇，有一次网上聊天时，他忍不住问道："你是如何判断出我做培训管理时间不长的？"

"很简单，因为你讲到新员工的培训框架是自己拍脑袋想的，源头站不住脚。"何玉琪回道，"培训框架的梳理要有来源和依据，这个依据就是该岗位的岗位职责和关键任务，这是常识！"说到最后一句时，何玉琪不忘模仿一下余智的语气。

通过这件事情，柯锋被这个小自己三岁的姑娘的培训专业度彻底折服，因此也就时常厚着脸皮请教她一些问题，让她帮忙推荐一些专业书籍。没想到，她竟真送了一本过来。

柯锋大致浏览了一下这本《成就卓越的培训经理》的目录，从培训经理的角色定位到培训项目的管理落地，应有尽有。对于培训管理基础薄弱的柯锋来说，这本书无疑是雪中送炭。

柯锋轻轻地将书放到了办公桌面上，拿起手机，起身走到了外面的茶水间。

"书收到了？"电话刚接通，何玉琪悦耳的声音就飘了过来，好像早就料到柯锋会给她打电话一样。

"收到了，雪中送炭，太感谢了。"柯锋的声音中饱含着谢意。

"谢我？"何玉琪笑道，"我这是在给自己减轻负担，那本书是培训管理的权威专家Jessie老师出版的，内容不错。你好好看看，省得以后还拿那些简单的问题来打扰我。"

何玉琪这话说得柯锋特别不好意思，他连连点头道："是，是，但不管怎样，谢谢你！"

"真的谢我？"何玉琪反问道。

"那当然了。"柯锋这话发自肺腑。

"你这谢意成本好低啊。"何玉琪咻咻笑道。

"这个……"柯锋倒没想这么多，经何玉琪一提醒，他立刻改口道，"要不改天请你吃顿大餐，当面致谢，可以吗？"

"大餐？留着以后吧。"何玉琪看着桌上的日历本笑道，"你得大出血了。"

"大出血？"柯锋一脸不解。

"我们下周末在鹏城有一天的公开课，你要不要来参加？"何玉琪一边讲，一边在日历上用笔重重地圈了一下。

"公开课？什么内容？"除了上次因为去找余智到过他们在花城的公开课现场外，对于其他的公开课，柯锋没有什么概念。

"带教技术，关于实际操作技能的梳理和带教的，下周六。"何玉琪答道，"你来不来？"

"实操内容的梳理？当然来！"柯锋想都没想就答应了。自己正头疼这实操内容的梳理，何玉琪就把"止痛药"给送过来了。

"别答应得太快，免得你后悔。"何玉琪好心提醒道，"我这做总助的没有销售职责，所以如果你真要来，不仅要出课程费，到时候还得请我吃饭，怎么样？"

"这多大点事。"柯锋笑了笑，爽快地应承了下来，"把公开课的资料发我，下周我们不见不散。"

"不见不散。"何玉琪放下手机，嘴角上扬，脸上露出了两个小酒窝。虽然说公开课是培训咨询机构圈定客户、加强客户联系的惯用手段，她也一直是这样说服自己的，但内心深处，她却特别担心柯锋会拒绝，这份担心似乎超出了一般的客情关系。

一周后，鹏城，科拓大厦楼下，何玉琪望穿秋水地盯着车辆的入口处。不一会儿，一辆出租车从入口处拐了进来，缓缓地停在了她的面前。

"你好，玉琪。"柯锋打开车门，露出一个灿烂的笑容。他下车后连连致歉："实在不好意思，让你在楼下等我。"

何玉琪今天上身穿了一件白色的Nike短袖T恤，长发随意地披在肩上，白皙无瑕的脖子透出淡淡红粉，下身紧致的牛仔裤更显曼妙的身材。她笑道："课程马上开始了，我不在楼下等你，你非得迟到不可，助教老师可得找我算账啊。"

"是，是。"柯锋赶忙快走两步，跟上了何玉琪的脚步。

这次公开课举办的地点就在何玉琪的公司。当柯锋走进教室，他发现墙上贴着智传公司的一些产品介绍和过往公开课的留影，教室内鱼骨状地排布着五个小组的位置，学员也基本已经到齐。

何玉琪将柯锋带到教室前面的第一组，用手一指当首的位置，目光里透着狡黠："我够意思吧，帮你留了一个最靠近老师的位置。"

"够意思。"柯锋苦着个脸，他通常参加学习都是喜欢坐后面的。不过既然何玉琪已经安排好了，他也不好当面驳了她的好意。

柯锋将背包放在了脚下，抬头瞥了一眼桌上的名牌，只见在他的位置旁边，竟然还放着"何玉琪"的名牌。

"你也上课？"柯锋有点诧异，智传公司自己的公开课，何玉琪应该听过不少了吧？

"嗯，是啊。"何玉琪淡定地在柯锋旁边坐下，嘴角一翘："你以为培训咨询公司的人听课是家常便饭吗？这个课我也是第一次听。再说，我得监督你学习啊，这课程是我撺掇你参加的，得为你付出的那么多银子负责吧？"

"好，我一定好好学习，天天向上。"柯锋笑着打着包票，一股暖流不经意地淌过了心田。

八点五十分，助教老师做了开场破冰，交代了学习规则和课堂纪律，随后就请出了公开课的主讲老师。只见一位身着职业套装、妆容细致的老师步履轻盈地走上了讲台。

"原来还是位美女老师啊。"柯锋悄声评价道。

"那是，我们公司的老师不仅专业功底深厚，而且个个是颜值担当。"何玉琪斜睨双眼，脸上一副骄傲的神情。

"大家好，我是Amelie，是今天的主讲老师。不知道大家是否知道，在我们中国有一个流传了上千年、非常有效的培养技能人才的方式？"Amelie简单做了自我介绍后，就直入主题。

"上千年？技能人才的培养方式？"柯锋略一沉吟，"师徒制？"

"师带徒。"果然，有人直接喊出了答案。

"对的，师带徒。"Amelie点了点头说道，声音委婉动听，"自古以来，师带徒对于我们国家各行各业的技艺传承起到了至关重要的作用。如今在涉及一些操作技能的企业中，还继续沿用了师徒制。但我想请问各位小伙伴，是否所有的师傅都天生懂得带徒弟，都能带好徒弟呢？"

"不一定。"

"不是。"

柯锋也跟着摇了摇头。

"看来大家意见一致，不是所有的师傅天生都会带徒弟的！我们以前总是关注徒弟学得好不好，却忽略了到底师傅带得对不对。而今天我们和大家分享的公开课——带教技术，就是教会师傅如何更好地带徒弟。"Amelie轻描淡写的几句，就做好了课程的定向。

"在此之前，有人听说过带教吗？"Amelie笑着提问道。

没有。要不是何玉琪告知柯锋，他还真是第一次听说这个词。

"那有人听说过传帮带吗？"见没人应答，Amelie继续问道。

传帮带，这个倒听得比较多，柯锋下意识地点了点头。

"这位同学，我看到你点头了，柯锋是吧？能给大家讲讲你怎么理解传帮带的吗？"Amelie的目光飘向了柯锋，而助教老师也适时地把话筒递到了他眼前。

啊，冷不丁地被点名，柯锋有点措手不及。他一边缓缓地起身，一边在头脑中思索着答案。

"传帮带，"柯锋稍稍理了一下思路，轻轻咳了一声后答道，"我理解的应该是师傅在带徒弟的过程中，传授知识、经验，帮助徒弟掌握要点，带领徒弟把活儿干好吧。"

"不错，回答得很好。"Amelie赞赏道，"我们今天所讲的带教，其实和传帮带异曲同工，'教'指的是传授知识、技能，而'带'指的是带领徒弟掌握要点，顺利胜任岗位。"

躲过一劫，柯锋舒了一口气。坐下时，何玉琪向他悄悄地竖了个大拇指。

柯锋耸了耸肩，好像在说："要不是你把我安排得离老师这么近，她也不会找我了。"

"是否所有的工作都适合带教呢？"Amelie继续引导着大家。

"不是吧。"听老师这么一问，学员们下意识地给出了答案。

"我们先来看看这两个例子，静脉注射和外交谈判，哪个更适合带教？"Amelie翻过PPT，用激光笔圈着上面的两张图片问道。

"静脉注射。"这个判断还是相对容易的，学员几乎异口同声地答道。

"为什么静脉注射比较合适？"Amelie的眼光又望向了柯锋。

这个位置是专门回答问题的吗？柯锋有点无奈，硬着头皮答道："比较简单吧。"

"还有呢？"显然这个答案不能让Amelie满意。

"有步骤？"柯锋回忆了一下之前护士给自己打点滴的过程，试探着答道。

"非常好！分步骤、有标准、易模拟正是可带教任务的三大特点。"Amelie总结道。

分步骤、有标准、易模拟，柯锋念了念这三大特点，不禁喜上眉梢。加油站一线新员工几乎所有的实际操作，无论是加油、收银，还是其他，不都符合这三条标准吗？看来何玉琪这个课程没有推荐错啊，确实对症！

"不知道在座的小伙伴们，有没有人会做炒鸡蛋的？"Amelie话锋一转，竟跑到做菜上去了。

"你会不会啊？"何玉琪用手肘碰了碰柯锋，低声问道。

"不太会。"柯锋摇了摇头。他很少进厨房,这炒菜自然不是他的强项。

这时,有位留着八字胡的青年自告奋勇地举了手:"我会。"

Amelie点了点头,伸手邀请道:"那你能不能给大家讲一下如何炒鸡蛋啊?我们先界定一下任务范围——从打鸡蛋到碗里,到装盘起锅的全过程。"

八字胡青年边回答边做起了动作:"我们首先要把鸡蛋打到碗里,然后用筷子搅拌均匀;热好油后,把鸡蛋液倒进去,翻炒;等炒得差不多的时候就可以起锅了。"

"好,不错。"Amelie示意八字胡青年坐下,然后转向其他学员,"有哪位小伙伴不会炒鸡蛋的吗?"

"他,他不会。"何玉琪用手指着柯锋,笑道。

柯锋想伸手去拉何玉琪,可惜动作慢了半拍。他一脸郁闷,这何玉琪哪是来监督自己上课的,明明就是来添乱的。

"柯锋,那我问你一个问题。刚才这位小伙伴教完炒鸡蛋,你是否学会了?"既然何玉琪推荐了柯锋,Amelie自然不能放过。

"这个……"柯锋回忆了一下刚才那位八字胡青年所讲的,摇了摇头,"说实话,不太会。"

"为什么?"Amelie追问道。

"太笼统了,比如他刚才说要把鸡蛋搅匀。什么叫搅匀?怎么判断?这对于我一个不会做炒鸡蛋的人来说,挺困难的。"柯锋讲了讲自己的真实感受。

"那是你太笨了吧。"八字胡青年抢白道。

"你才笨呢。"不等柯锋反应,何玉琪竟针锋相对地回了一句。

"不是笨不笨的问题,其实任何一个技能,即使再简单,想随随便便一教别人就能学会,基本不太可能。"Amelie适时出来打了圆场。

这一点柯锋倒是认同,当年自己学加油时,那也是紧张得要死,搞了半天才搞懂。

"柯锋,我来教你炒一遍鸡蛋,看你是否学得会。"Amelie用激光笔圈着PPT上面的图片讲道，"首先准备。鸡蛋打入碗中，用筷子同方向匀速搅拌，速度不宜过快，大约五圈/秒；搅拌后，蛋清、蛋黄充分融合，无块状物，目视表面略微起泡即可。

"其次预热。先热锅再倒油，油要在锅底均匀铺开，油温要达到七成热，略微起烟即可。

"然后翻炒。倒入蛋液进行翻炒，注意不要将蛋液倒出油层外引起煳锅，在鸡蛋发泡后及时翻面，否则容易烧焦。

"最后起锅装盘。加不加葱花看个人喜好。"

讲完后，Amelie看着柯锋，问道："能学会吗？"

"这下清晰很多，不过到底会不会，还是要实践。"柯锋认真答道。

"当然需要实践。不过对于我们带教师傅来说，教清楚的前提就是想清楚，你想的步骤越清晰，标准越明确，徒弟才越容易学会，同意吗？"

"同意！"学员纷纷点头。

"那如何证明你是否想清楚了呢？在这里有一个很厉害的武器教给大家——带教任务分解表。"Amelie将PPT翻到了下一页，"如果PPT看不太清楚，在你们桌上也有打印好的分解表。"

"这个表单由主要工序、子任务、合格标准、关键要点、典型问题、工具/资源组成。比如刚才的炒鸡蛋，主要工序就是四个：准备、预热、翻炒、起锅。准备中的子任务包括了打蛋、加盐、加水等，而每一个子任务都会有合格标准和操作的关键要点。"

柯锋盯着手上的带教任务分解表，眼前一亮。这不就是自己想要的实操标准梳理工具吗？有了这个，新员工的实操技能梳理岂不是手到擒来？

他看了一眼何玉琪，满眼感激。

"看看，我没忽悠你吧，这钱交得值吧？"何玉琪莞尔一笑。

"这个任务分解表看起来很简单啊，有用吗？我们交了这么多钱，就来学这个？？？"柯锋刚想回应何玉琪，那位八字胡青年拿着分解表站了起来，当场挑衅道。

"做培训，最简单的东西往往是最有用的，同时也是最容易被忽略的。"Amelie并未生气，而是耐心地解释道，"至于这个分解表到底简单不简单，我们不妨做个练习试一下？"

Amelie浅浅几句，就"化干戈为玉帛"，还顺带引出了教学内容，这处理现场冲突的能力令柯锋不禁暗暗钦佩。

接着，Amelie为大家布置了任务，要求每个人挑选一项实际工作，按照带教任务分解表进行分解，柯锋选的正是新员工最基本的加油操作。

"我分解任务，你干啥啊？"柯锋瞅了瞅在旁边盯着自己的何玉琪。

"我指导啊，看你写得对不对。认真点，别等下分享时丢人喽，到时候可别告诉别人我认识你。"何玉琪辩解起来，也是头头是道。

练习、分享、点评完毕，Amelie总结道："我相信，经过刚才的分享点评，大家会发现这工具看着简单，实际操作起来并不容易。如果不是真正的老师傅，很多细节是想不到位的。当然，想清楚只是带教的第一步，接下来，我将和大家分享如何教清楚、带教过程中的方法和工具都有哪些。"

柯锋坐直了身子，生怕自己会遗漏什么重要的内容。

第十章

首战告捷

从鹏城的公开课学习回来后，柯锋就着手联合业务部门进行了新员工实操技能的分解和标准梳理。有了方法论的支撑，这件事情做起来自然是如鱼得水，事半功倍。

9月中旬，带教技术公开课过去一个月后，柯锋将已经装订好的新员工培训实操指导书送到了苏芩的办公室。

"部长，这是做好的新员工培训实操指导书。"柯锋毕恭毕敬地将指导书递给了苏芩。

苏芩先看了看封面，觉得设计得不错，这才打开桌上的眼镜盒，取出黑色的无框眼镜戴上，仔细地看了起来。这份实操指导书虽然页数不多，但收录了加油站新员工上岗必须掌握的十二个实操技能，每个技能都按照任务分解表做了详细的梳理，明确了相应的标准和要点，甚至连后续的考核跟踪表也一起做了出来。

"小柯，做得不错。"苏芩约莫看了有十分钟，这才轻轻合上。她对于柯锋交出的这份答卷非常满意，脸上笑意盎然："之前陶部长定的军令状——三个月完成新员工培训项目，说实话，我还捏了把汗呢。现在看来，反倒是提前完成了。"

"主要是有部长您的大力支持。"柯锋虽然表面平静，可内心却涌起一股难以抑制的自豪和成就感：两个多月的辛苦，总算做出了让领导认可的成果。

自踏进人力资源部的大门，陶彧定下的"三个月的试用期"无时无刻不像一把悬在柯锋头顶的达摩克利斯之剑，让他压力山大，如履薄冰，现在总算可以松一口气了。

"你去把理论课程的资料也拿一份过来，我和你一起去见陶部长。"苏芩站起身来，笑吟吟地吩咐道。

十一长假刚过，收假后的第二天，人力资源部组织召开了第三季度的部门总结会议。

见与会的人基本到齐，副部长郝长春抬了抬黑框眼镜，清了清嗓子，将所有人的注意力集中到他这里："各位同志，请静一静，现在我们开会，下面有请陶彧部长讲话。"说完，郝长春率先鼓起掌来。

在座的人力资源部的二十多位同事立刻跟着鼓掌，唯恐自己被落下似的，一时间会议室内掌声雷动，久久不停。

陶彧一贯威严的脸上今天难得地挂上了笑容，他用手向下压了压示意安静，待会议室肃静下来，这才不急不缓地讲道："在今天的会议开始之前，先请大家看一份东西。"

看一份东西？什么东西？众人面带疑惑，你看看我，我看看你，就连坐在一旁的郝长春也觉得奇怪，今天的会议议程没有这一项啊。

"小柯，小川，你们两个把东西给大家发一下。"陶彧吩咐道。

众人这才将目光集中到柯锋和郭小川身上。两人收到指示后，将一沓《新员工培训指南》一一发到在座的同事手中。

等所有的人都拿到了指南，大概地翻阅了一下之后，陶彧这才继续讲道："我相信大家也看到了，最近我们部门的这两位同志，柯锋和郭小川，不畏酷暑，加班加点，顺利地完成了新员工培训项目，高质量地交付了这份《新员工培训指南》。特别是小柯，刚来部里不到三个月，就做出了这样的成绩，值得我们每一位同志学习。因此，我建议先把掌声送给他们。"

同事们听了陶彧对柯锋、郭小川的表扬，有羡慕的，有赞赏的，也有不屑的，但都鼓起掌来。蒋鹏也在跟着大家鼓掌，只不过这掌鼓得不情不愿，他脸色阴沉，心里更是恨得牙痒痒。自从年初陶彧空降到人力资源部担任部长以来，几乎就没有表扬过他，更别说在公开会议上如此大张旗鼓地表扬了。柯锋他凭什么，就凭着交出来的这几页破纸？

郭小川听到陶彧对自己的提名，满脸涨得通红，他也没有料到陶部长在这次季度会议上会提他的名字，而且是当众表扬。要知道他借调人力资源部这么久，还是第一次得到正部长陶彧的肯定。他不由感激地看了一眼坐在一旁的柯锋，心里暗自感叹：虽然这两个月跟着柯锋马不停蹄，忙得疲惫不堪，但能得到领导的肯定，也不枉自己辛苦一场。

柯锋安静地坐在座位上，脸上挂着淡淡的笑容。提交实操指导书时，陶彧已经肯定过了柯锋的付出和成绩，所以现在他也就不像当初那样心情激动得难以抑制了。

他想起何玉琪说的"以点带面，首战必胜"，这第一仗，算是有惊无险地赢了下来。他又想起白黎说的"站稳脚跟"，这表面上是新员工培训的顺利开展，实际上赢得的则是陶彧和苏芩两位部长的信任。

他曾经好奇地问过白黎，既然当初蒋鹏有能力把她从禅城调回总部，那么，当白黎再次拒绝了蒋鹏，为何还能安然无恙地待在总部？以蒋鹏的个性，恼羞成怒之际，不想办法把她调配到山旮旯的分公司去才怪。

白黎给出的答案是："在部里站稳脚跟，赢得部长的信任，让他觉得你在部里是不可或缺的一个人。"当初蒋鹏不是没想过撵白黎走，可奈何白黎的工作能力出众，短时间内就赢得了审计部部长的青睐，当蒋鹏的叔叔蒋跃进再找审计部部长谈这事时，已经为时晚矣。

现在的自己，也总算是暂时在人力资源部站住脚了。

"当然，整个新员工培训项目的顺利开展，少不了苏芩部长的管理有方。苏部长接手培训工作不到半年，这也是成绩斐然啊，我们同样把掌声送给苏部长。"陶彧笑着鼓起了掌。

"主要还是部长领导得好，火车跑得快，还得车头带嘛。"苏芩笑着捧了捧陶彧，然后看了一旁主持会议的郝长春一眼，"对吧，郝部长？"

郝长春一脸尴尬地点了点头，只好端起杯子喝水来掩饰自己的窘迫。论年龄，他足足长了苏芩五岁；论资历，他比苏芩早三年进的人力资源部。在苏芩接手培训管理之前，就是他一直在分管培训工作。今天陶彧部长的这番话，既可以理解为他在表扬苏芩，也可以理解为他在指责郝长春以前的培训工作没抓起来，做得不到位。

没有对比，也就没有伤害。陶彧身为正职，郝长春不敢有半分怨言，可心里对苏芩的不满就增添了几分。

陶彧接下来讲了公司四季度的经营策略和工作重点，两位副部长也分别就分管的工作谈了谈计划，这部门会议就结束了。

"这分明就是给柯锋和苏部长开的庆功会嘛"。开完会后，蒋鹏跟着郝长春进了办公室，面带不忿地抱怨道。

"你小点声，小蒋，还是要把自己的工作做好。"郝长春轻声训斥了一句，走到门口，把办公室的门紧闭起来。

这段时间，通过蒋鹏的引见，郝长春和纪委书记蒋跃进建立了比较密切的私下联系，因此他对待蒋鹏的态度也就温和了很多。

"这绩效工作有啥好想的，都是集团定的盘子和政策，我又不能像柯锋一样搞培训，还能玩出花来。"蒋鹏嘟嘟囔囔，继续抱怨道。

"只要用心，什么工作都可以做出亮点来。"郝长春对于蒋鹏的这个态度有点不满，语气不觉加重了几分。

"部长，我最近在琢磨另外一件事情，"蒋鹏感受到了郝长春的情绪变化，慌忙转了个话题，"或许可以让我们打个翻身仗。"

"什么事？"郝长春有点不以为然，蒋鹏的工作能力他是心中有数的。

"我觉得目前有一件事情倒可以好好抓一下。"蒋鹏顿了顿，见自己的话引起了郝长春的兴趣，就继续讲道，"前两天，我跟销售部的李向乾吃饭，就那个脸色白净、身材臃肿的小胖子，也许是酒喝多了，这小子给我透露了一些信息。"

讲到这里，蒋鹏故作神秘地停了停，他想把郝长春的胃口完全吊起来。

"什么信息？你别给我绕弯子了，直接讲！"郝长春却有些不耐烦了，今天的季度会议本身就让他心情很差，这蒋鹏还在给他添堵。

"最近销售部副部长肖军出差学习了，因此加班单就直接给到部长审批。结果李向乾他们下了班后就在办公室磨洋工，借故申请加班工资。这个李向乾我还是知道的，他平时上班都不怎么干活，怎么还会那么殷勤地要去加班呢？于是我就把这个事情放到了心里，回来一查工资，结果发现现在各部门的加班情况都很严重，每月加班工资占了工资总额的很大一部分。其实到底各个部门有没有加班，有没有这么多人加班，谁也不知道。"蒋鹏被说了两句，也没心思绕弯子了，就直接把自己的想法讲了出来。

"你建议是把加班的事情好好抓一抓？"郝长春大概明白了蒋鹏的

意思。

"是的，部长。这加班本身就是我主管的分内之事，现在出现这样的情况，我总不能睁一只眼闭一只眼吧。"蒋鹏义正词严地讲道。

在与柯锋的斗争中，蒋鹏的认知也在逐渐升级，特别是今天的会议对他影响挺大。他逐渐意识到，阴谋手段、背后伎俩仅能打压柯锋，而要真正赢得领导的认可和信赖，还得有拿得出手的成绩。他自认比柯锋聪明，在人力资源部资历又老，没道理被柯锋压上一头。他很不服气，因此急需一项成绩在大家面前证明自己。

"这个事情……"郝长春摩挲摩挲自己的下巴，"恐怕不好办，加班是各个部门自己审批的，我们人力资源部根本没有办法判断他们到底需不需要加班、需要加多少班。"

见郝长春有些迟疑，蒋鹏着急了："我知道这事难，可如果这件事情可以做好，不光是我，我相信部长你在陶部长心目中的印象也会不一样。"

"这个我自然知道，还用你说。"郝长春冷静下来，"容我再想想。"

平心而论，蒋鹏说的这个事情其实也挺令郝长春心动的，可他也能预估这其中的困难。谨慎起见，他决定还是晚点再作决定。

"好吧，那部长你好好考虑下。"蒋鹏有些有气无力地答道。没有郝长春的支持，他要想干成这件事情，希望不大。见郝长春兴致不高，他也就退了出来。

而在另一边苏芩的办公室内，却洋溢着祥和与喜悦的气氛。

"这段时间你们两个辛苦了。"苏芩为柯锋和郭小川亲自泡好了茶，表扬道，"《新员工培训指南》这两天给分公司下发之后，你们就可以缓一缓，放松放松了。"

"是。"两人点头应道。

闲聊了一会儿，柯锋脸上透露出些许犹豫，欲言又止道："部长，其实……"

"其实什么？"苏芩呵呵一笑，"小柯，有话直说嘛。"

"说实话，这新员工培训项目，我比较担心落地的问题。"柯锋权衡再三，道出了想法。他知道这话一出，等于给自己挖了个大坑，这一场仗刚结束，就有另一场硬仗要打。

"落地问题？"苏芩来了兴致，"你说说看。"

"《新员工培训指南》虽然有了，可分公司到底是否可以用起来，我不是太肯定。"柯锋这话说得婉转，实际上以他对分公司的了解，如果只是直接把这做好的文件发下去，多半只是分公司的文件档案里又多了一份精美的文件，不会有太大的成效。

前一段时间，他和郭小川光忙着做实操指导书册和培训指南，无暇顾及其他事情，对做出来的精美指南也曾暗自得意。现在静下心来，他才开始思考落地的问题。

"这倒还真是个问题。"苏芩点了点头，重新坐回到了座位上。"不过，既然小柯你想到了这一层，那有什么好的建议？"

不应该只带着问题来汇报，这是苏芩对柯锋的一贯要求。

"部长，我想再做两件事情。"柯锋下定了决心，这事要么不干，要干就必须干到位，草率应付一向不是他的风格。

"什么事？说说看。"苏芩身体往前倾了倾，她对于柯锋这种主动、务实的态度很是欣赏。

这时，坐在一边的郭小川已经忙不迭地打开笔记本，准备记录了。今天这会议让郭小川的心情一直飘在天上。他本以为培训指南下发下去，新员工项目就算完结了，哪能想到柯锋还看到了落地的问题，不仅看到了问题，而且已经想好了解决的对策。两相比较，他确实还差得很远，看来以后跟着柯主管，要学的东西还有很多。

"其一，拍摄视频。我们这个培训指南中最核心的部分是实操任务，实操任务虽然已经分解清楚了，但是还是不够形象化。下发到了一线，可能理解偏差就比较大。为了解决这个问题，我想把这十二个实操技能全部拍成微视频，每个视频8～10分钟，再连同指导书一起发放给分公司。"柯锋讲出了自己想要做的第一件事情。

"拍视频？"苏芩有些迟疑，"这个会不会花费太长时间？"以她的经验，拍视频要有剧本、素材，还要后期编辑、剪辑，怎么说也是件麻烦事。

"不会。"柯锋摇了摇头，用手指着放在桌上的实操指导书说道，"拍摄的剧本我们已经有了。我大概了解了一下，一个半月的时间应该可以。"

"一个半月？你有把握？"苏芩正视着柯锋，确认道。

"有把握。"柯锋用力地点了点头，眼神中透着自信的光彩。

"另一件事情是什么？"苏芩问道。

"其二，带教师傅培训。"柯锋继续说道，"视频拍摄完成后，我们还必须组织一期实操任务的培训，直接把分公司的带教师傅培训好，让他们将培训指南和视频带回去，这样我们的新员工培训才有可能真正地落地。这个事情，估计也得一个月的时间。"

郭小川听到这里，恍然大悟：师带徒，师傅才是关键，如果只是把视频拍出来，不做师傅培养，这和直接把文件丢下去也没有太大的区别，柯主管考虑得还真是周到。

苏芩听完柯锋的论述，眯着一双丹凤眼，略微思索了一会儿，轻轻地摇了摇头说："这个时间恐怕还不行！"

"不行？"柯锋没想到苏芩会否决他的建议。

"不是事情不行，是时间不行，要做，你还得尽量把时间往前赶一赶。"苏芩扫了一下桌上的台历说道，"12月下旬分公司都要开始准备总结和工作会议了，所以你这事要做，必须赶在12月中旬完成，也就只有两个月的时间。还有，我们二十家分公司，一期的带教师傅培训肯定是不行的，至少要做两期。这样，时间上来得及吗？"苏芩提出了自己的看法。

"虽然很有挑战，但是我觉得能行。"柯锋咬了咬牙应道。行百里路半九十，要做就要做得圆满，只要苏芩支持他做这事，那他必定会全力以赴。

"好，那你就抓紧一点，虽然时间紧、任务重，也要实打实地把效果落下去。"苏芩当场拍板，"小川，你全力配合柯主管。"

"好的，部长。"郭小川郑重地点了点头，保证道。

第十一章

冤家路窄

几天后，郭小川拿着几张报价单来找柯锋。

"锋哥，我找了几家做视频拍摄的，拍摄费用都很高啊。"郭小川说道。

柯锋拿起报价单一看，眉头皱在了一起。郭小川倒是有心，足足找了五家供应商做对比。可这最低的单个视频拍摄费用都超过六千元了，确实比自己原先的预估高了一大截。

"这样，小川，我们先想清楚我们自己要什么。"柯锋放下报价单，思索了一会儿，对郭小川讲道："我们拍摄的视频将来是用作教学的，因此清晰、把局部特写动作拍清楚是核心诉求。我们不需要追求高大上，拍个电影大片出来。你按照这个诉求再去找供应商谈谈，看是否可以把价格降下来，我这边也去找找资源。"

"好的，锋哥，那我再去谈谈。"郭小川答应一声，就去忙了。

柯锋则拿起了桌上的手机，拨了一个电话出去。

"你好，玉琪，在忙吗？"柯锋笑着打了声招呼。

"本来不忙，你这电话一来，就有点忙了。"何玉琪接起电话说道，心中一动：怎么刚想给他打电话，他的电话就来了？

"这……"何玉琪的说笑倒把柯锋搞得有些难为情，毕竟从认识何玉琪开始，他就没少麻烦人家。

"说笑呢，你有什么事？"何玉琪想到柯锋有些窘迫的表情，禁不住笑道。

"你有没有熟悉的拍摄视频的朋友？我们想把新员工的实操任务拍成视频供带教师傅学习。要那种出品不错，价格优惠的，单个视频的成本最好可以控制在三千元以内。"柯锋特意强调了一下性价比。

"这个嘛，如果找专业公司做，肯定超过你的预算了。我有认识私人工作室的朋友，可以给你介绍介绍，质量可靠，价格还公道。"何玉琪回道。

"那太好了，改天请你吃饭。"柯锋没有想到何玉琪果真有这方面的资源，开心地谢道。

"改天？改天是哪天啊？"何玉琪竟揪着柯锋的字眼，认真地追问起来。

"你下次如果来花城，提前告诉我一声，我一定请你。"柯锋爽声答道。上次带教技术的公开课，全程吃的是外卖，柯锋还没有找到请何玉琪吃饭的机会。

"我现在就在去花城的路上。"何玉琪笑着说道。

"现在？你今天来花城？"柯锋一愣，他没有想到会这么巧。

"怎么，不欢迎啊？"何玉琪故意拉长了声音。

"没有，没有，我以为你们只是周末才会过来开公开课的。"柯锋慌忙解释道，"余老师和你一起吗？"

"花城这边有个内训项目需要我跟进一下。"何玉琪答道，"余老师不来，我不总是他的小跟班。今晚请我吃饭，难道不方便？"她看似说得随意，不过心里却莫名忐忑起来。

"只要你时间OK就行。"柯锋笑了笑，"地点、口味有什么建议吗？"

"你是地主，自然听你的安排。"何玉琪听到柯锋应承了晚餐的事情，心里泛起了一丝甜意。

"好，那就到我们公司这里吧，粤富能源二楼的西餐厅，自助餐还不错。"柯锋思索了几秒，建议道。他到花城虽然已经三个多月了，可因为忙于工作，对于这个美食之都的美食其实了解得并不多。粤富能源二楼的西餐厅，环境优雅，自助餐种类丰富，出品上乘，确实是柯锋能想到的为数不多的推荐之一。

"OK，一言为定，今晚见。"何玉琪笑着挂断了电话。

傍晚，何玉琪打车来到了粤富能源大厦。她抬起手腕看了看表，五点五十分，比和柯锋约定的吃饭时间提前了十分钟。

"我到楼下了。"何玉琪发了一条信息给柯锋。

"实在不好意思，玉琪，我还在开会，只能请你到西餐厅先等我了，我订了位置，二十四号。"等了一会儿，何玉琪才接到柯锋回复的信息。

还在开会？现在竞争这么激烈，国企都开始加班了？何玉琪有点意外，既然这样，只能先去餐厅等他了。她四处瞧了瞧，却发现这粤富能源大厦有两个入口，不知道哪个才是通往西餐厅的。

这时，迎面走过来一个身材修长，脸上架着一副金边眼镜的青年。

"你好，请问一下二楼的西餐厅怎么走？"何玉琪伸出手，向青年男子招呼道。

这青年男子正低头想着心事，不想被人出言打断，他抬头本想训斥两句，但当看清问路者的容貌时，一时竟愣在了原地。

只见一位穿着一袭紫色长裙，眼眸明亮、容貌清秀动人的女孩站在了自己面前。

"哦，你好，你好。"短暂地失神后，青年不由自主地扶了一下金边眼镜，脸上露出一个迷人的微笑，他用手一指右手边的入口说道："顺着那个入口进去，坐客梯直上二楼右转就可以了。"

"好的，谢谢你。"何玉琪点了点头，笑容中带着两个浅浅的酒窝。

"不客气。"何玉琪的笑容让青年犹如春风拂面，他索性自荐道："我刚好也要去二楼西餐厅，不如我带你过去如何？"

"不用了，我自己去就好，谢谢你。"何玉琪委婉拒绝。

"没事，反正我也要去的。"这青年说完，也不待何玉琪回应，竟直接朝着右手边的入口走去。何玉琪轻轻摇了摇头，只好跟了上去。

到了客梯门口，青年迅速地按了电梯键。待电梯门开后，他伸出右手做了一个优雅的动作："你先请。"

这人倒挺绅士。何玉琪暗暗想道，她也不好再拒绝，微微一笑，进了电梯。

"来这里和朋友吃饭？"青年试探着问道。

"嗯，嗯。"何玉琪看了看手表，回答得有点心不在焉，不知道柯锋这会要开到几点去了。

电梯很快到了二楼，进了西餐厅，何玉琪找到了靠窗的二十四号位置，她一边放下挎包，一边对一旁带路的青年说道："我找到位置了，谢谢你。"

"你好，我能留一下你的联系方式吗？"青年犹豫再三，鼓起勇气问道。

何玉琪笑着摇了摇头："再次谢谢你。"

被何玉琪拒绝，青年脸色微变，但也不好再厚着脸皮待下去，他强堆起了笑容："没什么，举手之劳。"说完，转身向西餐厅外面走去。

何玉琪看着这青年走出去的身影，心里纳闷：这人不是说也来西餐厅用餐的吗？怎么把我领到位置后就直接走掉了呢？

青年一时羞愤，自己都忘记了之前扯的谎话。他径直走出了西餐厅，正暗骂自己太心急时，却看到一个熟悉的身影匆匆忙忙地迎面走了过来。

柯锋？他来这里干什么？青年心里一阵嘀咕。

柯锋这时也已经看到了青年。这不是蒋鹏吗？他怎么也在这里？不过柯锋没时间细想，朝蒋鹏打了个招呼，就擦身而过了。

蒋鹏下意识地点了点头，等他乘着电梯往下走，想着刚才没有搭讪到的女孩，脑海里忽然冒出来一个想法：柯锋来见谁？不会是刚才自己领到西餐厅的女孩吧？不可能，绝对不可能！这小子来花城没有几个月，怎么可能认识这么漂亮的女孩？

电梯停在了一楼，但蒋鹏的脚却并未迈出去。他鬼使神差地又按了回二楼的电梯键。一股神秘的力量驱使他一定要回去看看：这个女孩究竟是和谁约好一起共进晚餐？

待蒋鹏回到了西餐厅门口，侧身朝里张望了一眼，这肺就差点气炸了！他不记得前几天是谁告诉自己的"墨菲定律"——如果你担心某种情况发生，那么它就更有可能发生。此时，在靠窗的二十四号餐桌，女孩对面的位置已经坐了一个人，正是柯锋！

这个漂亮的女孩还真是来和柯锋吃饭的！

蒋鹏感到一阵胸闷，禁不住想起一段痛苦的往事：五年前进入粤富石油报到时，蒋鹏第一眼看到白黎，就深深地陷了进去。这是他的初恋，单相思的初恋，他曾发誓一定要娶白黎回家。当他得知，白黎和自己的舍友柯锋竟然是同一个学校的同学时，更觉得这就是命中注定的缘分。他和柯锋套近乎，请求柯锋牵线搭桥，为自己助攻。但最后，这同舍的舍友不仅没有帮自己，反倒帮了许辰逸，让自己的爱情就这样夭折了。

蒋鹏的额头青筋暴起，面容可怖。不行，不能就这么算了！要不是柯锋，白黎当初可能就答应我了，我到现在就不会还单身一人。既然老天让我今天遇到了这个漂亮动人的女孩，如果可以赢得她的芳心，岂不是可以狠狠打击一下柯锋？想到这里，蒋鹏撑了撑金边眼镜，淡定地朝餐厅里走去。

"不好意思，来晚了。我请你吃饭，反倒让你等我，实在不好意思。"餐厅里，柯锋一边落座，一边忙不迭地向何玉琪道歉。

"你们这里环境很好啊，大国企就是不一样。"何玉琪啧啧称赞，她倒并不在意柯锋的迟到。之前她了解到柯锋是一个非常守时的人，若不是有特别的事情，他肯定不会迟到一分钟的。

"说实话，我也是第二次来。"柯锋笑道，"第一次还是我领导请我来的。"

"你开的什么会啊？这么久？"何玉琪眨巴着大眼睛，好奇地问道。

"明天有个兄弟公司人力资源部的人员过来交流，陶彧部长、苏芩部长让我一起参与，研讨交流内容。"柯锋拿起桌上的茶壶，主动为何玉琪倒满了茶。

"看你好像有点愁眉不展。"何玉琪发现柯锋说到会议时，眉头下意识地皱了一下。

"一言难尽。"柯锋说道，"其实这交流内容都是几个部长定的，根本轮不到我这刚进部里没几个月的小兵参与。他们找我，主要是因为这交流内容要做成……"

"PPT。"何玉琪不等柯锋讲完，抢话道。

两人相视一眼，哈哈大笑。

"唉。"柯锋无奈地摇了摇头。原来刚开始兼职讲课时，柯锋很沉迷于做PPT，往往一个PPT课件可以做到凌晨一两点。也因此后来在新云分公司，领导凡是要用到PPT汇报时，都会找他。柯锋没有想到，来到总部人力资源部，这活儿也没有跑掉。

"呵呵，苍天饶过谁！我有一段时间给余老师做PPT，也快把我做吐了。不过你也不用太纠结了，有贡献总比没贡献好啊。如果领导都不搭理你，那才叫难受呢。"何玉琪感同身受，笑着说道。

"你说得对，有活儿干总比没活儿干要强！"柯锋指了指餐厅里放着的一排自助餐，"好了，不说这个了，你等饿了吧？我们去取餐，边吃边聊。"

何玉琪点了点头："你这一说，还真让人感到有点饿了。"

"柯锋，原来你也在这里啊。"两人取完美食刚坐下，一个略带夸张的声音在耳边响起。

柯锋扭头一看，蒋鹏正眯着眼站在一边。

柯锋有点不解：之前自己明明看到这家伙朝着下楼的方向去了，怎么现在又出现了西餐厅，而且还满脸热情？

蒋鹏的左手很随意地搭在了柯锋的肩膀上，说道："刚才看到你神色匆匆，原来是着急约会美女啊。"接着，他面向何玉琪问候道："我们又见面了。"

听到蒋鹏这话，柯锋更是奇怪：蒋鹏怎么会认识何玉琪？

何玉琪看出了柯锋的疑惑，她笑了笑："刚才在楼下不认识路，是他带我到西餐厅的。你的同事？"

柯锋点了点头，不快地将蒋鹏放在自己肩膀上的手推到了一边，问道："你晚上约了人在这里吃饭？"事出反常必有妖，他倒要看看，这蒋鹏葫芦里到底卖的什么药。

"唉，别提了。本来约好业务部的一位同事一起吃晚餐的，结果我刚去了趟厕所回来，他告诉我来不了了，临时被领导叫去加班了。"蒋鹏一脸的无辜和无奈，心里倒为自己扯的这个谎话暗自得意。

业务部的同事？蒋鹏顺口的一句话倒提醒了柯锋：不会是销售部的李向乾吧？这家伙曾经故意刁难自己，莫非背后是蒋鹏的授意和指使？

蒋鹏哪里想到自己胡扯的一句话竟引发了柯锋这样的联想，他继续扮着苦瓜脸："看来我只能一个人在这里吃饭了。不像你，还有一位大美女陪着。"

"既然是同事，要不一起？"何玉琪见这青年和柯锋比较熟络，也就放下了对陌生人的戒备，主动邀请道。

"不会打扰你们吧？"蒋鹏特别有礼貌地问道。

何玉琪摇了摇头，她存了自己的小心思，今天正好有着熟悉的同事在，她可以借机多了解一些柯锋的信息。

"太好了，还是美女体贴人。"蒋鹏不待柯锋回应，一边顺手拉了把椅子坐了下来，一边责怪柯锋道："你认识这么个大美女，也不给我介绍介绍？"

柯锋实在是懒得搭理蒋鹏，见他厚着脸皮在一旁坐了下来，心中更是疑惑：这家伙到底要做什么？平时恨不得和自己保持一个银河系的距离，今天反倒凑起热闹来了？

"你好，我是何玉琪。"何玉琪嫣然一笑，起身主动伸出了手。

"蒋鹏，柯锋的同事。"蒋鹏慌忙伸手握住了何玉琪的小手——小手细滑柔软。他又指了指柯锋："我们两个是一个部门的，而且当年一起进公司的时候，还是舍友来着。"

何玉琪看了看柯锋，求证蒋鹏所说信息的真假。她见柯锋点了点头，心中暗喜：看来自己是找对人了，这个当年入职就和柯锋是舍友的蒋鹏，肯定知道很多柯锋的事情。

"玉琪是做什么的？也在附近上班吗？"蒋鹏坐下后，主动向何玉琪询问道。

"我做管理咨询，帮专家们打打杂，不在附近，在鹏城。"何玉琪答道。

"哦，那还挺远的。"蒋鹏发出了一声叹息，离得这么远，联络起来并不是太方便啊。"以前怎么没听柯锋说过你啊，这小子还偷偷藏着这么一个大美女。"

蒋鹏的话让何玉琪有点脸红，她轻声道："我们也是刚认识不久。"

"认识不久？"蒋鹏有点怀疑，这不太可能吧。

"玉琪说得没错。"柯锋回道。

听到这个答案，蒋鹏眼睛一亮，眼光在镜片后闪烁。如果他们俩认识不久，那自己岂不是还有很大的机会？

这顿饭，蒋鹏手舞足蹈，兴致甚高，讲着段子逗乐，过程中还忙不迭地帮何玉琪夹着饭菜，倒把柯锋晾在了一边。

柯锋坐在一旁，冷眼看着蒋鹏的表演。蒋鹏刚出现时，他以为这小子今天又是想了什么法子要整治自己，但看到他的眼睛自始至终没有离开过何玉琪时，柯锋就知道这个曾经的舍友的心里想啥了。

这人不长记性吗？当年白黎的事情，他还没有吸取教训？柯锋摇了摇头，既然你非得掺和，就得准备为掺和付出代价。

晚餐在蒋鹏执意要求买单的情况下结束了。走出西餐厅时，蒋鹏看着何玉琪，问道："既然都认识了，这次你应该不会拒绝把联系方式给我了吧？"

何玉琪刚想报出手机号码，就听柯锋说道："不用了，回头我给你。"

这时，门口的一辆出租车恰好驶了进来。柯锋看着何玉琪上了车，扭头再看蒋鹏时，发现蒋鹏的眉际掠过了一片阴云。

第十一章 冤家路窄

第十二章

一波三折

鹏城，科拓大厦二十层。

何玉琪吃过早餐，轻快地走进了办公室。连续出差一周，她终于可以回到总部休整两天了。

刚踏进办公室大门，前台的小梅一见到她，笑吟吟地捂了捂嘴。

"怎么？小梅，我脸上长花了？"何玉琪摸了摸脸，笑着问道。

"玉琪姐，不是你脸上长花了，是有人给你送花了。"小梅兴奋地讲道。

"有人给我送花？"何玉琪瞪大了水灵的眼睛看着她。

"是啊。你瞅瞅，还不是一束，是整整五束。"小梅从身后变魔术似的拿出了几束玫瑰花，放到了前台的桌面上。

一瞬间，红色、粉红、蓝紫……不同颜色的玫瑰堆放在了一起，璀璨夺目，煞是好看。

"咦，这花？"何玉琪指了指其中的一两束——为何有些萎蔫和枯萎了？

"哦。玉琪姐，这花不是一次性送来的，是每天一束。前两天送来时因为找不到花瓶，所以就这样了，实在不好意思，你不会怪我吧？"小梅嘟着小嘴，一脸歉意地说道。

"怎么会呢？"何玉琪笑了笑，她基本已经猜到送花的人是谁了。想到他，她的内心不由泛起了一丝甜蜜，这人看着有些木讷，没想到还是蛮有情调的。

她顺手拿起一束玫瑰，打开上面的卡片，映入眼帘的花语是：愿每一天都能看到你的笑容。

何玉琪的笑意更甜了，仿佛一下子被幸福包围了起来。但当看到落款时，她的身体一僵，脸色瞬时变得很难看，这个送花的人不是自己想到的那位，而是——蒋鹏。

她慌忙地翻了翻其他花的卡片，虽然上面的祝福语不一样，但落款却都是同一个人：蒋鹏。

何玉琪秀眉微蹙，她不由想起一周前自己去花城，那个带着自己到了西餐厅，并且和柯锋一起共进晚餐的柯锋的同事。

他怎么会给我送花呢？他是柯锋的同事，不应该如此冒昧啊？何玉琪有点纳闷。"等等，我和柯锋的关系？我们什么关系？好像没有什么关系。"

何玉琪有点羞恼，一直以来都是自己一厢情愿，对他颇有好感，这人除了聊工作，好像并未表现出其他的热情和暗示。

何玉琪噘着嘴回到了自己的工位上，将花顺手扔在了一旁。她默默地坐着生了半晌闷气，这才又拿起玫瑰花的卡片，重新细读了一番卡片上的花语。

每束玫瑰花的颜色不同，花语也不一样，这个蒋鹏倒是个有心人。

何玉琪拿起手机，想给蒋鹏打个电话，却猛然想到自己根本没有蒋鹏的电话。上次分开时，蒋鹏问自己要电话时被柯锋拦下了，柯锋说他会把电话给到蒋鹏。

但显然，柯锋没有给！

柯锋为何没有给呢？难道是他当时已经看出了蒋鹏的心思？感情上不太情愿？想到这里，何玉琪的心情才稍微好了一些，她拿起电话给柯锋拨了过去。

"嘟——嘟——"电话响了两声，就接通了。

"玉琪，我正准备找你呢。"电话里响起了柯锋爽朗的笑声。

"找我？有事？"何玉琪轻声问道。

"实操的视频拍摄非常顺利，"柯锋的声音里透着兴奋，"以目前的进度来看，十天应该就可以全部完工，你介绍的团队太给力了。"

"你真是无趣！"何玉琪有点恼怒地冒出来一句。

"无趣？"柯锋对这个无端的指责有些费解，"怎么了？"

"我今天回到办公室，收到了玫瑰花。"何玉琪故作平静地说道。

"玫瑰花？"柯锋一愣，心里有点酸酸的，嘴上却说，"这是好事啊。"

"好事？你真这么认为？"何玉琪心里一阵难受，语气都变了。

"那当然，你这么漂亮的女孩有人追，很正常啊。"柯锋实话实说。

这人还会夸奖人？何玉琪第一次从柯锋的口中听到他对自己外貌的评价，虽然她天生丽质，听多了旁人的夸奖，但这人的夸赞却令自己感觉很特别，心里也好受了很多。

"你知道玫瑰是谁送的吗？"何玉琪问道。

"谁送的？这个我可猜不到。"柯锋摇了摇头。不过一瞬间他想到了一种可能："不会是蒋鹏吧？"

"没错，正是你的部门同事——蒋鹏，而且他还很有心，每天一束。我回到办公室的时候，前台小妹一次就给了我五束玫瑰。"何玉琪在"五束"上加了重音。

"啊……"听到蒋鹏名字的一刻，柯锋的脑子"嗡"的一下。上次吃完饭，蒋鹏找柯锋问了好几次何玉琪的电话，但都被他找借口拒绝了，这之后蒋鹏就恢复了之前和他的冰冷距离。柯锋本以为蒋鹏放弃了，没想到他竟直接把花送到何玉琪公司去了。

这小子当真是喜欢上何玉琪了？还花了这么大的心思？

蒋鹏一直以来对漂亮的女孩没有抵抗力，这个柯锋心里清楚。所以他本以为蒋鹏只是一时兴起，被何玉琪的美貌吸引。现在看来，事情没那么简单。他竟然能想尽办法把花送到何玉琪公司去，这本身就表明了态度。

"喂，怎么不说话？"何玉琪见柯锋半天没有回应，开口问道，"他的电话你有吗？"

"他的电话？谁的电话？"柯锋想着心事，一时没反应过来。

"你的同事——蒋鹏啊。"何玉琪没好气地说道。

"哦，哦。有啊，当然有啊。"柯锋一边答道，一边在心里琢磨：这何玉琪要蒋鹏的电话做什么？蒋鹏的为人柯锋是再清楚不过了，他实在不想何玉琪和这家伙沾上半点关系。这段时间和玉琪的交往，让柯锋早已在心中把她当成了很好的朋友。

"那就告诉我啊，人家给我送了这么多玫瑰，好歹我也得给个回音啊。"何玉琪讲道。

"哦，你确定要给他回信？"柯锋试探着问道，"要不我帮你转达一下？"

"这种事，你怎么帮我转达啊？"何玉琪笑了笑。柯锋不想她直接和蒋鹏接触，这点小心思倒挺让何玉琪开心的。

"好吧，那你记一下，186×××××××。"柯锋内心泛起一股醋意，不情愿地翻出蒋鹏的电话。他确实郁闷，自己拒绝了好几次蒋鹏的请求，谁知道最后反倒是何玉琪要主动联系蒋鹏了。

"好的，谢谢。"何玉琪在便签纸上写下了蒋鹏的电话，顺口问道："你刚才说找我有事？"

"哦，没事了。"柯锋心不在焉地讲道，"有空再说吧。"

"真没事？"何玉琪察觉到了柯锋的异样。

"真没事，改天再聊。"柯锋勉强挤出了一丝笑容。

挂上电话后，柯锋盯着手机愣出了神。

此时，蒋鹏正在吸烟室吞云吐雾。旁边的几位烟友天南海北地瞎侃着，而蒋鹏并未插话，他有着自己的心事。

自从上次见了何玉琪后，他有点茶饭不思，闭眼就是何玉琪一袭长裙，明亮的眼睛，带着小酒窝的笑脸。

他找柯锋要了几次何玉琪的电话，谁知道每次都被借口拒绝了。

"我还不信，不通过你柯锋，我联系不上何玉琪？"蒋鹏暗自较劲，后来他通过智传咨询的官网找到咨询电话，和前台确认了智传咨询公司的地址。然后，他就一次性订了一周的玫瑰，每天固定时间送到何玉琪所在的公司。

只是，今天已经是第五天了，怎么会一点反馈的音信都没有？

蒋鹏正在郁闷时，手机响了，他拿起来一看，是个陌生的电话。

"你好。"接通电话后，蒋鹏招呼道。

"你好，是蒋鹏吗？"对方轻声问道。

蒋鹏听到这个声音，浑身的血液瞬时就亢奋了起来。这声音，在记忆中只属于一个人——何玉琪。

"是的，你是玉琪？"蒋鹏压低了声音，掩饰着自己的兴奋。

"我是玉琪，谢谢你送的花。"何玉琪笑着答道。

"你不会怪我的唐突吧？"蒋鹏忐忑地问道。

"怎么会呢？谢谢你。"何玉琪再次致谢。

"不用谢，你喜欢就行。"蒋鹏此时心里像灌了蜜，甜滋滋的。

"今天给你电话，一是致谢，二是有个请求。"停顿了两秒，何玉琪开口道。

"请求？只要是我能办到的，你尽管说。"蒋鹏拍着胸脯打着包票。

"麻烦你以后不要再给我送花了。"何玉琪鼓了鼓勇气，还是讲了出来。

"啊？"蒋鹏仿佛被当头浇了一盆冷水，刚刚沸腾的血液瞬时变得冰凉，"为什么？"

"你和柯锋是同事，所以我今天才打来了电话致谢。我心中已经有人了，谢谢你的抬爱。"何玉琪平静地道出了原因。

"这……这……"蒋鹏被这突然的变故搞得不知所措。

"就这样吧，谢谢你。下次如果来鹏城，我请你吃饭。"何玉琪说完，就顺手挂上了电话。

蒋鹏握着挂断的电话，表情呆滞。良久，他从烟盒中摸出了一根烟，点着，深吸了一口。

何玉琪刚提到柯锋，又说自己心中有人了，这不明摆着吗？

"哼！又是柯锋，每次都是他坏我的好事。"蒋鹏狠狠地咒骂道。

他拿起手机又看了一眼，至少现在自己有了何玉琪的号码，孰胜孰负，这事才刚刚开始。

蒋鹏将香烟摔在了地上，用皮鞋使劲地踩了踩，攥紧了手机，走出了吸烟室。

"丁零零——"正在发愣的柯锋，接到了何玉琪的电话，精神不觉一振。

"打完电话了？"柯锋问道。不知为何，对于何玉琪跟蒋鹏的这通电话，他心里还是蛮紧张的。

"打完了。柯锋，我想向你求证一件事。"何玉琪说道。

"什么事？"柯锋心里一沉，莫不是要来打听蒋鹏的为人吧？

"人家都说国企待遇好，是不是？"何玉琪一本正经地问道。

"这个……不怎么好讲。"柯锋暗自诧异：玉琪怎么会问这个呢？难道她都开始调查蒋鹏的家底了？"待遇与市场上相比中等吧，不过福利好一些。"柯锋斟酌着字眼讲道。

"你就骗我吧。"何玉琪拉长了声音。

"我说的是事实啊，怎么是骗你呢？"柯锋讲的确实是大实话。在现有的体制下，国企最大的优势是稳定，员工不用提心吊胆，担心哪天公司黄了，或被公司炒鱿鱼了。至于待遇，只能算中等水平。

"你同事蒋鹏送来的玫瑰花不是路边小店的，是'时尚花艺'的，每束都要定制。一连五束，价格不菲。出手如此阔绰，不是待遇好是什么？"何玉琪翻着手里的卡片，振振有词。

"这个啊……"柯锋有点哭笑不得，还带这么推理的？他笑道："这可跟我们的待遇没啥关系，人家是宝剑赠英雄，鲜花送美女，舍得下血本啊。"

嘴上虽这么说，柯锋心里却暗自奇怪，蒋鹏是有着一个做纪委书记的叔叔，但他本身家境平常，工资待遇与自己不相上下。虽说蒋鹏爱慕何玉琪，但出手能够如此大方，倒确实挺令人费解的。

"哦，哦，那真是可惜了！"何玉琪啧啧叹道。

"可惜了？什么意思？"何玉琪这话说得柯锋云山雾罩。

"嗯，可惜了。"何玉琪点了点头，"我刚给蒋鹏打了电话，告诉他以后不要再送花给我了。"

"为什么？"柯锋感到很是意外，本以为何玉琪这是要通过自己调查一下蒋鹏，谁知道她却直接拒绝了人家。

"不为什么，本姑娘不喜欢，可以吗？"何玉琪撇了撇嘴，心里想道：还问为什么？你这人是个榆木脑袋吗？

"可以，可以。"柯锋笑着附和道。只要何玉琪别和蒋鹏搅和在一起，他心里悬着的这块石头也就落了地。

和柯锋通完电话，何玉琪看着桌上放着的玫瑰花，伸手把上面的卡片一一解了下来，然后捧起花重新回到了前台。

"小梅，帮我个忙。"何玉琪对前台的小梅讲道。

"玉琪姐你说。"小梅看到何玉琪把玫瑰花又捧了回来，不觉有些惊讶。

"把这三束玫瑰花拆开了，分给办公室的女同事们。"何玉琪指了指那三束还娇艳欲滴的玫瑰花。

"这……为什么啊？"小梅瞪大了眼睛，一脸的不可思议。

"不为什么。"何玉琪笑了笑，然后捧起那两束已经有点枯萎的玫瑰花走向了楼道的垃圾桶。

第十三章

节外生枝

"小川，你这么匆匆忙忙，干吗去啊？最近一段时间看你都不在办公室。"粤富能源大厦楼下，蒋鹏一把拉住了正匆匆忙忙往外走的郭小川。

这段时间，郭小川跟着柯锋在油站现场拍摄实操视频，两人动不动就一起消失，一个星期都不在办公室露面。蒋鹏本想从侧面打探一下柯锋和何玉琪的关系进展，都无从下手。

一想到何玉琪，蒋鹏内心就一阵痛苦，他脑海里不禁又浮现出了上一次和何玉琪见面时的情景。

自从送花被拒后，蒋鹏并没有轻易放弃，而是找了个出差鹏城的借口，直接杀到何玉琪的公司去了。

他还清晰地记得，当何玉琪见到他出现在公司门口时，那惊讶的表情。

"玉琪，又见面了，送你的。"蒋鹏将一个半米高的Hello Kitty娃娃递给了何玉琪。

"这……"何玉琪没有伸手去接。她还没从震惊中回过神来，她是怎么也没有想到蒋鹏竟直接追到自己公司来了，还抱了一个这么大的娃娃。"这是……"

"你上次说不让我再送玫瑰花的，所以我想这个Hello Kitty可能比较适合你，希望你能喜欢。"蒋鹏不慌不忙地解释道。

"不用了，谢谢你。"何玉琪稳了稳神，微笑着再次拒绝道。

"这Hello Kitty可是我从花城抱过来的。过来时，我已经被其他人笑了一路了，你总不至于让我回程再被笑一路吧？"蒋鹏装出一副可怜巴巴的样子，满是委屈地说道。

"是啊，是啊，玉琪姐，你不是最喜欢娃娃吗？"前台的小梅帮腔道，心想原来面前站着的这位就是之前送玫瑰的帅哥啊，看他彬彬有礼，一脸斯文，现在又送了个这么可爱的娃娃来，玉琪姐怎么会忍心拒绝呢。

"好吧，那你先放前台吧，我兑现承诺，请你吃饭。"何玉琪咬了咬嘴唇，答道。

"太好了！"蒋鹏兴奋地笑道，连那青瘦的脸上也泛起了红光。

然而，蒋鹏这兴奋劲并没有持续太久。

在科拓大厦三楼的粤海酒家，两人落座后，点完餐，当蒋鹏心里正盘算着找什么话题开聊时，何玉琪却直截了当地来了一句："蒋鹏，谢谢你的抬爱。说真的，以后你不要这样了。"

"啊？"何玉琪这一开口，就仿佛在蒋鹏的脑袋里扔下了一颗炮弹，轰隆隆作响。蒋鹏本以为何玉琪接受了自己的礼物，就还有希望和机会，谁知道一落座，她就讲了这样决绝的话。

"为什么？"蒋鹏不甘心地问道。

"我有喜欢的人了。"何玉琪不为所动，平静地道出了原因。

"柯锋吗？你喜欢他？"蒋鹏追问道，双手用力地扭绞在了一起。

何玉琪犹豫了半晌，但最终还是肯定地点了点头："你们两个是同事，所以还请你以后不要再送东西给我了。"

柯锋，真的是柯锋！蒋鹏原先的一切都只是猜测，现在由何玉琪亲口说出来，这感受完全不同，对他的刺激和打击更加直接。

空气凝滞了几秒，蒋鹏控制不住情绪，霍地站起身来，说道："玉琪，你知道吗？我第一次见你，就喜欢上你了。自从上次吃完饭，我一闭上眼睛，你一袭紫裙的样子就出现在我脑海里。"

何玉琪对蒋鹏的忽然表白一时不知如何回应，只能选择了沉默。从蒋鹏的表情中，她倒觉得蒋鹏所说应该是真的。

"接到你电话那天，我开心得要死。可听到你的拒绝，我仿佛瞬间坠下了地狱，生不如死。所以我今天来了，想争取一把，却想不到还是这样的结果。"蒋鹏使劲揪了揪自己的头发，脸上露出痛苦的表情。

"别这样。"何玉琪安慰道，"坐下说好不好？"

蒋鹏看了一眼何玉琪，扶着椅子慢慢坐了下来，半天从嘴里挤出来一句话："玉琪，我不怪你。谁让我认识你晚了一步呢，如今我也彻底死心了，但我有一个请求。"

"你说。"看到蒋鹏痛不堪忍的样子，何玉琪不忍心再说出拒绝的话。

"我真心祝愿你们都好，但请不要拒绝我成为你的朋友，我希望以后我们还是可以通通电话，聊聊天，可以吗？"蒋鹏一脸真诚地恳求道。

"好吧。"何玉琪点了点头，这个请求也不算过分。

"谢谢你，玉琪。"蒋鹏的语气里满是真诚，只是他镜片后闪烁的目光透露了他真正的心思：只要何玉琪不是彻底拒绝他，断绝了交往，那么他还是有机会的。

不过之后，何玉琪并没有像承诺的那样，再接他的电话，发了信息，她也不回。因此今天拦着了郭小川，蒋鹏就想着能否问出一些信息来。

"鹏哥，我去税务局开票。"郭小川抬头见是蒋鹏，停下了脚步，顺口说了一句。

"开票？开什么票？"蒋鹏收回拉住郭小川的手，疑惑地问道。

"这……"郭小川才意识到自己匆忙之间说漏了嘴，这事柯锋曾特意嘱咐自己不要声张，更不能让蒋鹏知道。"没什么，鹏哥，没什么。"郭小川慌忙掩饰道。

"小川，你有事情瞒着我。"蒋鹏脸色陡变，语气也变得冰冷起来。他看郭小川这遮遮掩掩的样子，分明是说了假话，不由一时心生恼怒：这小子，最近跟柯锋走得近了，竟然连自己也敢骗了！

"没有，哪能呢？鹏哥。"郭小川见蒋鹏变了脸，慌忙赔笑道。

"这还没有，去开什么票？给我讲讲，说不定师兄还能帮到你。"蒋鹏拍了拍郭小川的肩膀，口气虽是询问，但透着不容置疑的命令味道。

"这……"郭小川有些犹豫，但看蒋鹏冷峻的神情，这不讲就有当场翻脸的危险。他一着急，额头竟有细汗渗了出来。

"你不相信我？"蒋鹏冷冷地又撂了一句，气势进一步地压迫着郭小川。

"鹏哥，我哪敢啊。"郭小川有点扛不住了，他细细一想，反正也不是什么大事，告诉蒋鹏应该没有什么关系吧。

这么一思考，郭小川就开了口："鹏哥，我这一个月不是跟锋哥……不，是跟柯主管一起做加油站一线新员工实操视频拍摄嘛。前两天这视频终于拍摄、剪辑完毕了，这不，我去把发票开出来，给对方报销啊。"

"怎么还需要你开票啊？不应该是对方开发票的吗？"蒋鹏听着纳闷，这应该谁收钱，谁开票才对啊。

"这个……"郭小川迟疑了一下，最后还是如实说了："我之前找的视频拍摄公司，单个视频要六千元以上，柯主管觉得太贵。最后是他通过朋友找了私人工作室，质量不错，价格还公道，就是没有发票。"

贵？又不是花他柯锋的钱。蒋鹏鼻子"哼"了一声，他问郭小川："那你准备去哪里开票啊？"

"税务局啊，代开发票。"郭小川去找财务了解过了，这种情况，通过税务局代开发票就可以了。

蒋鹏听到这里，忽然眼前一亮，脸上神情也变得和缓起来："小川，这还用去税务局啊，这开票的事情我帮你解决。"

"你帮我解决？"郭小川一脸诧异，"怎么，鹏哥，你还认识开发票的啊？"

"当然！"蒋鹏的语气中透着骄傲，"你去税务局开票，税点太高。我这儿有认识的人，两个点就可以把发票开出来。"

"两个点，真的啊？"郭小川满脸惊喜。如果真是这样，发票费用就可以节省一笔，他听财务说，去税务局开票至少也要六个点的。

"当然，我一会儿打个电话，下午就能开好，还送票上门。"蒋鹏言之凿凿，伸手把郭小川拉了回去，还不忘叮嘱了一句："你转正的事情我会帮你上心的。"

"鹏哥，多谢，多谢。"郭小川低着眉，连声致谢道。他来粤富石油已经一年多了，同一届入职在分公司的同学基本都转正定岗了，唯独自己在人力资源部借调，目前还没有个准信，这成了他的一块心病。

"放心，谁让我们是同门师兄弟呢。"蒋鹏哈哈大笑，拍着胸脯保证道。

"唉，权当我信他最后一次吧。"郭小川心中自我安慰道。自己这位师兄几个月前就答应帮自己说话，利用他的关系帮自己转正。这话说得漂亮，可几个月过去了，事情却一而再、再而三地没有着落。

想到这儿，郭小川心里泛起一阵内疚。这段时间他跟着柯锋忙新员工培训项目的事情，他能感觉到柯锋是一个真正想干事，而且能干成事的人，不像眼前的这位师兄，就只会讲场面话。

这是最后一次，转不转正，我以后都不会被你当枪使了。郭小川看了一眼蒋鹏，暗暗下了决心。

一周后，蒋鹏敲开了人力资源部副部长郝长春办公室的门。

"蒋鹏，有事？"郝长春抬头问道，他四十五岁上下的年纪，鬓角的头发略微秃进去一些，清瘦的脸庞架着一副黑框眼镜。

"部长，刚才财务部的小慧退还了一份报销凭证，我刚好在门口碰到了，就拿了进来。"蒋鹏走前两步，扬了扬手里的报销凭证。

"谁的报销凭证？什么原因退回来的？"郝长春伸了个懒腰，就势往椅子后背上一靠。

"柯锋的，听小慧说因为报销凭证是张假发票。"蒋鹏小心翼翼地答道。

"柯锋的？"郝长春的眉头皱了皱，心里不悦，"那你交给他就是了，怎么反倒拿到我这里来了？"

"部长，本来我也是这么想的，"蒋鹏有些犹豫，说话吞吞吐吐，"不知道这话当讲不当讲？"

"有什么不当讲的？有话直说。"郝长春有些不耐烦，心想：不当讲你跑到我这里来干吗？没事拿我来消遣吗？

"部长，我到人力资源部五年了，还是第一次听到财务部因为假发票退还报销凭证的。"蒋鹏顿了顿，留了些回忆的时间给郝长春。"所以我觉得此事事关重大。我本来也想去找苏芩部长的，结果她参会去了，所以这才找到您这里来了。"

蒋鹏一边回答，一边观察郝长春的反应。

"哦。"郝长春只是象征性地点了点头，好像确实是第一次遇到假发票被财务部退还的。他像是询问蒋鹏，又像是自言自语道："这柯锋怎么会有一张假发票呢？"

"部长，这个我就不太清楚了。"蒋鹏摇了摇头，压低了声音："只是这凭证虽小，可人力资源部的声誉事大啊。所以，我建议这个事情是不是应该向陶彧部长汇报一下？"

"向陶彧部长汇报？不用了，你把凭证拿给苏芩部长，她自会处理。"郝长春略一思索，回绝道。这柯锋毕竟是苏芩部长直管的，自己出面干涉，万一闹出岔子，也不好下台啊。

唉，蒋鹏心中暗自叹气，这郝长春最擅长的就是审时度势，谁都不愿意得罪。他只好无奈地点了点头："好的，那我就等苏芩部长回来再说。"

退到门口时，蒋鹏像是忽然想起了什么，他扭头对郝长春说道："部长，我听我叔说我们人力资源部要升一个正处级干部？"

蒋鹏只这一句话，就把郝长春钉在了座位上，半晌没了反应。

"小蒋，你等一下。"蒋鹏的手刚碰到门把手，郝长春就把他叫住了。蒋鹏心里一喜，看来自己准备的这个撒手锏还是有用的。他缓缓转过身来，恭敬地问道："部长还有什么吩咐？"

"你拿上票据，我们一起去趟陶部长那里。"郝长春吩咐道。

第十四章

剑拔弩张

当柯锋收到陶彧部长在找他的信息时，他正站在花城实训中心的前庭现场。

11月份虽已是冬季，但花城气温不减，依旧保持在三十摄氏度上下。柯锋站在前庭下，感觉不到一丝凉风，即使有着顶棚的遮挡，仍像是被太阳直接炙烤一样。他的上衣已经完全湿透，紧紧贴在了身上，伸手抹一把脸上的汗水，都能顺带搓出些盐分出来。

同柯锋一样，站在前庭下忙碌的还有从各个分公司召集来的新员工带教师傅和培训主管。

新员工实操视频拍摄、剪辑完毕之后，柯锋立刻马不停蹄地开始了分公司带教师傅的培训。按照苏芩的指示，这个实操培训要开展两期，除了分公司推荐的现场教学的师傅外，还把分公司的培训主管也纳入进来了。

没有组织的支持和保障，这些带教师傅即使学得再好，回去也可能发挥不了效力！这是柯锋前不久才想明白的道理。

柯锋接完电话，抬头看了一眼还悬挂在半空中的毒辣的太阳，伸手叫来培训班的班长，吩咐了两句，这才打车往回赶。好在实训中心距离粤富能源大厦并不是太远，大约二十分钟后，柯锋就出现在了陶彧办公室的门口。

柯锋轻轻叩了叩办公室的门，推开门后，眼前的情景令他神情一滞。他本以为陶彧部长单独找自己有事，可此时在这足有五十来平方米的办公室里，除了陶彧外，沙发上还坐着副部长郝长春和蒋鹏，而郭小川则愣愣地站在了一边。

在几个人面前的茶几上摆了几个紫砂杯，里面盛满了已经沏好的茶，但似乎都没有人动过。

办公室空旷而又压抑的气氛让柯锋产生了一丝不祥的预感。他一边强自镇定地走向这几人，一边快速地在脑海中盘算了一遍：最近自己会在什么事情上出了岔子和纰漏呢？

"部长，您找我？"柯锋毕恭毕敬地给陶彧打了个招呼。

"嗯。"陶彧点了点头，四方脸庞上没有丝毫表情，"你看看这个。"边说，边把茶几上的凭证往前推给了柯锋。

柯锋面露疑惑，但没敢多问。他拿起来仔细一看：这个不是上次拍摄视频的报销凭证吗？他翻了翻，这个报销单的金额为两万多一点。这事当初还多亏了何玉琪，通过她的途径找到的私人工作室，愣是把单个视频的费用从六千元降低到了两千元，而且无论是拍摄水平还是后期制作都毫不逊色。

"这个是我们拍摄实操视频的费用，有什么问题吗，部长？"柯锋看完凭证，没发现什么问题。他用眼神示意了一下郭小川，郭小川亦摇了摇头，他也是刚被蒋鹏叫过来的，比柯锋早到没几分钟，现在也没搞清楚到底是什么状况。

"蒋鹏，你讲一讲。"陶彧用手一指蒋鹏，声音低沉而又威严。

"好的，部长。"蒋鹏答应一声，强压着心中的兴奋，缓缓站起身来，"下午我在办公室门口碰到财务部的小慧，她把这个凭证给退了回来，说是报销的发票是假的。"蒋鹏陈述时，刻意在"假的"两个字上加重了语气。

什么？发票是假的？？？

柯锋大吃一惊。不会吧，这个发票可是他要求郭小川去税务局代开的，怎么可能是假的呢？他扭头看向郭小川，眼神中尽是疑惑和不解。

郭小川更是大惊失色，他脸色惨白，嘴巴都张成了"O"型。"假的"两个字犹如一声霹雳在他的脑袋里炸了开来，把他彻底炸蒙了。这发票明明就是蒋鹏找人代开的，现在怎么反倒是他跳出来指证这发票是假的呢？

"假发票，怎么回事？"陶彧的两条眉毛悬了起来，犹如两柄利剑，他用手指重重地敲了敲桌面，说道，"我听郝部长说，这在人力资源部还是第一次。小柯，你解释一下。"

听到陶彧提到自己时，之前坐在一边还若无其事的郝长春非常配合地点了点头。

柯锋听到陶彧这话，知道陶彧已是生了怒气。如果人力资源部以前都没有出现过假发票，那为何他柯锋一来，就出现了这种事情，这能说明什么？

只能说明这个被陶彧寄予厚望，从分公司一手提拔上来的年轻人，靠不住！！！

一个人的能力再强，如果一旦被领导贴上了"靠不住""人品有问题"的标签，那在职场上基本就相当于被判了死刑！

柯锋感受到了严峻的危机，背上已经渗出了丝丝冷汗。他见郭小川也是一脸惊讶和茫然，就意识到这事比自己想象中的要复杂、要棘手。

面对陶彧的质问，柯锋一边迅速地开动脑筋想对策，一边观察着周遭人的反应。不经意间，他瞥到站在一旁的蒋鹏嘴角翘起，金丝眼镜下的双眼透着一份得意。

一瞬间，有个念头在柯锋的脑海中闪过：为何是蒋鹏跳出来指证呢？怎么偏偏是他拿到了这个报销凭证？会不会是在开票的过程中，郭小川被蒋鹏给算计了呢？不对，蒋鹏算计郭小川干啥？他才没有这闲工夫呢，这事看来还是冲着自己来的！

"部长，这发票是我开的，我的责任。"柯锋正合计着如何回复陶彧时，郭小川却忽然冷不丁地站了出来。

郭小川从"假发票"的震惊中回过神来后，他就意识到自己中了蒋鹏的圈套。这个自从郭小川来到人力资源部就一直忽悠他、把他当枪使的师兄，之前就已经令郭小川内心不爽了。今天这件事情明显就是蒋鹏利用他来对付柯锋的，还毫不顾忌地把他拖下了水。毫不利人，专门损人，如此这般的师兄，让郭小川对他彻底地失去了信任。

自己搞出的事情自己扛，大不了，不在人力资源部借调就再回分公司呗！郭小川下定决心，豁了出去。

蒋鹏使劲地瞪了一眼郭小川，眼中闪过强烈的怒意。要不是这是在陶彧部长的办公室，他都想立刻上去抽郭小川两巴掌。他今天拉郭小川来，是想让郭小川指证柯锋的。郭小川即使再有胆，也不会把自己爆出去。他正是拿准了这一点，才肆无忌惮地把郭小川拉了进来，哪想到这小子却临时反水，竟然主动揽下了责任。

"你开的？"陶彧的眉头拧在了一起，厉声问道，"究竟是什么情况？"

"部长，票是我让小川去找朋友代开的，是我的问题。"不待郭小川回话，柯锋抢先开口承认了错误。

柯锋一开口，蒋鹏悬着的心又落了下来，他暗自舒了口气，右腿不由自主地抖了起来：好啊，既然你自己跳出来了，那就好办了。

"找朋友代开的？"陶或眉毛一挑，"为何要找人代开？"

郭小川刚想讲话，柯锋伸手拦了拦，吩咐道："小川，能麻烦你把之前的报价单拿过来吗？"

支走了郭小川，柯锋这才缓缓地解释道："部长，是这样的。这次拍摄视频，因为成本费用的问题，所以我们没有找专业公司，找的是私人工作室。"

"费用问题，骗谁呢，我们公司什么时候差过钱了，这其中不会是有什么猫腻吧？"蒋鹏在一旁阴阳怪气地插话道。

陶或冷冷地看了蒋鹏一眼，面露不悦，吓得蒋鹏没敢再吱声。

这时，郭小川将报价单送了进来，柯锋接过后递给了陶或。"部长，这次做实操视频的拍摄，我们找了几家公司，但最低的单个视频报价都在六千元以上。最后我们通过朋友找到私人工作室，把价格降低到了两千元。但因为是私人工作室，所以没法提供发票，而我刚好有个朋友说可以提供发票，税点比较低。因为贪一时便宜，我就让小川去找他了。"柯锋不卑不亢地讲完了事情的来龙去脉。

柯锋是业务出身的，发票之间的这点事，他稍微想一下就能明白。刚才借着郭小川提供的缓冲时间，柯锋已经大致猜到了蒋鹏这次摆的是什么"龙门阵"了。

陶或接过报价单，仔细地看了看，确实如柯锋所讲，这专业公司拍摄一个视频最低的就是六千元，十二个视频，加起来起码要七万以上，而刚才蒋鹏拿来的报销单据总共才两万四。而且这份报价单上每个供应商的报价都盖了印章，确凿无疑。

陶或看完后，顺手把报价单递给了一旁的郝长春，同时心里暗自松了一口气。这么看来，柯锋在开票上还真有可能是被自己朋友给坑了。因为要做手脚，这七万多的费用总比两万多的费用要来得便利，操作空间更大一些啊。

陶彧再看看柯锋，见他在自己高压气势面前依旧从容，这神情就和缓了下来。他哈哈一笑，指着柯锋说道："小柯，这么说来，你这是交友不慎啊。"

陶彧的这一声大笑，令办公室内原先弥散的紧张气氛立时就退去了大半。

"可是，这不找正规公司，却找了一个私人工作室来拍视频，不符合规定吧。"郝长春来来回回看了几遍报价单，也没有找出什么破绽，就不痛不痒地点了一句。

"郝部长，这个事情是我定的。"顺着声音，苏芩推开了陶彧办公室的门。

她笑容满面、款步姗姗进了办公室，手里还拿着一个红色的U盘。走到众人面前时，她优雅地站定，这才不紧不慢地向陶彧汇报道："部长，之前柯锋有给我说过这件事，因为费用确实差距很大，从成本的角度出发，我就定了这家。而且最后的成果交付，无论是拍摄还是制作都非常到位。我还说等部长有空，把视频拿来给您过目过目呢。"

"哦，这样啊，看来是个误会。"郝长春尴尬地笑了笑。苏芩都把事情揽了过去，他也不好再说什么。这符不符合规定，还得看这事到底是谁干的。他总不能说人家一个跟自己同级的副部长，没有权利决定两万多元的项目支出吧。

"没什么误会，不做事就不会有误会。是不是啊，郝部长？"苏芩笑容满面地问道。

"是，是。"郝长春干咳了两声，甚是尴尬。他虽知道苏芩这话绵里藏针，却也不得不点头应和。

"那就多谢郝部长理解了。"苏芩笑了笑，面向柯锋，脸色一板："拍视频成本已经节约了不少，这开票为啥还要图便宜？能省几个钱？！"

"部长，是我不对。"柯锋低头，诚挚地认错道。

"算了，小柯也是一番好心。"这时，反倒是陶彧伸出援手帮柯锋说话，为他解围。

苏芩等的就是陶或这话。她接着训斥了柯锋两句，忽然话锋一转，对陶或说道："部长，你看看小柯和小川，有什么变化？"

众人闻言，齐齐把目光投到了柯锋和郭小川的身上。经苏芩一提醒，陶或这才上下仔细打量了两人一番，只见两个年轻人不仅瘦了一圈，而且黑了不少。

"黑了很多。"陶或指了指两人，笑道，"看着更健康了。"

"是的，部长，他们前一段时间全部待在实训中心现场拍视频，都晒得变色了。这不，这两天小柯还带着分公司的带教师傅和培训主管在前庭练操作呢。"苏芩轻描淡写几句话，不仅把办公室之前的紧张气氛化解一空，还顺带在陶或面前为柯锋和郭小川表了功。

"好，不错，年轻人就应该干实事嘛。"陶或开口称赞道，接着问苏芩："你刚才说小柯他们拍的实操视频不错，要给我过目？"

"是的。"苏芩扬了扬手中的红色U盘，"我已经全部拷贝过来了，部长是要现在看，还是？"

"择日不如撞日，刚好小柯和小川今天也都在，就现在看吧。"陶或来了兴致，柯锋的事情，既然苏芩已是提前知晓的，那就证明自己没有看错人，这令他很是欣慰。

"既然这事已经解释清楚了，如果没有其他什么事情，那陶部长、苏部长，我就先去忙了。"郝长春脸上堆起了笑容，起身准备告辞。

"郝部长，好不容易我们三位部长能聚在一起，柯锋他们辛辛苦苦做的实操视频，我们就一起看一看嘛，也耽误不了你多长时间。"苏芩笑着邀请道。

"不了，不了，这视频我就不看了。"郝长春连连摆手。他还有一大堆活儿等在那里呢，何况即使没活儿，他也没必要伸着热脸来给别人庆功吧？

"郝部长，苏部长说得对。这视频既然小柯他们费了时间和精力做出来了，我们这些当领导的就一起评审评审，给点意见吧。"陶或伸出手，做一个"坐"的动作。

"好，听部长的。"郝长春无奈地点了点头，又坐回到沙发上去了。

蒋鹏此时悄悄地往后退了一步，他见几位领导要留下来看实操视频，就想趁机开溜。

"蒋鹏，你也留下来，好好熟悉熟悉一线业务。"不待陶彧说话，郝长春竟开口叫住了他。郝长春心想：今天是你撺掇我来陶部长这里的，现在我都被留下来了，你竟然还想溜了？

郝长春心里一边怒骂，一边暗自后悔。他听说最近部里要升一个正处级，领导正在自己和苏芩之间做着选择，所以今天听了蒋鹏的话，才鬼迷心窍地来找陶彧。结果不但没有讨到便宜，反倒还给陶彧留下了不好的印象，得不偿失啊！

蒋鹏一愣，脸色分外难看。他今天的算计已经功亏一篑，彻底失败，此时他内心沮丧至极，哪里还有心情留下来看实操视频。何况这加油现场的业务，他只是懂个皮毛，让自己留下来看，这不分明要让自己在几位领导面前丢丑吗？

柯锋正忙着摆弄电脑和投影仪，听到郝长春让蒋鹏留下的话，不由得回头看了一眼略显狼狈的蒋鹏。今天自己和郭小川算是有惊无险地挺过了这一遭，可下次呢？下下次呢？

不能总是如此被动。柯锋的眼中闪过一丝凌厉的光芒。

蒋鹏，你既然做初一，就别怪我做十五了！

第十五章

出谋划策

中午十二点，柯锋搭乘一辆出租车来到了东景食街，在一家新疆特色餐厅门口下了车。

柯锋一打开车门，就看到许辰逸站在了路边，只见他一米八左右的身高，眉秀如刀，鼻挺如山，满脸洋溢着阳光的笑容。

这小子越来越帅了！柯锋暗想道。他心里默默地将蒋鹏与许辰逸做了个对比，一个冷峻阴郁，一个阳光帅气，怪不得当初白黎拒绝了蒋鹏，而选择了许辰逸呢！

"你小子怎么比我还早？"柯锋走上前，狠狠地一巴掌拍在许辰逸的肩膀上。

"那是当然，"许辰逸揉着被柯锋拍痛的肩膀，"不能总是让你这'早五分'跑到前面去。"

"早五分"是当初毕业实习时许辰逸给柯锋起的绰号，因为柯锋的表总是比别人快五分钟，所以无论是上班工作还是聚会吃饭，柯锋总是提前五分钟到场，从不迟到。

两人进到餐厅，柯锋环视一周，使劲用鼻子嗅了嗅，空气中弥漫着他最钟爱的烤羊肉的味道。

餐桌上已经摆了几样开胃小菜，白黎正在冲洗碗筷。她今天穿了一身蓝色的牛仔连衣裙，搭配着牛仔的小披肩，整个人显得英气勃勃。她见柯锋进到包间，扬着声音招呼道："大忙人，好久不见啊。"

"老同学，你就别取笑我了。"柯锋连连作揖，之前白黎还约过他几次，但因为他忙着新员工培训的项目没法脱身，就错过了。柯锋顺手拉了把椅子坐下，拍了拍桌子说道："说好了，今天我买单。"

"你买就你买，好像有人要抢着跟你买单一样。"说着，白黎扑哧一声笑了出来，"今天我们两个本来就是打定主意要吃白食的。"她看了一眼许辰逸，问道，"辰逸，我们要不要来个烤全羊？这里的烤全羊非常不错，一千八百八十八元一只。"

"来就来，谁怕谁？来一只你要是能吃掉半只，我现在就下单让师傅做。"柯锋哈哈一笑，毫不在乎。

"算你狠！得了，你们慢慢聊，我去催一下菜，顺便帮你们去看看中午喝什么酒。"白黎用纸巾擦了擦手，起身走到外面点酒水去了。

"怎么搞的，黑了这么多？"自柯锋调回总部后，许辰逸还是第一次见到他，这一见面，就觉他又黑又瘦，仿佛刚从非洲回来似的。

"这啊——"柯锋指了指被晒成古铜色的胳膊，"这是尽职工作的证明啊。"随即他叹了口气，"其实呢，就是忙，本想抽空回新云一趟，顺道找你聚聚呢，结果到现在才抽出时间来。"

"你啊，工作起来就不要命，我还不知道你？"许辰逸抢白道。当年两人在油站实习时，由于油品紧张，柯锋愣是三天没怎么合眼，许辰逸可是早就撑不住了。"怎么样，在人力资源部待得还习惯吗？其他同事好相处不？"

"其他同事？你这其他同事不包括蒋鹏吧？"柯锋夹了颗花生米，嚼了嚼，说道。

"怎么，蒋鹏又出什么幺蛾子了？"许辰逸眉头一皱，脸色渐渐暗了下来。

"蒋鹏？蒋鹏怎么了？"白黎从门外走了进来，手里拿着两个小酒盅，她后面跟着的服务员左手端着一盘烤羊排，右手则拎了两瓶伊力特。

"我来，我来。"柯锋没接许辰逸的话，他站起身来，把烤羊排接到了手里，深吸了一口气，赞道："这羊排真香，就是这个味！"

自打来到花城，柯锋还没有好好吃上一顿羊肉来。花城的菜式，在做羊肉之前会用很多作料，将羊的膻味去除得干干净净，但是这样的羊肉吃到柯锋嘴里却淡而无味，一点意思都没有。

"那当然，这家餐馆的羊肉是从新疆空运过来的，品质好，而且跟古城的做法一致。"餐厅是白黎选的，她得意扬扬地介绍道，"除了烤羊排，还有羊肉串、水盆羊肉，我都帮你点了，一点没帮你省钱。"

"哈哈，必须的！"柯锋胃口大开，顺手抓起一块羊排撕咬了一口。许辰逸则拧开了伊力特，为自己和柯锋倒上，两人就着羊肉，一小盅一小盅地喝起酒来。

"柯锋，你刚说了一半，蒋鹏怎么了？"白黎吃完一块羊排，忍不住开口问道。

现场三人，都和蒋鹏有着纠缠不清的关系：白黎是蒋鹏曾经苦苦追求的对象，许辰逸是以前蒋鹏的头号情敌。柯锋呢，现在不仅工作上和蒋鹏矛盾重重，就连感情上，也因为何玉琪的关系，和蒋鹏搅和在了一起。

"别急，等我先把这块羊排吃完。"柯锋啃完最后一块羊排，心满意足地打了个嗝，又和许辰逸碰了一杯白酒，这才慢慢讲起了假发票的事情。

"岂有此理！"许辰逸听完柯锋的叙述，极力地压抑着自己的愤怒，英俊的脸都变得有些扭曲了，他攥了攥拳头，"这蒋鹏欺人太甚！"

"逸哥……"白黎凤眉微蹙，拉了拉许辰逸的胳膊，她少见自己男朋友有如此失态的时候。

"别上火，别上火。"柯锋跟着劝道，"兵来将挡，水来土掩，我现在还不是好好地坐在这里？"

与柯锋相比，其实许辰逸在性格上沉稳很多，但现在听到蒋鹏陷害柯锋的事情，他就有点沉不住气了。他心里非常清楚，当年要不是因为他，柯锋也不会和蒋鹏产生那么深的矛盾。柯锋被调到人力资源部时，许辰逸是惊喜中夹杂着担忧，他担忧的正是柯锋会遭到蒋鹏的排挤和报复，没想到，怕什么来什么。

"你没事就好，这蒋鹏，仗着自己叔叔的权势，简直无法无天了！"兔子被逼急了还咬人，一向温文尔雅的许辰逸被气得都直接开骂了。

"我没事，但不代表蒋鹏没事。"柯锋的眼底闪过一丝凌厉的光芒。

"蒋鹏有事？会有什么事？"许辰逸有些愕然，柯锋这话让人听得糊涂。

"他既然能找到人开假发票，那说明之前他们就有着业务往来。凭我对蒋鹏的判断，这业务量应当还不小。"柯锋一字一句地讲道，言之凿凿。他之所以如此断定，其中的依据之一就是蒋鹏曾经送给何玉琪的玫瑰花，那些花每一束都是定制的，价格不菲。

"柯锋说得有道理。"白黎插话道。她天资聪慧，加上做的正是审计工作，因此对这事相当敏感。

"所以我在想，是否可以从这里切入，对蒋鹏来一次反击呢？"柯锋看着白黎，晃了晃拳头。

一旁的许辰逸听到柯锋这话，表情变了变，脸上先是惊讶，而后逐渐变成了钦佩。别人遇到这样的事情，能大事化小、小事化了已是万幸，毕竟蒋鹏有着那样强硬的后台。而自己眼前的这位兄弟，在躲过一劫后竟还想着反击，这不是以卵击石，而是真正的强者才具备的胆略和勇气。

一瞬间，他终于理解柯锋那句"兵来将挡，水来土掩"了。对于柯锋与蒋鹏的相处，他再也没有什么好担心的了。

白黎轻轻咬了咬嘴唇，陷入了沉思。她略想了一会儿，就有了主意，开口道："可惜对方的人我们无法联系到，否则，一定能找到一些线索的。"

"我有。"柯锋翻出手机，将一个号码递给了许辰逸，许辰逸又传给了白黎。

"你怎么会有对方的联系方式？"白黎看着这个手机号，满脸的不解。

柯锋笑了笑："哎，这完全是巧合。那天送发票的人送到楼下后，蒋鹏让郭小川下去拿。本来小川见到人，拿完发票就完事了。可兴许是这送发票的人太贪心，想多联系点业务，就跟小川套起了近乎，希望小川以后有类似业务也可以联系他，因此就把自己的联系方式给到了小川。"

"太好了。"白黎兴奋地打了个响指，"有了这个，这事就好办了。"

"怎么做？"柯锋急切地问道，看来这一向聪慧的老同学已然有了办法。

"这样，辰逸，这个号码你回到庆州后，找个其他手机卡来联系一下，把他能开具的主要类型的发票和开票单位搞清楚。"白黎把手机递回给许辰逸，吩咐道。

"这个不行。"柯锋伸手拦道，"我请你们来是出主意的，不是要把你们拉下水的。"

"什么拉下水？还是不是兄弟？"许辰逸不满地白了柯锋一眼，然后记下了手机号。

"等搞清楚了这些，我们需要的就是坐等一次机会。"白黎嘴角上扬，缓缓说道。

"什么机会？"柯锋见拦不住，索性也就放弃了，他现在对于白黎反击的方法也来了兴致。

"一次全面审计的机会，只要等到了机会，我自有办法。"白黎信心满满地讲道。

"会不会有风险？"柯锋可不想白黎和许辰逸因为自己的事情而陷了进去。

"没事，是猫总会偷腥，何况是蒋鹏这只馋猫，我们有了证据，就不怕他。"白黎做了四年多的审计，经历的案件大大小小也有上百起，对于如何处理，她自有分寸。

"柯锋，放心，白黎既然这样说，就没问题。"许辰逸给柯锋下了定心丸，他太了解自己的这位女朋友了，她从来都不会做自己没把握的事情。

"好，那我就敬二位一杯，感谢你们仗义相助。"柯锋提起酒盅，说道。

"仗义相助什么？你的事本身就是我们的事，这么客气，自己罚酒。"许辰逸不满地嚷道。

"对，辰逸说得对，你这太见外了，罚酒，罚酒……"白黎也跟着起哄。

"好，罚就罚。"柯锋端起酒杯，一饮而尽。他看着面前的两位朋友，随着白酒下肚，一股暖流在内心流动……

第十六章

好事成双

"**咚**咚咚——"敲门声打断了正在绞尽脑汁撰写年终报告的销售部副部长肖军。

肖军敲击键盘的手指顿了顿,抬起头,不耐烦地吼了一句:"谁啊?请进。"

"肖部长,我又来叨扰你了。"门一开,满面笑容的柯锋出现在办公室门口。他嘴角上扬,双手抱着一沓资料,似乎还有些分量,额头都渗出了一层细汗。

见是柯锋,肖军的脑袋不由隐隐作痛起来。自从调回人力资源部开始着手新员工培训项目以来,柯锋就成了肖军办公室的常客。

"肖部长,操作任务梳理,需要借几个业务人员。"

"肖部长,拍摄实操视频,还得再借几个业务骨干。"

"肖部长,我们要做实操带教师傅的培训,还得麻烦分公司销售部推荐几位精英。"

……

以肖军的暴脾气,要是其他人这样三番四次、婆婆妈妈地来烦他,他早把人从办公室撵出去了。可眼前的柯锋,却怎么也让他生不起气来,或许是因为柯锋身上的那种肯干事、会干事、能干事的拼命劲吧。

他肖军是其中一个,柯锋也是。

"小柯啊……"肖军眼睛一瞪,故意虎着脸,"你这次又来借什么?"

"肖部长,看您说的,我哪能每次都来找您借东西啊。"柯锋眯着笑眼,抱着资料,三步并作两步,走到肖军的办公桌前,"嘭"的一声,把一沓资料放到了肖军的桌面上。他舒了一口气,说道:"肖部长,这次我是来给您送东西的。"

"送东西？"肖军满脸狐疑，"你这抱来的是什么啊？"

"这个，《新员工培训指导手册》和《新员工培训实操视频》。"柯锋从放着的一沓资料中抽出一本已经装订好的蓝皮指导手册，在手中扬了扬，连同一张DVD光盘一起给肖军递了过去。

"哦，你这么快就做出来了？"肖军有些惊讶，之前柯锋给他看过实操指导书，但完整的培训指导手册他还是第一次见，何况还有已经拍摄、剪辑好的实操视频。

"基础版本的早做出来了，带教师傅培训的时候又进一步做了优化和完善。质量不过关，不敢给肖部长过目啊。"柯锋用手扇了扇风，这些资料从楼上抱到楼下，也把他抱出汗来了。"不过肖部长刚才说得不对，这个东西可不是我做出来的，是我们做出来的。"

"我们？啥意思？"肖军粗眉一扬，眼睛瞪得像铜铃。

"没有肖部长借我的人、给予我的全力支持，我单枪匹马哪能把这指导手册做出来啊？"柯锋笑着解释道。

"你小子，少给我戴高帽。"肖军才不吃柯锋这一套，他摆了摆手，顺手翻开了指导手册。

刚翻过封面，肖军就愣住了。只见手册上的主办部门竟然写的是人力资源部和销售部，协办为其他部门；主编挂的是人力资源部部长陶彧的名字，而两位副主编，一个是苏芩，一个正是他自己——肖军。

肖军盯着自己的名字，大感意外。在粤富石油这样的体制内，各部门做事奉行的一般原则就是"有功是自己的，有过是别人的"，没做出成绩还好，一旦出了成绩，那每个部门必定会死死地攥在自己手里，怎么还会拿出来和旁人分享呢？

这不可能，绝对不可能！

就说这个新员工培训项目，虽然自己销售部也有配合，肖军还亲自参与了实操任务分解表的评审。但平心而论，和其他部门的贡献度相差并不大，按照一般规则，完全可以忽略不计。

但现在，人力资源部不仅把销售部写了上去，而且副主编更是指名点姓地挂了自己的名，这不仅是给自己戴高帽，简直是直接捧上天了啊。

这，过河不拆桥，真够意思啊！

肖军心里一阵舒坦，他按捺住心中的惬意，仔细翻看起这本《新员工培训指导手册》。手册里包括了新员工的培训流程、培训框架、理论课程清单、实操任务分解表及考核表，一应俱全，应有尽有。

"不错，小柯，这本指导手册做得有水平。"肖军竖起大拇指，夸赞道。他见柯锋还是愣愣地站在一边，就从办公桌后踱了出来，把柯锋让到了沙发上。

"除了指导手册和实操视频，我还给肖部长带了这个。"柯锋坐下后，顺手把一本书放在了茶几上。

肖军略感意外地问道："你这是？"这书是刚才柯锋放在资料下面一起抱进来的，肖军压根没留意。

柯锋呵呵一笑，眼里充满着掩饰不住的笑意："别人都说肖部长是冲锋陷阵的武将，可我知道肖部长其实是文武双全。您特别喜欢看书，我这情报没错吧？"

肖军哈哈一笑，不置可否。

"这本《影响力》是我的一位老师推荐给我的，我自己也看过，确实不错，所以才斗胆向肖部长做推荐。"柯锋把书往肖军面前推了推。他这几句话说得虽然随意，可其实选书却是费了一番周折和功夫的。

肖军拿起书，瞥了一眼书的封面，貌似是一本关于说服力方面的书。他随意地翻了翻，内容倒还有点意思。片刻，他把书重新放回到茶几上，眼皮一抬："那就先放着吧。说说，今天找我有什么事？"

"看来什么事都瞒不过您啊。"柯锋尴尬地笑了笑，"我今天来找您还确实有其他事。"

"看看，你这小狐狸尾巴要露出来了吧。我还不知道你，从来都是无事不登三宝殿啊。"肖军大笑道。

"既然这样，我就直说了。"柯锋搓了搓手，"肖部长，新员工培训项目能够完美收官，多谢您的支持和配合，所以晚上斗胆想请您喝上一杯。"

肖军一愣，顿了顿，问道："你这是公事还是私事？"

所谓公事就是部门间的交流，肖军猜测是柯锋代苏芩发出的邀请，而私事就是柯锋私人的邀约了。

"私事，私事，明天不是元旦放假了吗？我就想看肖部长晚上有没有空，想单独请肖部长喝一杯，不知道方便不？"柯锋小心翼翼地讲道，毕竟两人之间跨着部门、差着层级，一般这种邀请领导不一定会答应。

"你这小子……"肖军哈哈大笑，用手指着柯锋，"请我喝酒，还这么多弯弯绕绕？"

"那肖部长是答应了？"柯锋心里一喜，赶忙确认道。

"没问题，我今晚刚好没安排。"肖军爽快地应承了下来，"明天休假，今晚就和你痛快喝一场，看看你这酒量有没有嘴皮子这么厉害。"

从肖军的办公室刚出来，柯锋的电话就响了，他拿起来一看，是郭小川打过来的。

"小川，有事找我？"柯锋边走边说。

"锋哥，晚上有空吗？我请你吃饭。"郭小川的声音中透着掩饰不住的愉悦和兴奋。

"请我吃饭？什么喜事啊？"柯锋顺口问道。这话刚说出口，他就猛然想起上周在苏芩办公室谈的事情，难道有着落了？

上周，新员工培训项目彻底收官以后，苏芩把柯锋和郭小川叫到了自己的房间，表扬鼓励了一番。柯锋就趁热打铁，鼓起勇气向苏芩提了一下郭小川转正的事情。和郭小川同一届的管培生基本都转正了，唯独留在总部的他反倒被落下了。

苏芩正在冲茶，听到柯锋的请求，沉默了几秒，把茶杯轻轻放在了茶几上，说道："小柯，这事我做不了主，得请示陶部长。"

她又望了一眼因为柯锋的这个请求而极力压抑自己情绪的郭小川，补了一句："不过我会尽力的。"

"谢谢部长。"柯锋答应一声。他知道郭小川转不转正，领导应该有自己的考虑，这事本不该他插手，但事到如今，成与不成，他都要尽力帮小川争取一下。

果然，郭小川的话把柯锋拉回到了现实："锋哥，我转正了，刚才苏芩部长亲口告诉我的。"

"恭喜啊，小川，大喜事啊。"柯锋喜形于色，这事顺利得有点出乎意料。"不过今晚不能给你庆祝了，我约了肖部长今晚喝酒，改天如何？"

"锋哥，都行的。"郭小川满口答应。柯锋在他转正事情上的助力是他切实看到的，不会无故拂了他的面子。何况一个新员工培训项目下来，他多少体会到了培训工作和业务工作之间的紧密联系：没有业务部门的配合和支持，培训工作压根就没法推进。他的饭随时可以吃，肖军副部长可不是哪天都有空的啊。

挂了电话，柯锋的脸上露出了淡淡的笑容：强化业务关系，赢得得力助手，今天可是好事成双，双喜临门啊。

晚上，"东北人家"。锅包肉、猪肉炖粉条、酱骨架、尖椒干豆腐……一张精致的小圆桌上竟摆了满满的七八样菜，正中间则放着一瓶白酒——伊力特。

肖军进到包间里，瞅了一眼桌上的菜和酒，指着柯锋的鼻子笑道："你小子，不去当情报员真可惜了。"

柯锋只是一个劲儿地憨笑。肖军的老家在东北沈阳，入伍当兵则去了新疆。因此今晚的菜上的是东北菜，酒则喝的是新疆酒，全都对得上肖军的胃口。

肖军大马金刀地往桌边一坐，斜眼看了一下柯锋："小柯，你能喝多少？"

"半斤差不多吧。"柯锋挠了挠头，憨厚地笑道。

"你小子骗我。"肖军顺手撕开烟盒，拿出一根点着，"你今晚准备了多少酒？"

柯锋笑而不语，指了指房间的角落。肖军扭头一看，那里还放着两瓶伊力特。

"你的意思是我能喝两斤半？扯淡吧。"肖军瞪大了眼睛，他本以为柯锋就备了两斤白酒，结果竟备了三斤。

"我早听说肖部长海量了。"柯锋伸手拿过来一瓶伊力特，就要往酒壶里倒。

肖军一把拦住了他："这太费事了，我们直接用这杯子喝。"他晃了晃手里的玻璃茶杯。

"好，没问题。"柯锋眼睛都没眨，接过杯子，就把酒倒了进去。

肖军笑了笑，深吸了一口烟，眼里闪过一丝欣赏之色。

倒完酒，柯锋把杯子举了起来："肖部长，感谢您的支持，别的话不说了，我先敬您。"

"干吗？"肖军晃了晃玻璃杯中的白酒，盯着柯锋，不紧不慢地问道。

"干！"柯锋毫不犹豫，端起杯子跟肖军一碰，一仰头，这三两白酒就直接下了肚。

"哈哈，好，对脾气。"肖军哈哈大笑，端起玻璃杯也一干到底。

这一杯酒喝完，肖军要去拿瓶子倒酒，柯锋赶紧阻拦道："肖部长，使不得，我来。"

"什么使不得，哪里来那些破规矩。"肖军一把抢过柯锋的玻璃杯，不容分说，先给柯锋满了杯，而后才给自己倒上。

柯锋无奈地笑了笑，这肖军，性情豪迈，不落俗套，在粤富石油这样等级森严、规矩众多的大国企里，确实独树一帜啊。

"小柯，我很是感慨啊。"几杯酒下肚，肖军感叹道。

"肖部长，这话怎么说？"柯锋夹菜的筷子停了停，好奇地问道。

"你知道吗？我们，不，你做出来的这份培训指导书，是我当年在油站时四五年间就一直想做的东西，但可惜一直没做成。这次你花了四五个月的时间，就把这东西做出来了，你比我强啊。"肖军拿起一个酱骨架，边嚼边说道。

"肖部长太过奖了，主要还是多亏了您的支持。"柯锋可不敢贪功，不过听肖军话里的意思，如果做的培训工作真正是业务需要的话，业务部门也不会无动于衷。

"真是我的支持？"肖军嘴里喷着酒气，问道。

"真是您的支持。"柯锋满脸真诚，丝毫没有刻意的恭维。

"好，以后你小子有事，随时开口，老哥给你做后盾。"酒过三巡，肖军愈发感觉柯锋这小子和自己投缘，不经意间称呼都变了，开始以兄弟相称。

"好，那肖哥，我再敬你一个。"柯锋听到肖军如此称呼，心里一热，赶忙举起杯道。大家常说，在国企做事，关系是第一位的。但对于柯锋来说，能找到脾性相投、愿意做事的同道中人更为重要。

一顿酒，两人足足喝了三个多小时才尽兴，三斤白酒被喝得一滴不剩。走出饭店时，柯锋走路已经七倒八歪了。他强打起精神，把同样晕晕乎乎的肖军送上了出租车，自己才摇摇晃晃地回到了住的地方，一头扎在了客厅的沙发上。

迷迷糊糊中，一个清秀精致、相貌甚甜的女孩出现在柯锋的脑海里：清澈明亮的眼眸，笔直小巧的鼻梁，嘴角自带着笑意。

"方怡……"柯锋嘟囔了一句，呢喃两声，又叫了一句"何玉琪"，沉沉醉死了过去。

第十七章

佳人有约

"丁零零，丁零零，丁零零——"一阵突然响起的手机铃声将柯锋从酣睡中吵醒。

"喂……"他闭着眼睛摸了半天，才从茶几上摸到了手机，迷迷糊糊地接听了。

"还没醒啊？"电话那端传来清脆悦耳的声音。

"玉琪？"柯锋睁开眼睛，缓缓地从沙发上坐了起来，这才发现自己昨夜一宿就是在沙发上度过的。他揉了揉几乎要炸裂的脑袋，强压着胸口还在翻腾的酒意，问道："有事吗？"

"你还好意思说？你昨晚给我打了个电话，你说什么事？"何玉琪拉长了语调。

"我给你打了电话？"柯锋一惊，怎么自己一点印象都没有？他慌忙查看通话记录，上面确凿无疑地显示着一通他和何玉琪的通话，后面还有何玉琪打来的几个未接来电。

"我没乱说什么吧？"柯锋想到昨晚迷迷糊糊做的梦，这酒就醒了大半，小心翼翼地问道。

"接通后一声都没吭，说什么了？什么也没说……"何玉琪嘟着小嘴，一脸的不高兴。

"抱歉，抱歉啊，玉琪，昨晚陪业务部门的领导喝酒，喝得有点多，可能不小心碰到了。"听何玉琪这么一说，柯锋悬着的心才落了下来，慌忙中扯了一个理由。

不小心碰到了？何玉琪听到这样的回复，佯怒也变成真生气了。她嘴唇紧闭，冷不丁地冒出来一句："柯锋，我在花城呢。"

"你在花城？"柯锋一愣，大脑半天没反应过来，"来做内训还是开公开课？"

"算是吧。"何玉琪不置可否地答了一句。其实，她昨晚莫名其妙地接了柯锋的一个无声电话，回电过去却一直都没有接听，心里很是不安，所以干脆一大早就从鹏城赶到花城来了。"我在岭南路，粤荟庭院小区门口。"

粤荟庭院小区门口？柯锋的脑袋有点短路，粤荟庭院小区正是自己租住的小区，何玉琪怎么跑到自己小区门口来了？他来不及多想，慌忙说道："你等一下，我这就下来。"

"不用，你在家等着，我上去找你，6栋1205，对吧？"何玉琪轻声讲了一句，不等柯锋反应过来就撂了电话。

"啊，你上来找我？"柯锋大吃一惊，他刚想多问两句，听筒里已经传来了"嘟嘟"声。

柯锋呆呆地坐在沙发上，渐渐回过神来。他环视了屋子一圈。这是一个面积六十来平方米的一室一厅房，他到粤富石油总部报到后就被安排到了这里，距离公司也就五分钟的路程。据他所知，在粤荟庭院这个小区，公司常年租赁的房屋有三十几套，都是公司为调回总部的人准备的临租房。名义上说是临租房，其实名不副实，因为这临租的期限是两年。也就是说，柯锋可以安安稳稳地在这个地方住上两年，不用花一分钱的租金。

这个房间虽然只有六十来平方米，但粤荟庭院地处花城的CBD中心，因此一个月的房租高达五六千元，还不包括水、电、煤气等杂费，这些费用全部由公司承担。

柯锋平时爱干净，早上跑完步后，一般会清扫一下房间，再出门上班。每周末他还会搞一次大扫除，因此屋子看起来有条不紊，干干净净。

柯锋低头再看了看自己，穿的还是昨天的衣服。他揪着衣领闻了闻，一股酒气味，熏得他险些把昨晚的酒又吐出来。他赶紧从沙发上跳了下来，三下五除二地把自己扒了个精光，将衣服一股脑儿地扔进了洗衣机，然后就钻进了浴室里。

"叮咚——"柯锋刚冲完澡，换上衣服，门铃就响了起来。他打开门，只见何玉琪站在门口，明眸皓齿，亭亭玉立，犹如一缕阳光投射进了屋子里。柯锋愣了愣神，半天才从嘴里蹦出来几个字："玉琪，早。"

"不打算请我进去？难道屋里有人？"何玉琪瞅着柯锋湿漉漉的头发，猜他应该是刚从浴室里出来，于是一手把着门把手，愣愣地挡在门口，没好气地问道。

"没有，没有，请进。"柯锋脸上堆起笑容，慌忙让开道，把何玉琪邀进了屋里。

何玉琪进门后环视了一周，看到屋内的布置和摆设，嘴角微微翘起："你这里不像一个男生住的地方啊。"

她本以为自己会看到一个杂乱差的男生宿舍，不想眼前的屋子却干净得连一丝头发都没有，客厅一角的桌子上摆放着一排整齐的书，阳光从阳台洒入，更是给房子平添了一份温馨和舒适感。如果说柯锋是临时打扫整理的屋子，时间恐怕不够。这似乎正是柯锋生活的常态，何玉琪莫名地感到一丝满意。

"不像？"柯锋挠了挠头，湿漉漉的头发还有水滴从脸上滑了下来，"为什么？"

"比我的房间还要干净。"何玉琪笑了笑，狡黠的目光一闪，"你是不是有洁癖啊？"

"没有，这个真没有。"柯锋肯定地摇了摇头，"我就是平时勤快了那么一点点。"

"今天有什么安排？"何玉琪在屋子里转了转，换了个话题。

"安排？"柯锋有点不好意思，"说实话，要不是你给我打电话，我估计能睡上一天。"

"睡上一天？今天是元旦啊，2011年的第一天，你就准备这样睡过去？"何玉琪摇了摇头，用清澈的大眼睛盯着柯锋，"这大好的年华、大好的天气，别那么浪费，不如我们去爬山吧？"

对于何玉琪来说，2011年的第一天很重要，但和谁一起、做什么，更重要。

"爬山？好啊。"柯锋点了点头，这才认真打量起何玉琪的穿着来，似乎她一早就有了准备，一身浅蓝色的运动服，手里还拎着一顶粉色的太阳帽，一副运动感十足的装扮。

"对啊！花城的青秀山不是很有名嘛，我们去那里。"何玉琪直接抛出了建议。

　　"青秀山，离这里也不远，那就去青秀山。"柯锋爽快地附和道。他本不是喜欢宅在屋里的人，何况今天还是佳人有约。他招呼何玉琪喝水，然后自己也去换上了一套运动衣。

　　约莫半个小时后，柯锋和何玉琪就来到了青秀山山脚。

　　青秀山是花城第一名山，国家5A级旅游景区，山脉延绵，主体由三十多座山峰组成，最高的主峰高达八百多米。此时虽是冬季，但青秀山上依旧绿树环绕，植被丰富，放眼望去，满眼青翠。山上的鸟语花香与城市的浮躁喧嚣仿佛是两个世界，二人置身其中，仿佛一下从工作生活的烦琐中解脱了出来，一路欢声笑语、轻松惬意。

　　估摸着走了三分之一的山路，两人来到一个凉亭里稍作休息。

　　"玉琪，有个事情我觉得很奇怪。"柯锋用纸巾将凉亭下的座椅擦拭干净，这才请玉琪坐下，开口说道。

　　"什么事情啊？"何玉琪对于柯锋的细心颇有好感，她一边擦了擦额头上渗出的细汗，一边问道。

　　"你大学学的是新闻专业，以你的能力、容貌，完全可以在电视台之类稳定的单位就业，怎么跑到鹏城做了管理咨询呢？"柯锋对这事一直不太理解，所以今天就抽空问了出来。

　　"唉，说来话长。"何玉琪小嘴一噘，一声感叹，"我是身不由己啊。"

　　"身不由己？"柯锋挑挑眉头，更加疑惑。

　　"嗯，身不由己。"何玉琪重重地点了点头，"我的父母都在政府机关工作，所以呢，他们给我的定位就是参加国考。从大三开始，他们就天天怂恿我考公务员，说什么女孩子要找一份安安稳稳的工作，天天念叨。我最后实在被他们念叨烦了，于是一毕业就落跑了，跑得远远的，省得心烦。"

　　"哦，原来如此。"柯锋大学时曾经最好的兄弟的梦想是当编剧，可最后还是被父母逼着考了公务员，进了政府机关，因此他对于何玉琪所讲的事情多少有些感同身受。

　　"当时刚好有个熟人在鹏城这边，就介绍我到了智传公司。"关于余智和自己的关系，何玉琪还是稍稍隐瞒了一些。"那你呢？"何玉琪反问道，

"怎么会选择离家乡那么远的地方工作？也是为了逃避家人的唠叨？"

"我呀……也说来话长。"柯锋抹了一把额头上的汗，甩了甩。这几公里的山路走上来，酒气也随着汗水散了出来，他顿感浑身上下酣畅淋漓。

"我从小生活在古城，小学、初中、高中、大学都在那里。毕业后，虽然古城的机会很多，可是如果我就业还在那里，这辈子就只能在那个圈里兜兜转转了，我不太甘心……"柯锋皱了皱眉，脸上的表情少了之前的轻松，他似乎在回忆一段不太愿意说起的往事。

转头一看，柯锋发现何玉琪正注视着自己，便勉强地笑了笑："所以趁着粤富石油到校招聘，我就过来了。唉，说白了，我就是不想做井底之蛙，世界那么大，我想出来看看。"

柯锋故意自嘲了一下，将有些凝重的气氛逐渐缓和开来。

何玉琪是一名合格的倾听者，虽然她感觉柯锋的表情有点不太对劲，但也只是安静地听着，微微点点头，没再多问。

柯锋见她没追问，心里一阵轻松，突然觉得眼前这个女孩子挺善解人意的。

两人一路说笑，不一会儿就爬到了山顶。山顶的视野开阔，在这儿可以俯瞰花城的车水马龙。何玉琪看到旁边有一大丛杜鹃花，喊道："柯锋，帮我拍一张照片做留念吧。"

在杜鹃花旁，何玉琪笑容灿烂。柯锋凝视着手机中的画面，这个年龄的女孩正绽放着应有的光彩，似乎比一旁的鲜花更炫彩夺目。他赶紧抓拍了好几张照片，何玉琪蹦跳着过来看照片时，两人依偎在了一起。他们完全没意识到彼此的距离一下子拉得很近，俨然一对热恋中的情侣。

下山后，在山脚的饭店尝过青秀山的招牌"烧排骨"，柯锋便提出要送何玉琪回酒店，何玉琪则坚决不同意，她才不想让柯锋知道她是专程来找他的。在柯锋的一脸无奈之下，何玉琪微笑着跳上了出租车，扬尘而去。

柯锋回到住处，清洗了一身黏糊糊的臭汗。他躺在床上翻着手机，看着何玉琪的照片，那清澈的笑容拨动着他久封尘埃的心弦。看着看着，他的脑中又浮现出另一个身影。他今天和何玉琪说因为不甘心而离开古城，他的确有很大的不甘心，却不仅因为工作，还因为一个人、一段情……

第十八章

江城之行

过完元旦，日子一下过得飞快起来。

1月7至8日两天，粤富石油召开了公司的"两会"：年度工作会议和职工代表大会。柯锋作为职工代表参与了会议，不过他代表的并不是人力资源部，而是原来的新云分公司。2010年年初，柯锋在新云当选为员工代表，参与了公司"两会"，今年是第二年，这职工代表没改选，他还得一直代表下去。

开会时，新云分公司的老总齐大海就坐在柯锋旁边。他对柯锋的态度非常亲切，会议间隙一个劲儿地称赞柯锋的新员工培训项目组织得不错，在地市分公司中广受好评。末了，他不忘叮嘱柯锋帮忙牵线搭桥，和陶彧拉关系。

对于齐大海的表扬，无论是否出于真心，柯锋听着还是挺有成就感的。但同时，另外一件事情则让柯锋觉得高兴还为时太早。公司总经理高文刚在2010年的工作总结中并未提到关于培训工作的只言片语，这让柯锋多少感到有些郁闷。

开完"两会"，人一下子就松懈了下来。按照粤富石油公司的惯例，春节前的十五天，工作基本都处于停滞状态，大家都伸长了脖子等着回家过年，很多人更是提前请了年假，早早就从公司撤了。柯锋今年过年并没有回家，而是选择了把父母接到花城来过年。毕业五年多，父母还是第一次到中粤省，柯锋就陪着他们喝早茶、看花灯、逛花市，全家一起度过了一个融洽和谐的亲情年。

过完年，发了开工利是，陶彧将人力资源部的人员召集在一起，宣布了一件非常重要的工作——启动春季校园招聘。

2010年9月，粤富能源集团临时冻结了人员编制，粤富石油的秋季校招被迫取消。现在到了春天，集团又放开了编制，而且粤富石油管培生的招聘数量提升了一倍，增加到了六十人。

时间紧，任务重，招聘压力不可谓不大！

"部长，一下子招聘六十人，我们这边负责招聘的人手不足啊。"郝长春插话道。他分管招聘、绩效和薪酬三项工作，管培生的招聘正是他分内之事。

与一般公司招聘岗位"压力山大"形成鲜明对比的是，粤富石油人力资源部的招聘岗位有点形同虚设，因为一年到头的招聘任务就一项——管培生的招聘，其他社聘工作基本都是下放到分公司人力资源部去做的。所以，在本部的负责招聘的人员配置上，人数并不是太多。

"这个不要紧，你可以从管绩效和管薪酬的岗位上调两位同志过去支援一下，比如做绩效的小蒋，去做做招聘，年轻同志锻炼一下，也是好事嘛。"陶彧瞅了一眼开会时心不在焉的蒋鹏，说道。

蒋鹏听到陶彧点到自己的名字，从神游中回过神来，当听到安排自己去做招聘时，眉毛又耷拉了下来。

"好的，部长，那我自行安排。"有了陶彧这句话，郝长春就放心了，要不然就招聘岗的两个人，加上自己，非得累死不可。

"苏部长，这管培生招聘进来，培养和培训的重任还得落在你这里。别看还有半年时间，也得早做打算和准备。"陶彧面向苏芩，笑着安排了任务。

"部长放心。"苏芩莞尔一笑，表示收到了指示。

开完会，柯锋向苏芩提出到分公司进行实地调研的事情。

"实地调研？你是怎么考虑的？"柯锋主动提出出差的请求有点出乎苏芩的意料。一般来说，粤富石油总部的人在机关待的时间一长，除了强制的工作安排外，很少有人主动愿意往下面跑的，毕竟鞍马劳顿，没有窝在办公室舒服。

"部长，我想去看看分公司新员工培训项目落地情况如何。虽然我们的培训指南发放下去了，带教师傅也培训了，但到底分公司有没有按要求落实、落实的情况如何、过程中有没有出现什么问题，我觉得还是有必要实际去看一看的。"柯锋缓缓道出了自己的想法。

"分公司每月不都有上报培训报表吗？"苏芩觉得如果仅仅是要了解新员工项目有无进展，看台账就清楚了，没有必要专程跑一趟。

"报表是表面功夫，其实看不出实际情况。"柯锋摇了摇头。他在担任培训主管以后，对分公司上报的台账进行了优化，在原有数据报表的基础上，还要求分公司必须附上培训现场的实训照片。可就在上个月，郭小川哭笑不得地来找他，原来在寒风凛冽的12月，有个分公司附上的培训照片，竟是员工穿着短袖、汗流浃背的参训场景。这种报表，可信度实在太低！

"部长，新员工培训项目要落在实处，做精做透，形成闭环，还是必须要实打实地跟进。"柯锋之前的管理经验告诉他：工作结果是盯出来的，没人盯，很多事情就会不了了之。因此面对苏芩的异议，他还是坚持了自己的想法。

"嗯，有方案，有跟进，才可能有结果。不过我们分公司不少，你这下去跑一趟，至少也得一个月啊。"苏芩倒也同意柯锋的说法，但对于他专程要去各分公司跑一趟这件事情还是没有松口。

"不用每个都去，挑重点，半个月时间应该够了。"这个事情柯锋早有考虑，同时他还道出了自己的另外一个目的，"除了跟进新员工培训的事情，我还想看看往届管培生的情况。"

"管培生的情况？"苏芩眼中闪出了亮光。

"陶彧部长在会议上提了管培生培训的事情，我想先去分公司摸摸底，看看现在管培生培养的情况到底怎么样，再针对性地制订培训方案。"柯锋解释道。

粤富石油每年招聘的管培生中，最后能够留在总部的寥寥无几，大多数还是在分公司工作。听柯锋这样一说，苏芩的神色舒缓下来，眼神里流露出了欣赏之色。她之所以对柯锋去分公司有疑虑，最重要的原因就是担心柯锋把管培生的事情扔在了一边，这个可是陶彧部长在会议上专项布置的任务。作为一个职场人士，重视领导重视的事情，把领导重视的事情摆在首位，这才是成熟的体现。

"没有调研，就没有发言权。"苏芩点了点头，最终同意了柯锋的出差请求。在企业里，很多人的工作都是被动地等待着领导来安排，做完领导安排的事情就很不错了。苏芩却觉得，虽然听命行事相当重要，但是柯锋这种主动进取的精神更是难能可贵。

一周后，柯锋坐上了前去分公司调研的火车。

"以终为始，学习的终点线不是课程结束，而是课程结束之后将学习成果转化为工作绩效。"柯锋用笔在这句话下面画了线，并将"以终为始"四个字重点圈了圈。

看完一个章节，柯锋有些乏意，他轻轻地将书合了起来。这本《将培训转化为商业结果》是何玉琪送给他的第二本专业书籍。柯锋曾让何玉琪给自己列一个培训管理的书单，结果何玉琪选择了直接邮寄现书给他。

柯锋扭头望了望车窗外面，无论是青山叠嶂还是蜿蜒河流，都在飞快地向后疾驰着。

"嘀。"手机显示收到一条短信。柯锋拿起来一看，嘴角不自觉地微微上扬，这信息是何玉琪发来的。自从上次一起游玩青秀山后，两人的关系更进一步，每天都会有无数条短信你来我往。

"出差，正在去江城的路上。"柯锋回复道。

"出差不是应该来鹏城吗？"何玉琪在短信的最后打上了表示"嘻嘻"的笑脸。

"先去江城，回来后再到鹏城。"柯锋打完字，心情也变得沉重起来。他出差的第一站之所以选择江城，是因为那个12月份发来穿着短袖培训照片的公司，正是江城分公司。

粤富石油江城分公司，总经理朱承业办公室内。

朱承业靠在宽大的高背皮椅里，右手夹着一根点燃的香烟，斜眼看了一下站在面前的青年，开口道："小康，你的意思是梁主任不肯签字？"

被称为"小康"的青年是江城分公司的培训主管康至力。他二十五六岁的样子，个子不高，长相敦厚憨实，但一对骨碌碌乱转的小眼睛却透着精明的光芒。

"可不是嘛，朱总。"康至力提高了声音，"她说去年培训费就被挪用完了，这刚开年，这笔招待费再走培训费的话，剩下的预算根本不够维持正常的培训开展。"

"正常的培训开展？"朱承业瞪了瞪眼，吐了个烟圈，把自己埋在烟雾之中，"你们不是一年到头也没开展什么培训嘛。"

"可不是嘛。"康至力狠狠点了点头，顿了顿，小声说道，"不过上次总部人力资源部搞了一个新员工培训方案，梁主任去参加了培训，回来说要在分公司落地实施。"

"怎么是梁主任去参加的培训？"朱承业问道。

"朱总，那段时间不是刚好在装修关键期嘛。"康至力搓了搓手，"嘿嘿"干笑了两声。

朱承业"哦"了一声，康至力所说的装修既不是江城分公司的油站装修，也不是康至力自己的房子装修，他忙前忙后忙活的恰恰是眼前自己这位大老板——朱承业在江城的房子装修。朱承业的家本是安在花城的，调任江城后，他为了工作方便，便又在江城购置了一套住房。房子收楼后，这装修监管的事情就被康至力主动请缨接了过去。

为领导服务，不仅仅指的是公事上的鞍前马后，还包括了私事上的无微不至。这一点，康至力还是做得非常到位的，因此朱承业才渐渐地对他委以重任。只是康至力太喜欢邀功了，好像不见缝插针地邀邀功，就老怕领导忘记是他出的力似的。

朱承业把话题转了回来："你没说是我的意思？"

"说了，哪能没说啊。"康至力苦着脸，露出无奈的表情，"可梁主任不认啊，她说除非朱总你当面跟她说。"

"当面跟她说？她好大的架子！"朱承业脸色一沉，这火气噌噌地就冒了出来。作为江城分公司的一把手，他向来是说一不二的，还没有人敢公开忤逆他的意思。他眉毛一挑："小康，你去把梁主任叫过来。"

"好的。"康至力答应一声，心里禁不住一阵得意。事实上，梁主任原话讲的是"如果朱总需要我过来说明一下，你随时叫我"。可到了康至力的嘴里，这话却完全变了味道。

出了朱承业的办公室，康至力嘴上哼着小曲，一边走，一边恨恨地想道："梁主任啊，这下可不能怪我了！你早签了不就完了，还非得闹到朱总这里，这下看你如何收场！"

不一会儿，人力资源部主任梁玉梅就站在了朱承业宽大的办公桌前。

"朱总，你找我？"梁玉梅笑着问道。她四十岁上下的年纪，一头干练的短发，身材干干瘦瘦，但声音却铿锵有力，仿佛这干瘦的身材中蕴含着极大的能量。

"梁主任，我听小康说，这个报销单你不肯签字？"朱承业面色威严，不满地晃了晃手里的报销单。

"不是不肯，朱总，这个有难处啊。"梁玉梅不卑不亢地答道。

"难处？什么难处？"朱承业不满地哼了一声，自从自己到江城分公司任职，这梁玉梅就像一块难啃的硬骨头，她太坚持原则和规则了，搞得自己这个做老总的很多时候都下不来台。

"如果这次的招待费再走培训费的话，剩余的培训费根本就不够这个月组织一场员工培训了，新员工培训得延迟，这恐怕总部查起来，没有办法交差啊。"梁玉梅摊了摊手，讲道。

"培训的事情一直都没有人查的啊，梁主任多虑了吧？"康至力站在一旁，不阴不阳地插话道。

"对哦。"朱承业点了点头，自己到江城做总经理两年有余，这培训压根没有人来检查过啊。他盯着梁玉梅，希望听到一个合理的解释。

梁玉梅却并不畏惧朱承业咄咄逼人的眼光，她冷冷地瞥了一下康至力——这个名义上的自己的下属越来越嚣张了，竟当着老总的面直接怼自己。这两年来，她在江城分公司的处境是越来越难堪了，她自己也清楚这是朱承业默许的结果，而究其根源，就是自己不顺从朱承业的胡作非为。与她形成鲜明对比的，就是眼前这位把朱承业服侍得舒舒服服的康至力。

"那是以前，没人管。现在总部陶或部长非常重视培训，特地从分公司调了一个人上来做培训工作。"梁玉梅冷冷说道。

"还不是一样，现在那个叫柯锋的在管培训，还重新要求做了培训台账。上个月，我随便填了一下给他，不也没什么事吗？这些人就是做做样子。"康至力不以为然。

"没什么事？"梁玉梅眉毛一扬，"没什么事，那为什么柯锋下来分公司检查调研，头一站就要来江城？"

"什么？谁要下来检查调研？"朱承业听得有点发蒙。

"总部人力资源部的培训主管柯锋下午要来我们江城分公司，我也是刚收到信，正打算给朱总汇报呢。"梁玉梅抬了抬下巴，讲道。

"啊？"康至力一愣，怎么这下午就有人要来检查？他心里有点发虚，也不知道这柯锋到底能耐如何，自己做的那点事情会不会露馅？他强作镇定道："不就是个培训主管，没什么大不了的。"

"是，没什么大不了的。"梁玉梅笑着接话道，"可我听说，无论是陶或部长还是苏芩部长，都非常器重这位培训主管。"

梁玉梅这话看似是在回康至力，实际却是说给朱承业听的。朱承业当然不笨，在粤富石油，总部的人力资源部除了是"人力资源部"外，还是"党委组织部"，苏芩除了分管培训外，还分管着粤富石油的干部管理工作。朱承业当然不会把一个培训主管放在眼里，可柯锋背后站的人却是他不敢轻视的。

"梁主任，既然总部人力资源部的下午过来，我就一个指示，好好接待，不能出现什么纰漏。"朱承业吩咐道，他可不想自己在组织部那边挂了个不好的名声。

"朱总，那这费用的事情？"梁玉梅看似无意地问了一句。

"这个先放一放。"朱承业狠狠吸了一口烟，把烟头捻灭在烟灰缸里，事情的轻重缓急，他还是能拎得清的。

"朱总，这……"康至力有点着急，这报销再一放，又不知道到猴年马月去了。餐厅那边的招待费拖一拖没关系，可这其中还有他自己报销的部分呢。

"你跟梁主任一起，先做好接待。"朱承业狠狠地瞪了康至力一眼，"你是培训主管，明白吗？"

康至力闻言心里一惊，朱总这是在提醒自己，要把屁股擦干净，一旦检查出了纰漏，责任是无论如何也赖不到其他人头上去的。

第十九章

弄虚作假

柯锋走出车站，老远就看到了江城分公司人力资源部主任梁玉梅，在她旁边还站着一位二十五六岁的小个子青年。

梁玉梅见到柯锋，招了招手，加紧几步迎了过来，那小个子青年则紧紧跟在了后面。

"梁主任，又见面了。"柯锋笑着打了声招呼，这是他与梁玉梅的第二次见面。在之前的新员工带教师傅培训中，只有极少数的分公司人力资源部主任参与，梁玉梅就是其中之一，而且培训中她的那股认真劲令柯锋格外印象深刻。

"柯主管，欢迎来到江城。"梁玉梅淡淡一笑，伸出手来和柯锋握了握。

"柯主管，我是江城分公司的康至力。"个子不高、面相憨厚的青年主动做着自我介绍，并且伸出手来要帮柯锋拎手提包。

"不用，我自己来。"柯锋谢绝道。他好奇地瞅了康至力一眼，看来眼前的这位就是12月份组织员工穿着短袖培训的康主管了，只是以梁玉梅的认真程度，手下怎么会带出一个做事如此不靠谱的人？

到了江城分公司后，柯锋先随梁玉梅见了总经理朱承业。朱承业对于柯锋的到来表示出应有的热情，"欢迎指导工作"等台面上的话讲了一大箩筐后，柯锋才得以抽身。

"柯主管是要看以前的培训记录吗？"会议室里，康至力殷勤地为柯锋倒了一杯茶水，站在一旁，笑着问道。

"不着急。"柯锋摆了摆手，他面向梁玉梅，"梁主任，最近两个月公司的会议纪要有吗？方便的话，能不能拿给我看看？"

"会议纪要？"梁玉梅一愣，柯锋要这个做什么？

一旁的康至力也是满脸狐疑，他的小眼睛骨碌碌乱转，一时也没猜透柯锋的意图。

　　"柯主管，你是想要看周会议的还是月度会议的？"梁玉梅不动声色，既然看不懂，就走一步是一步。这周会议基本是主任级以上参与的分公司管理层会议，而月度会议则是分公司全员都需要参加的全体会议。

　　"如果方便的话，都给我拿一下吧。"柯锋笑了笑，这两种会议纪要都有他需要了解的内容。

　　"柯主管，我去给你拿。"康至力表现积极，不一会儿，就把去年11月、12月，连同今年1月的周会议和月度会议纪要都捧了过来。只是在去取会议纪要时，康至力留了个心眼，他先是拐去总经理朱承业的办公室请示了一番，得到许可后才去找行政部要资料。

　　柯锋喝了一口清茶，对梁玉梅说道："梁主任，你事情多，就先去忙你的吧，小康留在这里就可以了。"

　　梁玉梅见暂时确实也没有其他事情，就嘱咐了两句，走出了会议室。

　　康至力起先殷勤地站在一旁，他觉得几份会议纪要柯锋翻起来应该是蛮快的，谁料柯锋却看得非常仔细，还不时地在自己的笔记本上记录着什么。最后他实在站不住，也拉了一把椅子坐了下来。

　　在康至力为柯锋的茶杯续了第二次水之后，柯锋终于看完了面前的会议纪要。他揉了揉脖子，貌似随意地问道："这两个月有新员工入职吗？多少人？"

　　"有的，柯主管。"康至力点了点头，"只是具体数字记不清了，二十五六个吧。"

　　"新员工培训有没有做？"柯锋渐渐步入正题。

　　"上个月做了一次，这个月刚开始，有计划但还没有来得及实施。"康至力干笑两声，脸上浮现出了憨厚的表情。

　　"那你去把去年的培训记录给我拿过来，我看看。"柯锋吩咐道，临了又补充了一句，"签到、费用报销这些附件要尽可能完整。"

　　待康至力抱来2010年全年的培训项目记录表，柯锋看得更加细致了，各种附件还来回做了比对。良久，他才把培训记录放下，嘴角上扬，夸赞道：

"小康，你们的培训做得不错啊，资料齐全，记录完整。"

"主要是领导重视，特别是朱总，非常重视培训，多次强调我们一定要把培训工作做好，为江城分公司的业务发展夯实基础。"康至力听到柯锋的夸赞，悬着的心才慢慢落了下来。他刚才看柯锋翻阅资料的细致劲，心里一直发毛，还真担心被他瞧出什么来。

"领导重视？领导重视才见鬼了！"柯锋心里冷笑一声。他刚才翻阅的所有会议纪要里，无论是周的，还是月度的，关于培训只字未提，连"培训"的字眼都看不到，这能叫领导重视？

会议可以反映领导的管理意图、管理思路、管理策略。所以，柯锋首先要看会议纪要，就是想了解江城分公司领导重视的都是哪些工作。只可惜，其中压根没有提到培训！

柯锋按捺着心中的不快，话锋一转："不过我奇怪的是，为何这大多数的培训都是机关人员的培训，没有一线油站的培训？"

"不对啊，锋哥。"康至力闻言眉头一皱，拿起面前的培训项目记录表，指着其中的好几个，"这些基本都是一线油站的培训啊，机关的反倒没有多少，今年就只搞了两次。"

"咦——"柯锋拉长了语音，脸上露出不解的表情，"可为何这些签到记录都是出自机关人员之手？"

"柯主管，开玩笑吧？"康至力心中一惊，强作镇定，"我们每次培训记录，都是学员自己签的，不会出现代签的现象。"

"难道是我看错了？"柯锋自言自语道。他顺手翻了几份签到记录，将它们摊放在桌子上，又拿了一份机关全员的会议记录出来，摆在了一边，用手指着上面的名字，讲道："这个吴诚忠、张羽凡、刘聪，好像都是行政部的张涛代签的。"

只这一句，差点把康至力的魂惊了出来。

"还有这个胡成江、段一飞、张景雄是行政部的李笑天代签的。"

"这个乔丽、范姣、李青青是人力资源部的赵丽代签的。"

……

柯锋每讲一句，康至力的脑袋就像被重锤敲了一下。他木然地拿起这些签到记录看了看，虽然他自己已经认不清这些到底是谁代谁签的，但他心里清楚，柯锋讲的全是事实。

"还需要我都指出来吗？"柯锋看着康至力，脸上依旧挂着笑容，可心里却早已怒不可遏：十二个月，十二场培训，除了机关的两场，油站的一场，剩余的所有培训记录全部都是假的、伪造的！

这意味着什么？意味着至少有九场培训都只是做了资料，并没有实际开展培训工作。而做这些资料的唯一目的，就是为了花掉培训预算，套取培训费用！

"这个……这个……柯主管，你听我解释。"康至力冷汗直流，结结巴巴地说了两句，他现在已经没有心思琢磨柯锋是怎么知道这些的了。

"好，我就坐在这里听你解释。"柯锋端坐在椅子上，用犀利冷峻的目光直盯着康至力。

康至力低着头，不敢直视柯锋的目光。他使劲搓了搓手，灵机一动：既然柯锋与梁玉梅熟稔，自己何必要在这里死扛，把梁主任找来不就得了？

"柯主管，你先坐，我找梁主任来给你解释。"康至力打定了主意，不待柯锋回话，起身快步溜出了会议室。

"啪！"柯锋再也按捺不住怒火，把一沓培训签到表重重地摔在了会议桌上。

江城分公司的培训现状，让柯锋除了愤怒，更生出一阵无力感和挫败感。他再兢兢业业、拼命做出来的东西，下面的分公司不执行、不落实，到头来都是竹篮打水一场空。柯锋又看了看散落在桌面上的培训签到表。当年他做油站经理时，指纹打卡还没有流行，六十多号员工的上班签到都是采取纸质签到。为杜绝迟到代签的事情，柯锋曾认真研究、比对过笔迹，因此练就了辨别不同字迹的能力，没想到今天却在这里派上了用场。

柯锋深吸一口气，缓缓做了几个深呼吸，试图让自己的心情平复下来。接着，他掏出手机，将这些作假的培训项目预算表、签到表等资料一一拍了下来。

"出什么事情了？"梁玉梅走进会议室，看着冷脸坐在桌前的柯锋，"柯主管，小康说你找我？"

"他人呢？"柯锋抬起头，眼里的笑意已经褪去，变成了冰冷色。

"他啊，可能去朱总那里了吧。"其实梁玉梅都不用猜，每次一出事，康至力肯定是第一时间跑到朱承业那里反映情况去了。

"梁主任，2010年全年的十二个培训项目，有九个培训记录是假的。"柯锋也懒得拐弯抹角了，直接开门见山地讲道。

"哦。"梁玉梅听到这话，脸上表情并未有丝毫变化，好像她早已预料到这个结果似的，反倒好奇地问道："你从哪里看出来的？"

"这些，这些……记录全是假的。"柯锋指着面前的签到、费用记录表说道。

"你还真厉害。"梁玉梅眼角竟带着笑意，随手拿起这些记录表翻了翻。平心而论，康至力正经做培训的事情不多，但作假的能力还是不错的。她确实没料到，柯锋竟然能这么快地瞧出问题。

"梁主任，你还有时间说笑？"柯锋对于梁玉梅的反应倒有点看不透了，"我就说二十家分公司，为何只有江城这两年的培训预算每年都花得刚刚好，到年底一分不剩，原来是这样做出来的。"

"你只是看出来问题，没有记录吗？"梁玉梅对于柯锋的冷嘲热讽并不在意，而是换了个问题。

"我全部拍了照。"柯锋晃了晃手里的手机。

"这就对了。"梁玉梅笑意更浓。果然，柯锋做事的细致周密性不用她操心。

"这就对了？"柯锋盯着梁玉梅，满腹狐疑。按道理梁玉梅看到自己留有证据，应该紧张才对啊，怎么会是现在的这个反应？

"12月份的培训报表我是看过的。"梁玉梅拿起柯锋的茶杯，一边为他续水，一边说道，"你知道为啥我看出来了照片的问题，可依然睁一只眼闭一只眼，由着康至力上报吗？"

"为什么？"柯锋心中一凛，他一直感到奇怪，以梁玉梅做事的认真风格，根本不可能出现这样的事情。

除非——柯锋灵光一闪，除非梁玉梅是故意的！

"是的，我是故意的，为了把你这条'鲇鱼'引过来。"梁玉梅放下茶杯，一脸平静。

"但是你怎么确定我一定会过来，会来江城？"柯锋反问道。

"我就知道你会来。"梁玉梅淡淡地说道。她之所以如此笃定，是因为她明白四五个月能做出一整套新员工培训方案的人，一定是一个想在工作上有所作为的人。而像柯锋这种人，肯定不会看着自己的努力付之东流而袖手旁观。

"你可是江城分公司的人力资源部主任！"柯锋直接挑开了话题。

"人力资源部主任？"梁玉梅呵呵一笑，"我有心作为，可奈何……"她摊了摊手，轻轻摇了摇头，"江城的情况你也看到了，一个培训主管，我的直接下属，都敢如此胆大妄为。"

"可一旦这个事情要处理，你也逃脱不了监督不力的责任。"柯锋盯着梁玉梅，这利害关系她不可能不知道。

"我如果怕处分，就不会让你到江城来了。"梁玉梅脸上依旧挂着淡然的笑容，她顿了顿，"但如果只是江城受了处分，分公司的培训现状无法改变的话，那我就要对你失望了，柯主管。"

"梁姐，你给我出了个难题。"这一番对话，使柯锋从心底对眼前干干瘦瘦的梁玉梅产生了敬意，连称呼也随之变了。

"那是你的事情。"梁玉梅淡淡一笑。

"好的，我知道了。"既然梁玉梅都做好利益受损的准备了，他柯锋还怕什么。柯锋收起手机，又从培训项目记录表中抽了两份签到资料表装进了手提包里，"刺啦"一声，潇洒地拉上了提包拉链。

"你这是？"看到柯锋在收拾东西，梁玉梅有些不解。

"难道我还要等着朱总和康至力请我吃晚饭吗？"柯锋哈哈一笑。

"哦。"梁玉梅意会地点了点头，柯锋不愧是从分公司出来的，他自然知道发生了这种事情之后分公司自救的套路，索性快刀斩乱麻，一走了之。"我会代你向朱总打招呼的，你下一站去哪里？"

"梅城。"柯锋拎起手提包，头也不回地出了会议室。

柯锋走后有半个多小时，康至力才磨磨蹭蹭地来到了会议室。他原来的打算是如果梁玉梅能够搞定柯锋，那就"喜大普奔"；如果搞不定，他这里还有一整套的糖衣炮弹为柯锋备着呢。

　　结果，等他到了会议室，就看到梁玉梅一个人孤单单地坐在里面，他惊诧不已："主任，柯主管呢？"

　　"走了。"梁玉梅头也不抬，正聚精会神地看着自己手掌上的纹路。

　　"走了？"康至力大惊失色，"什么时候走的？"

　　"半个小时前，他没告诉你吗？"梁玉梅脸上也是不解的表情，"他说过去给你打招呼啊。"

　　"没有。"康至力摇了摇头。他忽然想起更重要的事情，旁敲侧击地问道："主任，我们培训的事情，你和柯主管都说好了？"

　　"培训的事情？什么事情？"梁玉梅一脸的茫然，"我进来后，他没有和我聊几句就走人了。对了，他好像拍了几张培训记录的照片。"

　　"什么？他拍了照片？"康至力声嘶力竭。

　　"好像是。"梁玉梅白了康至力一眼：用得着如此失态吗？

　　坏了！康至力一拍大腿，也顾不上梁玉梅，跌跌撞撞地冲出了会议室。柯锋如果把这事捅出去，朱承业一定第一个拿他开刀！

第二十章

三 大 驱 动

当柯锋坐在余智的办公室里喝茶时，已经是三天之后的事情了。

中粤省按照地域划分，分为东部、中部、西部三个区域，柯锋这次检查调研是从东部最远的江城分公司开始，一路由东往西，调研完两三个城市后，就来到了鹏城。

抵达鹏城后，柯锋没有先去粤富石油鹏城分公司，而是先到了余智这里。他听何玉琪说余智这两天恰巧就在公司，没有出差。自从第一次见面后，中间除了通过两次电话，柯锋再也没有见到过余智，他实在是攒了太多的疑问需要向这位专家当面请教了。

"管培生培养？你们公司为什么要招管培生？"余智在听完柯锋的问题后，直截了当地问道。

为什么？柯锋一愣，他问的是培训的问题，而余智回问的则是招聘的问题。柯锋略一思索答道："公司业务发展太快，管理层出现了断层，所以想做一下储备。其实除了去年秋季校招临时取消外，公司每年都有招管培生，只是今年的数量相对多一些。"

"你所谓的断层指的是你们一线的油站经理这个层面的断层？还是机关的管理人员？哪个更紧迫一些？你们管培生培养的目标更倾向哪个？"余智不动声色，接连追问了好几个问题。

"两者都有，紧迫的话，应该是一线的油站经理更紧迫一点。"柯锋根据自己的判断作出了回答。

"都有？"余智微微摇了摇头，"说明这件事你们领导还没想明白！"

"余老师，关于领导对管培生的定位，这个事情是我没搞清楚。"柯锋坦诚地认了错。领导想没想明白，柯锋不能轻易下结论。但在此之前，柯锋自己确实没认真思考过余智问的这些问题。对于陶彧部长的想法，柯锋只是开会时听了两句，并没有深入做过探询。

"先搞清楚领导的需求，这是常识！"余智言辞犀利，压根没给柯锋留情面。

"余老师。"正在为两人沏茶的何玉琪秀眉微蹙，侧着脸瞥了余智一眼。

"你别打岔。"余智拿起茶杯，吹了吹上面的热气，轻抿了一口。

柯锋倒沉得住气，几次接触下来，他对于余智的脾性也算有些了解。余智思维敏锐，言辞犀利，特别是他认为的那些常识，如果你没有概念，被他训斥几句就在所难免了。

"余老师，还请你多教教我，我好好跟你学学。"柯锋充满诚意地请教道。

余智对于柯锋表现出来的谦逊态度甚是满意，他惬意地又喝了几口茶，这才开口说道："任何组织学习，都离不开战略驱动、业务驱动、能力驱动三大驱动。"

柯锋一听惜字如金的余智开始传道授业，慌忙把手提包打开，从中抽出笔记本来，一字一句地把余智的话记录了下来。

"组织层面的战略驱动，通常要推动内部变革和新战略的执行。"余智顿了顿，问道，"你们粤富石油公司的战略目标你清楚吗？"

"借助粤富能源集团在中粤省的优势资源，到2015年占据中粤省成品油销售市场30%的市场份额，与中石油、中石化三分天下有其一。"柯锋顺口答道。柯锋年前刚参加完公司"两会"，因此对于粤富石油的战略目标还是比较清楚的。

"嗯。"余智点了点头，脸色也温和了许多。之前，他见过太多的培训管理者对于公司的经营战略一问三不知了。

"业务层面的绩效驱动，指的是为了完成既定的战略，业务部门都制定了哪些业务目标，该如何完成。"余智继续讲道。

"对于我们公司，也就是说，如果要完成2015年30%的市场占有率，那么开发投运部门应该投运多少座油站？销售部门应该达成多少的销售业绩？"柯锋一边听，一边确认自己的理解。

"差不多。"余智点了点头，继续道，"员工层面的能力驱动，指的是为了完成这些业务目标，各个层面需要配置多少员工，配置的这些员工都需要什么能力。"余智讲完这些，盯着柯锋问道："你们招聘的管培生，是围绕公司战略目标的吗？是直接支持到投运或者销售部门的吗？"

"这个……"柯锋被余智的问题问住了，这些问题他现在确实没有准确的答案。他脸色泛红，心想：自己对项目的思考欠缺太多，准备功夫做得太不到位了。

"别光顾着说话，喝茶，这可是余老师珍藏的上好龙井。"何玉琪给柯锋使了使眼色，端了一杯茶放到他面前，帮柯锋化解了略显尴尬的气氛。

柯锋感激地看了何玉琪一眼，捧起热茶，一饮而尽。这一股清茶经过嗓子眼进入肚内，沁人心脾，也让柯锋的头脑变得清醒起来：今天的这番谈话，与其说是余智给他讲了一些培训管理知识，不如说是余智告诉了他思考培训问题的框架、培训需求探索的关键流程和步骤。

战略驱动、业务驱动、能力驱动，由上往下层层分解，由下往上步步支撑。

柯锋想透了这些，站起身来，毕恭毕敬地对着余智深鞠一躬："谢谢余老师的指导。"

余智抬头看了柯锋一眼，并不言语，继续品着茶杯中的上好龙井。

何玉琪见状，上前拉了拉柯锋的袖子，插话道："余老师经常说一句话。"

"不好的别说。"余智瞟了何玉琪一眼。他见柯锋与何玉琪站在一起，男的英俊坚毅、女的清秀俏丽，还真是蛮般配的一对，不由心里一动。

"我偏说。"何玉琪鼻子轻哼一声，这才讲道，"企业培训的产生应该源自清晰的业务发展需求，而不是领导或者培训部门一时的热望。"

"怪不得呢。"柯锋听到何玉琪这句话，结合余智的三大驱动，他有点茅塞顿开的感觉。

"怪不得什么？"余智放下茶杯，沉声问道。

"管培生项目，我听我的同学讲过一个失败的案例。"柯锋解释道。他本科学的是人力资源管理，毕业后同班同学从事人力资源管理工作的虽然不多，但也有几个。

"怎么失败了？"何玉琪眨巴着好奇的大眼睛，问道。

柯锋道："他们做了两年的管培生项目，结果每年的流失率都在50%以上，现在基本已经放弃了。"

"你们的流失率呢？"余智问道。

"10%。"这个数据柯锋之前查过，所以记忆比较深刻。

"10%也不低了，毕竟粤富能源集团的名头摆在那里。"余智直接点出了要害。

柯锋没有反驳，余智讲的的确是事实。无论是粤富能源、粤富石油的品牌，还是相应的薪资待遇，与同行相比，都是具有优势的。

"你同学的项目为何失败？"何玉琪问道。

"这个他倒没怎么说，不过我现在细细想来，应该就是领导对管培生项目的认知和定位不清晰。"柯锋顿了顿，"就像玉琪刚刚讲的，一时热望，领导认为大家都在招管培生，成本低，可塑性强，容易塑造成理想的人才。但是在招聘时，招了一批与行业性质、企业规模、经营性质不相匹配的一流院校的高才生。"

"这是一个普遍问题，任何招聘都是没有最好，只有最合适。如果定位不清晰，宣讲会往往做得高大上，结果管培生一入职，心里有落差，培养再跟不上，就很容易流失。"余智解析道。

柯锋点了点头，看来自己之前还是把管培生的培养项目想得太简单了。这明显是一个系统工程，不仅涉及培训，更与招聘、职业发展规划密不可分。这个事情，自己回去要找苏苓好好汇报一下。

柯锋向余智再请教了一些管培生培养、分公司培训管控的细节问题，时间就到了下午。

"余老师，晚上有无安排？请你和玉琪吃饭。"柯锋诚挚地邀请道。

"我有安排了，你们自己吃。"余智找了个借口，留给了他们独处的时间。

傍晚，何玉琪带着柯锋打车到了一处安静的古港口，找了一艘固定在岸边的渔船，直接在渔船上用餐。

夕阳西照，碧水佳人。柯锋看着坐在对面的何玉琪，她今天穿了一件长袖T恤衫，紫色的风衣，抬头点餐时，露出一段洁白修长的脖子，如天鹅般优雅。柯锋注意到这不一般的美丽，心脏仿佛猛然触电一般，剧烈跳动起来。平心而论，何玉琪无论长相气质，都符合柯锋意中人的标准。只是柯锋尚有心结未解，对于两人的关系，一时还存有疑虑。

何玉琪点完餐，看到柯锋正盯着自己，脸不禁有些发烫。她对于自己的容貌还是有着十足的信心的，甜甜一笑道："我脸上长花了吗？"

"没有。"何玉琪清澈明亮的眼睛让柯锋更是怦然心动，他不好意思地将目光挪了挪。

两人一边用餐，一边闲聊，享受着静谧里的独处时光。

"丁零零——"放在餐桌上的手机振动了起来。

柯锋稍带歉意地笑了笑，拿起手机一看，是个陌生的电话号码，他直接挂断了。

"丁零零——"手机倔强地又响了起来，柯锋犹豫片刻，还是接了。

"锋哥，你好。"电话刚接通，康至力的声音就传了过来。

柯锋的眉头皱成了川字，眼里闪出一丝怒火。这个康至力，自从柯锋从江城走后，电话就打了一路。开始时，柯锋还耐心解释，到最后实在烦躁，就直接把康至力的电话拉黑了。没想到，他换了新号码又打了过来。

"现在不方便。"柯锋冷冷地回了一句，利索地挂断了电话。

"谁啊？"何玉琪好奇地问道。

"一个惹人烦的人。"柯锋放下手机，决定直接把手机调成静音。

"不会是女生吧？"何玉琪眨巴着狡黠的大眼睛。

"是女生就好了。"柯锋索性也开了个玩笑，神情逐渐和缓了过来，"不管他，我们吃饭。"

话音刚落，手机又振动了起来。柯锋摇了摇头：这还没完没了了？他拿起手机，准备直接关机了事。

扫了一眼号码，柯锋的动作滞了滞，嘴角带着惊讶，来电的竟是苏芩。苏芩很少在下班时间给自己打电话，莫非出了什么事情？柯锋面露疑惑地接通了电话："部长，你好。"

"小柯,你还在鹏城吗?"苏芩问道。

"是的,部长。明天在鹏城再待一天,后天去东洲。"柯锋简要汇报了一下自己的行程。

"先别去东洲了,你今天晚上就赶回花城。明天早上部里有个紧急会议,需要你参加。"苏芩的声音急切而严肃。

"好的,部长。"柯锋答应一声。到底出什么事情了,部里需要开紧急会议?他本想问问苏芩,可到嘴边的话又咽了回去。该自己知道的,苏芩一定会讲,既然领导没有主动讲,自己贸然去问就不太合适。

"怎么了?出什么事了?"何玉琪看着满脸凝重的柯锋问道。

"部里有事,我今天晚上要赶回花城去。"柯锋说道。

"这么着急?"何玉琪嘟着小嘴,声音中透着失望。她本想着柯锋这次来鹏城,能带他好好转一转,没想到这饭还没吃完,柯锋就着急要走。

"没事,再急也得吃完饭啊。"柯锋抬起手腕看了看手表,时间还来得及。

在回花城的车上,柯锋接到了郭小川的电话,小川透露的信息令他感到震惊:校招出事了,而且出的是大事!

第二十一章

校招风波

清早，柯锋捧着笔记本走进会议室，扫了一眼已经坐在会议室里的蒋鹏，见他脸上一贯的孤傲神色消失殆尽，整个人显得萎靡不振。

这事要是发生在其他人身上，恐怕早就卷铺盖滚蛋了，蒋鹏如今却还能安稳地坐在这里，这就是背靠大树好乘凉啊。强硬的后台，平时不显山不露水，但在关键时刻，比如岗位晋升、危机处理时，就会显现出巨大的能量和威力。

见参会的人到得差不多了，陶彧的脸色板如严霜，开口讲道："今天召集大家开会，是关于春季校招的事情，相信大家已经有所耳闻了。"

众人你看看我，我看看你，既不摇头，也不点头。这得来的小道消息未经官方证实，谁也不能贸然揣测和传播，这点政治觉悟大家还是有的，所以都不约而同地保持着沉默，静等陶彧的下文。

"郝部长你给大家讲讲。"陶彧敲了敲桌子，吩咐道。

郝长春的脸色一样不好看，出了这样的事情，他这个主管领导难辞其咎。他阴着脸，清了清有点沙哑的嗓子，开口道："按照公司领导指示，今年管培生的招聘任务增加到了六十名。因此除了原有的招聘力量外，我们还抽调了一些部里其他岗位的同事参与校招工作。"

讲到这里郝长春顿了顿，竭力使自己的声音听起来严厉一些："但是我们某些参与校招的同事态度不够端正，准备不够充分，这才刚刚招聘不到一个礼拜，就出现了非常严重的失误，给公司带来了极为恶劣的影响。"

大家都有意无意地把眼光飘向了蒋鹏。蒋鹏本来铁青着脸，低着头，此时见众人都在看自己的笑话，不由怒从心生，也顾不得现在的处境，用冷冷的眼光直接顶了回去。

事到如今还这么嚣张？很多人对蒋鹏的态度非常不满，但也只能在心里暗暗咒骂。

"咳——咳——"郝长春咳了两声，表面上是想让大家集中注意力，实际是在提醒蒋鹏把态度摆正。接着，他简要地将事情的原委讲述了一遍。

这次粤富石油春季校招人力资源部兵分三路，郝长春亲自带了一组，其他两组分别由招聘主管吴培和薪酬绩效主管蒋鹏负责。尽管陶或在之前的会议上下了指示，郝长春也是再三叮嘱，可蒋鹏压根没有把招聘的事情放在心上。由于今年招聘压力大，日程安排比较紧凑，基本是一天一个地方，蒋鹏好久没有如此高强度地出差，更是身心疲惫、烦躁异常。

事故出现在蒋鹏主讲的第四场宣讲会上，这一场是在东南石油大学进行的。按照粤富石油管培生招聘的标准，校招的学校本应该都是全国顶尖的一流院校，可由于粤富石油的企业背景和行业限制，它的招聘会还必须在全国的五所石油院校召开。蒋鹏当然知道来东南石油大学校招就是走走过场、做做样子，因此态度上更加轻视。

在校招现场的宣讲会上，由于粤富石油品牌的巨大吸引力，本应容纳一百多人的教室硬是挤了不下两三百人，使原本就流通不畅的空气显得更加浑浊，令人窒息。蒋鹏耐着性子讲完了公司介绍、管培生计划，本想早点结束，可校方安排的问答环节却大大拖延了结束时间。这些临近毕业的大学生面对未来有着太多的迷茫和困惑，纷纷抛出事无巨细的问题，希望能在宣讲会上找到答案。

终于，在一个留着平头的毕业生第三次询问蒋鹏这次招聘管培生的数量时，蒋鹏按捺不住发了火。他大声地宣称，粤富石油的管培生计划只要"985/211"大学和一本院校的学生，东南石油大学是二本院校，根本不可能入选。

一石激起千层浪，在场的毕业生群情激愤。尽管上大学时，很多人是边上学边骂着自己的学校，可自己骂和被外人鄙视完全是两码事；更何况蒋鹏犯了一个致命的错误：一年前，东南石油大学已经由二本院校荣升为一本院校了。这个事情，由于蒋鹏的傲慢和轻视，他压根就没有搞清楚。

校招有着诸多潜规则，很多公司实际上就是如此操作筛选的。但操作归操作，摆在台面上讲就是另外一码事了，蒋鹏无疑在恼怒之下捅了马蜂窝。

当粤富石油党委书记蔡昌明接完东南石油大学副校长李校的电话后，他火气上涌，当场摔了电话，并责成人力资源部部长陶彧妥善处理此事。

"目前，公司已经就此事和东南石油大学达成了和解。"陶彧接过郝长春的话，心里也是格外光火。万幸的是，因为蔡昌明和李校的同学关系，这个事情被迅速压了下来，影响范围有限。但也因此，作为条件，粤富石油今年破例为东南石油大学开放了整整十个管培生的名额。

"至于蒋鹏，就不用参与接下来的招聘工作了。"陶彧冷眼看了一下蒋鹏，说道。

啊？这就完了？众人哗然，觉得不可思议。蒋鹏犯的这个错误，使公司的品牌形象大大受损，这处罚也太轻了一点吧？连个处分都没有？

柯锋虽然也是这个感觉，但他无意落井下石。听到上级对蒋鹏的处理，他眉头稍皱，想到一个非常严峻的问题：如果这个错误是自己犯的，结果会怎样？

他看了看面沉如铁的陶彧，淡然处之的苏芩，迅速得出了结论：即使自己不被人踢出粤富石油，处分总是免不了的。两相对比，柯锋对于这件事情有了新的认知：其一，自己绝对不能犯这种低级愚蠢的错误；其二，自己和两位部长非亲非故，要想加重自己在领导心中的筹码，看来只有更加用心做事，把事情做好、做出成绩这一条途径了。

"鼓噪什么？安静！"郝长春用手向下压了压示意安静。众人低头发了两句牢骚，想到蒋鹏的叔叔——纪委书记蒋跃进，也就忍气吞声地把话咽了回去。

陶彧在心里也叹了口气，即使他一向作风硬朗、杀伐决断，但在这件事情的处理上，他也无奈地做了让步。在原有的上报处理中，对于蒋鹏的处置，他是建议"记过"处分的。按他的想法，至少退一级，也是"警告"。可没想到这处置上报到党委书记蔡昌明那里，放了两天后，就变成了"口头教育"。

蒋鹏和蒋跃进的关系，尽人皆知。可这一次，陶彧倒看清楚了这纪委书记蒋跃进和党委书记蔡昌明之间，亦有着不浅的交情啊。

"校招出现这样的事情，我作为主管领导，负主要责任。"陶彧不想让大家把矛头继续指向蒋鹏，无谓地纠结下去，就主动把责任往自己身上揽了揽。

听到陶彧率先认错，郝长春有点坐不住了，赶紧插话道："部长，这都是我的错误。"

"又不是什么功劳，没必要抢。"陶彧摆了摆手，"关键的问题是，接下来我们如何把校招工作做好，不再出现纰漏。"他顿了顿，接着讲道："经过我和两位部长的商议，从现在开始，春季校招工作上升为人力资源部近期的最重要工作，由我亲自主抓，郝部长、苏部长两位部长配合。"

这个事情虽然会前陶彧已经和郝长春、苏芩打过招呼，可此时在会上又听到陶彧这么一说，郝长春的脸还是一下子红到了耳根：需要领导亲自出马替自己擦屁股，这就是间接说明了自己的无能啊。

"小柯，你也加入进来。"陶彧用手指了指柯锋，直接点了将。

什么？去校招？柯锋有点发蒙，招聘工作自己一点都不熟悉啊。虽然心里疑惑，柯锋还是赶紧点了点头："好的，部长。"

蒋鹏本来萎靡不振地坐在一旁，听到陶彧让柯锋参与校招工作，他就像被重锤猛击了胸口，一时胸闷气短。自己从校招工作中退出是意料之中的事情，可让柯锋掺和进来，这就说明在陶彧的心中，柯锋比自己要强啊。

"我干不好，你就一定能干好？呸！"蒋鹏恶狠狠地盯了柯锋一眼，暗骂了一句。

柯锋这会儿根本没有心思关注蒋鹏，听到陶彧安排的任务，他顿感"压力山大"。虽然以前做油站经理的时候，他也经常招人、面试人，可做校招完全是大姑娘上轿——头一回，何况还是在现在的危急关头下。

陶彧自然知道柯锋没有经验，可凭着柯锋三个月做好新员工培训项目的成绩，陶彧倒并不担心。他面向苏芩，开口道："另外，蔡昌明书记强调，这次校招风波，除了当事人的个人问题外，整个培训工作做得非常不到位，需要改善加强，这个你和小柯再研究一下。"

苏芩听罢苦笑两声，点了点头。

柯锋则脑袋"轰隆"一声。培训做得不到位？这跟培训有什么关系？怪不得自己被紧急召回来了，这不仅是站着躺枪，而且还有个大锅要背啊！

柯锋抬眼看了看苏芩，苏芩摇了摇头，用眼神示意他不要吭声。柯锋心里憋屈，咬着牙，会议后面的内容就没怎么听进去。散会后，从会议室出来，柯锋直接跟着苏芩进了办公室。

"部长，这哪儿跟哪儿啊。"柯锋气呼呼地在沙发上坐下，"校招出了问题，领导不去追责当事人，现在竟然要我们做培训的反思？"

"比窦娥还冤？"苏芩泡了一杯清茶，递给柯锋，笑问道。她理解柯锋的感受，校招自始至终都是郝长春在负责，整个执行中压根没有和她沟通过培训的事情，现在出了事，却让培训来背锅，柯锋年轻气盛，一时难以接受也是情理之中的事。

"出现客户投诉，培训缺失！出现安全事故，培训不到位！出现员工纠纷，培训没做好！现在培训俨然成了一个万能借口，只要工作出现差错，都能跟培训扯上关系。这不扯淡吗？"柯锋喝了一大口清茶，可火气还是没压下来，说话时脖子上青筋暴跳。

"你去调研了一圈，情况如何？"苏芩见柯锋气愤难平，微笑着转移了话题。

"有好有坏，江城分公司的情况比较糟糕。"柯锋又喝了一口茶水，心情才慢慢舒缓下来，他将杯子放到了茶几上，"说到这个，部长，我有东西要给你看。"

不一会儿，柯锋拿着一个厚厚的信封和一沓资料重新进了苏芩的办公室。他把信封往茶几上一放，轻轻拍了拍："部长，你猜这是什么？"

"这个我怎么知道？"苏芩看着厚厚的信封，笑道。

"这个是我昨天回到公司后，小川交给我的。邮寄方没有姓名和具体地址，电话也是乱写的，但是我敢肯定是从江城寄过来的。"柯锋交代了信封的来历。

"信封你拆了没有？"听到这里，苏芩的脸色渐渐严肃起来。

"没有。"柯锋摇了摇头，自从自己从江城分公司离开之后，手机几乎都被康至力打爆了。昨天再次挂了康至力的电话，之后就没了音信。柯锋正暗自庆幸时，不想前脚刚回到花城，就收到了郭小川转交的这个信封。不用猜，柯锋也知道里面是什么。

"这样，你找个纪检审计部的人来。"苏芩沉声吩咐道。幸亏柯锋没拆信封，否则这个事情将来追究起来，也是扯不清的烂事。

"好的。"柯锋答应一声，就给白黎去了电话。电话刚接通，就听到白黎银铃般的笑声："你回来了啊？蒋鹏的事情我听说了，这还真是恶人自有恶人磨啊。"

"先不说这事，我有其他重要的事情找你。如果方便，麻烦你尽快来一趟苏芩部长的办公室。"柯锋简要地把事情的原委讲了一遍。听到柯锋的陈述，白黎意识到了问题的严重性，她不敢怠慢，跟部里交代两声，就匆匆赶到了苏芩的办公室。

白黎到了之后，柯锋在苏芩和白黎的见证下，拆开了信封。果然，里面装的是一沓崭新的百元大钞，清点了数目，整整一百张，金额一万元。看着这些钞票，柯锋有些恍惚，这江城分公司还真的舍得下本钱啊。

白黎按照纪检流程，做了验收和记录。在送白黎到办公室门口时，柯锋低声说道："虽然邮寄信封的人用的是假信息，可这事十有八九来自江城。江城分公司有大鱼，必要的时候你们可以去探一探。"

白黎点了点头，但并没作允诺，纪检的复杂性是柯锋这个局外人难以预料的。她走出几步，像是想起什么事情似的，转身对柯锋说道："那个发票的事情，证据确凿。"

"哦？"柯锋意会地点了点头，缓缓道，"等我消息。"现在出了校招的事情，蒋鹏焦头烂额，必定要"蛰伏"一阵，先不着急把这个炸药桶点着。

柯锋回到苏芩的办公室重新坐下，一五一十地将在江城分公司的经历讲给了苏芩听。

"看来分公司存在的问题比我想象的要严重啊。"苏芩感慨一声，"我原本还对你下去调研存在疑虑，这么看来，不仅要跑分公司，而且还不能挑肥拣瘦，等校招忙完，最好能够全部跑一遍。"

"那这校招培训的事情？"柯锋见苏芩把话题又转回了校招，明白江城的事情也得暂且放一放再处置了。

"你火气消了？"苏芩笑着问道。

"对不起，让部长见笑了。"柯锋红着脸，回想之前没大没小地在苏芩面前嚷嚷，顿觉羞愧，自己还是太沉不住气了。

"好，火气消了，我们就来好好研究研究校招的事情，这目前是部里的第一大事。"苏芩在柯锋旁边的沙发坐下，摊开了笔记本。

第二十二章

古城宣讲

"我们先将校招的整个流程分解为三大步骤：准备、宣讲、面试。接下来再针对每个步骤中的子任务进行统一分解，明确达成目标、关键要点、典型问题及资源支持。"柯锋站在投影仪前面，一边让郭小川为大家发放示例表单，一边讲解道。

等在座众人拿到表单后，柯锋开始明确任务分工："工作坊将由我来做全程引导，招聘主管吴培提供内容支持，其他人负责贡献问题，两位部长兼顾内容支持和审核。"苏芩率先点了点头，用行动支持了柯锋的安排。郝长春虽然心里并不乐意，但如今校招事大，作为直管领导，他再也承受不得一点失误和风险，也就配合着点了点头，示意柯锋可以开展工作。

校招风波后，粤富石油暂停了一周的校园招聘工作，开始了郑重其事的校招培训。但在关于培训的组织形式上，两位副部长起了争执。郝长春的意见是请外部讲师直接进行培训，苏芩则坚决反对。她认为现有的校招流程存在诸多缺陷和盲点，如果只是按照外部经验依葫芦画瓢，不仅难以起到效果，还有可能出现新的问题。

争执不下，这难题自然就落在了柯锋头上。作为培训主管，柯锋之前没做过正儿八经的校招工作，对校招流程、内容不熟悉，面对这样的任务也是愁眉不展。可愁归愁，每次一想到"培训不到位"的"屎盆子"扣在自己头上，柯锋就无名火起。他实在咽不下这口恶气，即使对校招不懂，也憋着劲要把校招培训做好。

在苦思冥想、向多方取经未果的情况下，柯锋无意间看到桌上摆放着的《新员工培训指南》，猛然想到了之前做新员工培训项目时用到的带教任务分解表。虽然新员工培训与校招培训内容不同，但理顺流程、找出盲点、共同参与、达成共识这个目的是一致的。

和世界的深度沟通，不在于你学习了多少个工具和模型，而在于你精通了多少个工具和模型！柯锋深以为然，几番斟酌后便去找苏芩汇报了自己的想法。于是在苏芩的支持下，柯锋主导了一天的校招培训工作坊。

工作坊对于主导人员最核心的两项要求是熟悉流程、现场引导。好在柯锋之前已经在新员工带教工作坊中操作过几次，方法论熟稔于心，因此推动起来行云流水，事半功倍。

工作坊的工作结束后，即使是像柯锋这样之前从未接触过校招的人，对于校招的流程和关键点也是了然于胸了。在休整之后，粤富石油校招小组重新做了分工，三个部长亲自压阵，校招人员带着相关资料以及补充进来的流程表单重新奔赴全国各个高校。

2011年3月13日，古城交通大学宣讲会现场。

这是柯锋人生的第一场校招宣讲。虽然登台之前，他对于现场掌控并不是特别有把握，上台时还有几分忐忑不安，但开场几句话之后，多年沉淀的授课经验使他能够很快地进入状态，迅速掌控全场。接下来，柯锋顺利地讲解完了粤富石油公司的相关介绍和管培生计划，进入问答交流环节。

"柯主管，听完您刚才的介绍，对于贵公司我已经有一个基本了解。我现在想请您给我一个加入贵公司的理由，可以吗？"一个戴着黑框眼镜，坐在前排的男生起身问道。

这"黑框眼镜"个子不高，但口气不小，竟然要求柯锋给他一个选择粤富石油的理由！

柯锋见"黑框眼镜"问题尖锐，顿时打起了十二分的精神，表面上则不以为然地笑了笑。他也是从这个年龄过来的，年少时一样轻狂。虽说现在整个社会都在为大学生找工作焦急上火，工作难找甚至成了国家级难题，但对于交通大学这一类顶级院校的毕业生来说，找工作这事，他们还是有着很大的选择余地的。以今天为例，全天五场宣讲会，柯锋不幸地被排在了最后一场，而在他前面宣讲的都是著名的央企。相比之下，粤富石油这个只在中粤省名头很响的国企就显得优势不那么明显了。

"这位同学，请教一下，你是如何判断和选择公司和职业的？依据是什么？"柯锋并没有直接回答"黑框眼镜"的问题，而是抛了个问题回去。

"钱多、事少、离家近！"有人喊道。

柯锋瞄了一眼说话人的方向，笑道："有这样的工作记得介绍给我。"

众人哄笑。

"品牌、薪资、晋升成长，大概这些。""黑框眼镜"在大家的笑声停止后，给出了自己的答案。

"在座的同学是否都是这样来选择公司和职业的呢？"柯锋笑着把问题抛给了在座所有的大学生。

"是的。"

"差不多。"

回复声响成一片……

"既然这样，关于公司和职业选择，我有一点建议和看法，不知道大家有没有兴趣听我多讲几句？"柯锋面带微笑，环顾四周问道。

"柯主管，你还没有回答我的问题。""黑框眼镜"不满地叫道。他的不满直接反映在称呼上，对柯锋的称呼从"您"变成了更为直接的"你"。

"不着急，等我讲完你自然就有答案了。"柯锋挥手示意"黑框眼镜"坐下，然后从容地在黑板上写下三个大字"行、企、职"，转身讲道："其实对于大家来说，关于公司和职业选择，我的建议是'三看'——看行、看企、看职。"

"行、企、职，什么意思？"大多数学生是第一次听到这种说法，好奇心被调动了起来，喧闹的教室也渐渐趋于安静。

"行，指的是行业选择。以前我们常说一句话，'女怕嫁错郎，男怕入错行'。现在呢，男女都怕入错行。行业选择决定了你的成长速度，说得直白点，决定了你的收入水平和收入增长速度。"

柯锋顿了顿，见在座毕业生的注意力都集中到了他这里，继续讲道："我有一个同学从事金融行业，他们的业务员月收入就可以达到两万。我同样有同学毕业后去从事酒店工作，拼死拼活做到了中层，可一打听，他们的副总裁月薪也就两万。这两年大家喜欢讲'风来了，猪都会飞上天'，这风，其实就是行业趋势。顺势而为，总比逆势硬上要跑得快。"

"我们都知道要选择好的行业，可这行业如何判断呢？""黑框眼镜"

站起来打断了柯锋的话。

柯锋并未因为"黑框眼镜"的刻意滋事而感到不耐烦，他缓缓讲道："行业有很多，但如果没有判断依据，大家可能会挑得眼花缭乱。我在这里有两个'2'供大家参考：20%以上的年复合增长率，20%以上的行业利润率！"

听到柯锋精准明确的数据判断，"黑框眼镜"不再吱声。他缓缓地坐下，摊开自己的笔记本，认真记了起来。

柯锋继续讲道："企，指的是企业选择。我们都知道企业的发展一般经历四个阶段：初创、成长、成熟、衰退。衰退期不用多讲，由于市场饱和，业绩呈断崖式下降。选择在这个时期加入公司，要么你是目光如炬，可以力挽狂澜的人中龙凤，要么就是眼瞎，被人骗了。"

教室又传来一阵哄堂大笑。

"那创业期呢？是不是有很好的发展？"有人问道。

"中国中小企业的平均寿命只有两年多一点，每年约有一百万家私营企业破产倒闭。"柯锋在读的研究生课程已经开课，第一堂课里教授讲的就是中国中小企业的发展现状，柯锋因此对这些数据印象深刻。"很多创业公司给你画大饼，期权股权一大摞，好像上市都是分分钟的事。可你仔细一研究，这公司本身能活到年底靠的都是运气。那种'十八罗汉'跟着马云撬开宝藏的故事，对于普通人来说，碰上的概率实在太低了。"柯锋缓缓地摇了摇头。

"成熟期的企业最大的好处是——稳定，最大的问题也是稳定。因为稳定，所以基本一个萝卜一个坑，而且无论是职位还是收入的增长速度，都缓慢到让你抓狂。我有很多进了事业单位或者央企的同学现在都在吐槽：刚入职时薪资还不错，蛮有竞争力，可过了几年，其他伙伴的待遇都在火箭式地增长，而他们的工资却几乎纹丝不动，刨去物价上涨幅度，甚至还可能出现负增长。所以，横纵向一比较，成长期的企业是不错的选择。"柯锋道出了结论。

"职，职业匹配度，指的是你选择的职业与你能力的匹配度。过去我们一直在讲'木桶原理'，一个木桶的盛水量由短板决定。可到了职场，你就会发现，你更应该相信'田忌赛马'，以优势对别人的短板。成就——本质就是优势的不断积累。"柯锋掷地有声地讲道。

"柯主管，可是我怎么确定我能力所长的地方是不是就是我的兴趣所在？"一个扎着马尾辫的靓丽女生举起手问道。

"兴趣？好问题！"柯锋看着马尾辫女生，笑着点了点头，"既然提到兴趣，我有几点不成熟的看法，和大家分享下，还愿意继续听吗？"

"愿意。"扎着马尾辫的女生率先开口，其他人跟着附和。

"首先，没有人喜欢做自己做不好的事情。以我自己为例，我刚毕业时做销售，做得很差劲，几个月都不出单，所以我认为做销售不是我的兴趣所在。后来呢，我渐渐积累了经验，不断摸索，业绩也一天比一天好，这时候我觉得其实做销售还是非常有意思的。到了最后，我的销售业绩在整个分公司排行前列，我甚至都认为自己天生就是做销售的料。所以，销售一做就做了五年。

"其次，我们总认为对现在做的事情没兴趣，对其他事情可能更感兴趣，那是因为你没有在假想的兴趣上经历过痛苦和挫折。就像我以前认为培训是自己的兴趣所在，很好做。结果现在全职做培训管理，遇到了很多以前想都没想过的问题，整个人几乎就掉了层皮。所以，不是有了兴趣才能做好，而是做好了才有兴趣，能力所长优先于兴趣所在！"

"回到最初这位帅哥提的问题。"柯锋用手指了指"黑框眼镜"，"既然公司和职业选择看行、企、职，我和大家重申一下粤富石油的优势：其一，成品油零售行业由于汽车保有量的持续高增长而满足两个'2'的标准；其二，虽然粤富能源集团处于成熟稳定期，但粤富石油公司正处于大力发展的成长期；最后，我们的管培生发展通道多，专业选择广，总会有一款适合你！这，就是我给你的理由。"

"谢谢柯主管。""黑框眼镜"认同了柯锋的说法，语气温和地致谢道。

"希望大家今天听完我的建议，可以有所裨益。当然，更加欢迎大家投递简历到粤富石油，参加笔试、面试，将来有机会和我成为同事，一起并肩作战，谢谢。"柯锋讲完，对着台下深深地鞠了一躬。

掌声雷动，在座的大学生是第一次在宣讲会上听到有人给出如此全面而中肯的职业选择建议。而在最后一排坐着的苏芩，也不禁暗暗竖起了大拇指，柯锋的举止、台风都太适合做宣讲了，没想到这次歪打正着，因为一场风波把柯锋送到了校招宣讲的讲台上。

宣讲会结束后，因为柯锋的这场宣讲，很多人对于粤富石油的好感倍增，纷纷投递了简历，参与到随后的初面和笔试中来。

凌晨一点，柯锋终于查阅完了手里的试卷。他捏了捏已经发酸、发胀的手腕，看着桌上厚厚的一沓卷子，露出一丝苦笑：校招没人应聘心里失落，应聘人多了这试卷改都改不过来。

桌上的手机屏幕突然亮了起来，显示收到一条信息。

"这个点了，会是谁呢？"柯锋暗自嘀咕，"何玉琪之前已经和我道过晚安了，难道是她睡醒一觉，想看看我是否已经休息了？"

想到何玉琪挂着浅浅酒窝的秀美笑容，柯锋不由内心泛起一阵温暖。他边想着边拿起手机，但只看了一眼，忽然全身打了个冷战，呆呆地愣在原地。

只见短信上写着简短的一句话："你来古城了？我们能否见一面？"

发件人：方怡。

第二十三章

冰释前嫌

春风习习，满眼青翠。

距离古城南郊不远的一处枫树林中，柯锋抬头看着周遭的参天大树，嫩绿的树叶层层叠叠，遮住了头顶湛蓝的天。

"锋哥，你到古城，为何不来找我？"一个轻柔的声音传了过来。

柯锋慌忙低下头，在他前方不远处正站着一位女子，但见她一袭红色风衣，脸色红润，双目犹似一泓清水，静静地望着柯锋。

"方怡，我……"柯锋刚想开口说话，不料身后又响起了声音，"柯锋，你说到古城要带我吃好吃的，不能骗我。"

柯锋疑惑地扭过头，竟然看到何玉琪正笑吟吟地站在他的身后，肤光胜雪，亭亭玉立，脸上的酒窝透着些许俏皮。

"玉琪？"柯锋一愣，他一时没弄明白，为何玉琪会出现在这里？

柯锋想开口跟何玉琪打个招呼，却看到她朝自己招了招手，然后欢快地跑开了，仿佛没有看到方怡一般。

柯锋想追上前去，身后轻柔的声音又传了过来："锋哥，你要去哪里？"

柯锋扭头，却骇然发现刚才方怡站的位置已经没有任何人。他再去看何玉琪，一眨眼的工夫，何玉琪也已经完全从自己的视线里消失了。

柯锋心中大惊，从梦里猛然惊醒过来。

看着昏暗的房间，柯锋一时没反应过来自己是在哪里。等他拧开了床头灯，才想起自己是在古城交通大学的宾馆里。他静静地回忆了一番梦中的情景，将放在柜子上的手机拿了过来。

"你来古城了？我们能否见一面？"方怡发来的短信安静地躺在收件箱里。

删除？装作没看到？还是回复，见上一面？

从毕业到现在，五年了，方怡仿佛从柯锋的世界中消失了，没有主动回过一丝的音信。所以凌晨收到这条短信时，柯锋一度怀疑自己看错了。他反复地盯着那串熟悉的号码，各种滋味一下涌上了心头：激动、愤怒、失意，还有五脏六腑搅在一起的疼痛。

从梦中惊醒，历历在目的梦境让柯锋没了睡意。他盯着方怡发来的短信看了片刻，将手机重新放回到柜子上。

关了灯，柯锋辗转反侧：和方怡相识、相恋的片段犹如播放电影一样划过脑海。他最终做了选择，再次拿起手机，一字一句回复道："下周六，我在我们学校做宣讲会。如果方便，到时六点半在学校门口见——柯锋。"

新的校招工作，人力资源部同样兵分三路：蒋鹏犯错的重灾区华东区直接由陶彧亲自带队；西南和华南区的校招任务最重，郝长春作为主管招聘的副部长义不容辞；而苏芩就带着柯锋来到了西北区，其中最重要的校招地就是——古城。

作为十三朝古都，古城不仅是全国第三大高校所在地，汇聚了全国各地的莘莘学子，更是柯锋的家乡和曾经就读大学的地方。

3月19日下午五点半，苏芩这一组顺利地完成了在古城的最后一场招聘工作。收拾物料时，苏芩心情愉悦地招呼大家晚上一起聚餐，放松放松。对于他们这一组来说，古城的校招已超额完成任务，整体校招完成度超过了80%。

柯锋趁着大伙儿忙着收拾东西，找了个空隙，向苏芩请假道："部长，我晚上要请个假。"

"怎么？不和部里的伙伴一起聚餐了？"苏芩笑着问道。

"有个同学来找我，毕业后就没见过了，所以想晚上一起聚一聚。"柯锋如实答道。

"那就喊你同学一起吧，"苏芩建议道，"我们的人又不是太多。"

"这个……不熟悉，恐怕不太方便。"柯锋斟酌着措辞，委婉拒绝了苏芩的邀请。

"好，那你去吧。可别太晚，明天一早我们还要赶去甘肃呢。"苏芩叮嘱道。古城的校招超额完成任务与柯锋的精彩宣讲密不可分，因此对于柯锋提出的请求，她破例批准了。

"柯锋。"刚走出招聘大楼，一个轻柔的声音传了过来。

人力资源部的几个人正有说有笑，听到有人喊"柯锋"的名字，纷纷站住了脚。只见在台阶下站着一位穿着红色风衣的女孩，明艳动人，像一朵盛开的红玫瑰。

"这女孩真漂亮！"众人心里不禁发出一致的赞叹声，纷纷扭头用狐疑的眼光瞅着柯锋。

"你晚上聚餐的同学？"苏芩也觉得意外，她本以为柯锋约的是好兄弟，没想到却是一个如此明艳漂亮的女孩。

"是的，部长。"柯锋尴尬地点了点头。他本来以为和方怡约定的时间可以避开公司的人，却没想到方怡不仅早到了，而且还当众叫出了他的名字。

柯锋以前曾设想过无数个和方怡重逢的场景，却唯独不是像今天这样。

"都回去换件衣服，我们六点在酒店大堂集合，出发去吃饭。"苏芩招呼其他几位看热闹的同事。她毕竟是过来人，从女孩看柯锋的眼神里，就知道两人的关系非同一般。

"你什么时候到的？"走到方怡面前，柯锋搓了搓手，显得有点手足无措。面对这个曾经让自己爱恨交加的女孩，一贯能言善辩的他忽然觉得有些语塞，不知道要讲些什么。

"刚到。"方怡长长的睫毛微微颤动。众人走后，单独面对柯锋时，她的心也没来由地紧张起来。

"好久没见，你现在还好吗？"柯锋看着方怡，记忆中柔顺的长发已经变成了微微的波浪卷，脸上化了淡淡的妆容，少了些许青春的味道，却多了一份明艳的美丽。

"还好。"方怡小声答道。与五年前相比，柯锋的相貌没有发生明显变化，只是印象中那个一直穿着牛仔裤和运动衣的男孩，今天却是一身的正装，干练而不失帅气。

说完这句，两人又不约而同地沉默了。五年时间，使得两人之间产生了一种看不到却能实实在在感受到的陌生和距离感。

"忙了一天，还真有点饿了。"柯锋的肚子咕咕叫，他率先打破了沉默，问方怡，"我们去哪里吃饭？"

方怡道："你定。"

"那去老马家羊肉泡馍？"柯锋头脑中蹦出来预想的一个地方。

"这么多年过去了，你还是这么没情调。"听到柯锋建议的地点，方怡扑哧一声笑了出来。

"哈哈，江山易改，本性难移。"柯锋有些不好意思，"或者我们换个地方？"

"不，就去老马家羊肉泡馍。"方怡笑道。2002年，柯锋和方怡第一次约会，方怡本以为柯锋会带她去吃西餐之类。结果呢，柯锋把她带到了距离学校不远，却道路曲折、非常难找的老马家羊肉泡馍。这一次约会，让柯锋被方怡冠上了"没有情调"的恶名，而方怡却深深记住了老马家羊肉泡馍的美味。

"没情调"的一句话，使两人共同回忆起了往日的情景，这多年未见产生的陌生和隔阂也淡化了许多。

十来分钟后，柯锋和方怡到了老马家羊肉泡馍馆。一路上，柯锋还在担心这个泡馍馆被拆除或者搬迁了，直到看到老马家如旧的招牌以及掌勺的羊胡子老板，柯锋这才舒了一口气。

"三个馍。"柯锋对老板喊道，然后问方怡："你呢？"

"一个半。"

"真的一个半？"柯锋诧异道。

"一个半。"方怡点了点头，补充了一句："我能吃完的。"

"好，那就一个半。"柯锋爽快地笑道。他还记得当初和方怡第一次在老马家吃羊肉泡馍时，方怡只能吃半个馍。后来和他来得多了，方怡就彻底迷恋上了老马家羊肉泡馍的味道。这馍呢，也就从半个变成了一个，到后来的一个半。

店员将饦饦馍摆在了两人面前，柯锋和方怡各取了一个，安静地掰起馍来。这羊肉泡馍的馍要自己动手掰，掰好之后再由老板加汤加料，才算是正统的吃法。

"你现在工作怎样？"方怡先掰完了馍，柔声问道。

"之前做销售，今年刚转到培训，兼顾做校招，马马虎虎。"柯锋停下手里的动作，想到自己毕业时曾经发过的誓言，要证明方怡的选择是个错误，不觉有点悲凉和可笑。他晃了晃脑袋，将这些无谓的想法抛掷脑后，看着方怡道："五年了，你好像都没什么变化。"

"我都觉得自己变老了。"方怡摸了摸自己的脸，说道。

"哪里，还是跟以前一样漂亮。"柯锋笑道。

"真的吗？"这话多年后从柯锋嘴里说出来，令方怡感到心里甜滋滋的。

"真的！"对方怡，柯锋实在没有必要刻意奉承和恭维。

不一会儿，两碗热气腾腾的羊肉泡馍就端了上来，肥而不腻的羊肉、掰成精致小块的饦饦馍、香气四溢的浓汤，加上粉丝、黄花菜、木耳，料重味醇，诱人食欲。

"好香。"柯锋深吸了一口气，问方怡，"开吃？"

"嗯。"方怡点了点头，拿起了筷子。

柯锋把糖蒜剥好，搅拌了一下，就狼吞虎咽地吃了起来。他本来已经饿极了，在美味的羊肉泡馍的诱惑之下，也顾不得自己的形象。

这吃饭的认真样子还是和以前一样，方怡看着柯锋，嘴角露出了淡淡的笑意。

一个风卷残云，一个细嚼慢咽。五年前和五年后，两人在同一个地点用餐，只是心境已有了巨大的变化。

吃完晚饭，方怡提出让柯锋陪她到学校的操场走走。曾经，校内的操场，校外的枫叶林，都印满了两人甜蜜的足迹。

天色渐渐暗了下来，操场的人并不是太多。这一对曾经的恋人迎着秋风，客气且有分寸地聊着天。

走了大约两圈，操场上的喇叭传出了校园广播的歌声：

那一天我漫步在夕阳下，

看见一对恋人相互依偎，

那一刻往事涌上心头，

刹那间我泪如雨下……

那天我们相遇在街上，

彼此寒暄并报以微笑，

我们相互拥抱挥手道别，

转过身后已泪流满面……

听到歌词的内容，柯锋和方怡不觉渐渐放慢了脚步。

"你知道吗？这首歌是汪峰写给筠子的。"方怡跟着节奏轻轻地哼起了歌词。

柯锋摇了摇头，他对汪峰不熟，在这样的环境下，反倒觉得这首歌像是专门为他和方怡写的。

"你现在有女朋友吗？"方怡咬了咬嘴唇，终于问出了一个私人问题。

听到这个问题，柯锋脑海中立刻浮现出了何玉琪的样子。从侧面来看，何玉琪和方怡还有几分相似。

"我有女朋友吗？"柯锋问自己，和何玉琪接触了大半年，双方相互都有好感，但并未真正地确立关系。他轻轻地摇了摇头，回答道："没呢，我现在是一人吃饱，全家不饿。你呢？婚后生活怎么样？"

"婚后？"柯锋的声音平和，却如炸雷一般在方怡耳朵中炸响。她秀眉微蹙："你听谁说我结婚了？"

啊？！柯锋不可思议地看着方怡，眼睛瞪得像铜铃一般："怎么？你没有结婚？"

"没有！"方怡有些羞恼地答道。

"2007年年底的时候，墩子给我来电，说你要结婚了。"柯锋回想着当时的情景，他接到电话后，如晴天霹雳，直接当场傻掉了，为此颓废了两三个月。

墩子是柯锋大学时的舍友，而墩子的老婆李一玲正是方怡最好的大学闺密。

"2007年年底？"方怡念叨一句，在脑海中搜寻记忆，"那个啊，最后没结成！是定了婚期，但愈临近，我愈发觉两人不合适，于是在结婚前分了手。"

和方怡谈婚论嫁的男生，正是方怡和柯锋分手后家里介绍的那位。开始时，门当户对，方怡也觉得一切挺好。可随着交往的深入，柯锋的影子不时冒出来，使得方怡总会不由自主地拿男友和柯锋作对比。不对比相安无事，一对比差距万里。柯锋的担当、认真、面对挫折的勇气，这些方怡最欣赏的男人的品质竟然在男友身上荡然无存。想到要和这样的一个男人厮守终生，方怡实在无法忍受，最终提出了分手。

"你是听到我结婚的信息，才没有再跟我联系的？"方怡的眼睛亮晶晶的，问道。

"嗯。"柯锋点了点头。他当年本以为可以通过自己的奋斗再次赢得方怡的芳心，没想到毕业才两年，他就收到了方怡的婚讯。一怒之下，他删除了方怡所有的信息，更换了联系方式，从此两人形同路人。

"我们……"方怡小心翼翼地问道。

"嗯？"柯锋转过了头。

"我们……还有……可能吗？"方怡吞吞吐吐，鼓起勇气问出了这句话，声音小得像蚊子声一样。

柯锋一愣，方怡的这个问题让他瞬间失去了思考的能力。他嘴唇发颤，确认道："你说什么？"

"我们还有可能吗？"既然话已出口，方怡也就没了顾虑，又重复了一遍。

"还有可能吗？"柯锋抬头看着夜空，大脑逐渐清醒过来。要是三年前方怡这样问他，柯锋会义无反顾地点头。可现在，面对方怡的问题，柯锋却迟疑了。他盯着夜空沉默了一会儿，反问道："你有可能来花城吗？"

"什么？到花城？"方怡听到柯锋的问题，下意识地把头摇得像拨浪鼓，"怎么可能？我从小就在古城长大的，这里有我的一切。"

方怡的这几句回复刺激了柯锋，他的心像是被锥子狠狠地扎了几下，脑海中不禁浮现出了五年前自己和方怡父亲的谈话。对啊，方家的根基和枝叶都在古城，怎么可能为了自己，让方怡跑到千里之外的花城来呢。即使方怡同意，方家也不可能同意。五年前如此，现在亦是如此！

"你回来古城，我们重新开始，可以吗？锋哥？"方怡没有察觉到柯锋的情绪变化，她看着柯锋，明亮的眼睛中透着温柔和祈求。

柯锋躲开了方怡的眼神，内心矛盾，一时之间不知道该如何处理两人的关系，是鸳梦重温，重新开始一段感情？还是见面后各行各路，成为生命的过客？

方怡本以为自己放低姿态，柯锋一定会痛快应承，谁知看到的却是柯锋的犹豫不决。她的眼睛一下子就湿润了，两行无声的眼泪顺着脸颊流了下来。

方怡一哭，柯锋心里更乱了。即使面对这个曾经最让自己受伤的女孩，柯锋也不愿意看到她伤心落泪。

柯锋从兜里掏出纸巾递给方怡，方怡不接，任由泪水滑落。

"别哭了。"柯锋抬起手，用纸巾轻轻地擦拭着方怡脸上的泪水。

方怡没有阻止柯锋的动作。她哽咽两声，想到五年前分手时的痛苦、五年来自己情感上的煎熬、现在放低姿态后的委屈和不甘，情绪再也控制不住，她张开双臂，一把抱住了柯锋，呜咽道："锋哥，以前是我不好。你别再离开我，好吗？"

柯锋嗅着方怡秀发的味道，感受着对方身体传来的温度。他心乱如麻，嘴里喃喃地念道："早知今日思念如潮涌般袭来，何必当初我假装潇洒离开！"

第二十四章

无事生非

清明节前，粤富石油人力资源部的三路校招人马前后回到了花城。尽管因为校招风波暂停了一个礼拜，人力资源部最终还是顺利地完成了校招任务：总共有六十二名经过面试筛选的毕业生与粤富石油、学校签订了三方协议。

清明节后的第一个工作日，人力资源部召开了校招总结大会。三路人马中，苏芩组校招的成绩最佳，超额完成目标，因此得到了陶彧部长的公开肯定和表扬。接着，郝长春就本次校招的得失做了全面的总结和回顾，布置了后续任务，校招工作暂时告一段落。

"这次校招时间太过紧张，到了古城，都没有让你回家一趟。"苏芩将茶水递给柯锋，略带歉意地讲道。

"部长，说实话，校招压力这么大，即使你给我放假，恐怕我也没有心思回家。"柯锋笑着回道。

柯锋的老家在古城下辖的一个偏远县城里，距离古城有六十公里的路程，说近不近，说远不远。由于这次校招容不得丝毫的大意和闪失，柯锋就只是通过电话跟家里人报了平安，也算是体验了一回"路过家门而不入"吧。

"部长，江城的事情，怎么处理？"聊了几句家常，柯锋将话题转移到了工作上。

"你的意见呢？"苏芩没有直接表态，而是询问柯锋的想法。

"杀一儆百。"柯锋咬着牙说道，现在一想起江城的事情，他依旧义愤填膺、愤愤不平。

江城分公司2010年做的十二个培训项目，有九个培训记录是假的，目的就是为了套取培训费用。如此明目张胆、胆大妄为的行径，不加以整治，公司的培训落实就成了一句空话。

"怎么个杀一儆百法？"苏芩笑了笑，追问了一句。

"我建议对江城分公司人力资源部的相关人员进行处分，在全公司进行通报。"柯锋说道。关于如何处理江城的事情，柯锋也是斟酌再三，最后还是觉得要处理就得下杀手，杀到痛才行，如果只是隔靴搔痒，那还不如不做。

"不，这样不行。"苏芩听到柯锋的意见，摇了摇头。

"不行？"柯锋眉毛上扬，他没想到苏芩会反对，直接问道："部长，为何不行？"

苏芩略作沉思，讲道："其一，从权限上来讲，分公司人力资源部的管理是属地管理，我们只是虚线领导；其二，从工作方式上来讲，你这样做等于是把自己直接摆在了江城分公司的对立面，会招人记恨的。"

职场生存法则之一就是多交朋友，少树敌人，这是苏芩多年从事工作的切实体会和经验。

"既然做这份工作，就不怕遭人记恨。"柯锋梗着脖子回道。他之前做油站经理时，就因为查到员工舞弊的事情，曾经一次性开除过七八个员工。在被开除的员工中，有人甚至放话要柯锋付出血的代价，柯锋对此都未曾畏惧过，何况是现在。

"先喝茶。"苏芩用手指了指柯锋放在茶几上的茶杯。柯锋这种肯担责、敢担当的精神还是值得肯定的。但作为领导，苏芩不仅要下属勇往直前、冲锋陷阵，更要尽可能地为下属提供指导和保护，无谓地招惹是非实在没有必要。

柯锋拿起茶杯喝了一口清茶，心情渐渐平复，惭愧和懊恼却泛上了心头：自己一讲起事情，就热血上涌、没大没小了。也因为是在苏芩这里，要是换成其他心眼小的领导，恐怕早把自己踢出门去了。

"你刚才说自己不怕遭人记恨，难道部里会怕？是陶或部长会怕？还是我会怕？"苏芩见柯锋脸色恢复正常，笑着问道。

"这……"柯锋一时语塞，他清楚两位部长都不是怕事的人，特别是陶或部长，一向以杀伐决断出名，苏芩既然这样讲，必定有自己的考虑。柯锋只能红着脸问道："那部长的意思是？"

"你把事情经过写个详细的报告，我找陶或部长批复，让江城分公司自己处理。"苏芩给出了建议。

"自己处理？"柯锋一愣，急急地问道："他们不处理怎么办？"

"不处理？"苏芩眼角含笑，"你认为如果陶或部长作了批示，他们会不处理？"

柯锋心里一动：是啊，如果陶或部长有批示，江城分公司的总经理朱承业自然不能置之不理。虽说朱承业是"一方诸侯"，但从行政级别上来讲，朱承业仅仅是正科，与陶或的正处级还差了两个级别，何况陶或还兼任着公司党委组织部部长，掌管着所有中层干部的晋升与前途。

"可是，"柯锋还是有些迟疑和犹豫，"要是他们随便处理一下，怎么办？"

苏芩摇了摇头，她相信朱承业舍车保帅的觉悟还是有的。"他们的处理意见要报人力资源部审核，然后执行。要是忽悠对付，就别怪我们先礼后兵了。"一向优雅温和的苏芩眼中闪过一丝凌厉的光芒。

"好主意啊，还是部长想得周到。"听完苏芩的想法，柯锋心服口服。江城分公司如果处理得好也就罢了，如果藏着掖着、故意包庇的话，那苏芩自然不会置之不理，到时候再由人力资源部出面进行处理，不仅有回旋的余地，而且更加合情合理。直接把烫手山芋扔回给江城分公司，人力资源部只需要静坐评判就可以了，这招实在高明！柯锋兴奋之余，心中不禁暗叹，自己在复杂问题的处理上还是经验太少，方式过于粗暴直接了，以后还是得虚心向苏芩和陶或两位部长多学习。

"你什么时候也学会拍马屁了？"苏芩笑道，"不过我们不能光治标，还得治本。江城的事情应该不是个例，这说明我们现有的培训管理制度还存在着很大的缺陷。你辛苦一下，把之前未调研检查的分公司再跑一遍，根据调研情况把制度健全和完善起来。"

柯锋答应一声，补充道："部长，我觉得这次下去调研，还可以看看哪些分公司做得不错，我们可以树立几个典型，不仅要通报做得差的，还应该表扬做得好的。"

"标本兼治，赏罚并施，你这个建议不错。"苏芩赞赏一句，接着问道，"你这次下去调研的第一站准备去哪儿？还是鹏城吗？"

"我想先去看看其他地方，鹏城比较近，就留在最后吧。"柯锋找了一个冠冕堂皇的理由，把鹏城的调研放到了最后。到鹏城，必然要见何玉琪，在有些问题还没有彻底想清楚之前，柯锋觉得还是暂不见面为好。

两周前，校园操场，当方怡趴在柯锋的肩头停止抽泣之后，柯锋伸出手臂轻轻地抱了一下方怡，这是整晚柯锋唯一主动的表现。方怡感受到了柯锋的动作，内心升起一阵温暖和甜蜜，心脏狂跳。可这惊喜只持续了几秒，她就感到柯锋握着自己的肩膀，把自己从他怀中轻轻推了出来。

月光下，方怡梨花带雨，惹人爱怜。

看着方怡似一泓清水的双眼，那一瞬间柯锋真有一种冲动：答应方怡，从粤富石油辞职，回到古城，和她重新开始。可一想到当初方家的态度，方怡父亲的居高临下，方怡毕业分手时的无情和决绝，柯锋的头脑逐渐清醒过来。经过这么多年情感的折磨，柯锋在感情上也渐渐趋于成熟。他看着方怡红润的脸，缓缓讲道："方怡，这个事情请给我点时间，我需要考虑一下。"

给时间考虑，就是没有明确拒绝。对于这个答案，方怡虽然心有不甘，但还是可以勉强接受。她拿起柯锋刚才递给自己的纸巾，轻轻擦拭完脸上的泪水，露出了明艳动人的笑容。

柯锋再次踏上了出差调研的路程，按照苏芩的要求，这一次他不再是匆匆忙忙、走马观花。每到一个分公司，柯锋都认真地查阅分公司的培训资料，不仅与分公司的培训管理人员做了深入的交流，还找机会与分公司的领导班子进行了深度访谈，甚至直接参与了两场分公司组织的新员工培训，近距离地协助和指导了分公司的培训组织。在忙忙碌碌、马不停蹄的出差行程中，转眼间4月就接近尾声了。

在柯锋调研完几乎所有的分公司，准备到达最后一站——鹏城的前一天，一个不速之客又堵在了何玉琪公司的门口。

蒋鹏戴着金丝眼镜，穿着一身深紫色的西装，正温声细语地和智传公司的前台小梅闲聊着。前一段时间因为校招风波而在蒋鹏身上出现的萎靡和颓废感，早已一扫而空。

何玉琪接到蒋鹏的电话时，有意避开不见，不想蒋鹏已经通过小梅知道自己就在办公室，还声称如果不见他，就会一直等下去。

"蒋鹏，找我有事？"何玉琪走向两人，客气而礼貌地问道。

蒋鹏转头，见何玉琪清澈明亮的眼眸正看着自己，白皙无瑕的脖子透出淡淡红粉，秀气中带着丝丝冷漠。何玉琪今天穿着一件点缀着蓝色星月的休闲白衬衣，衬衣的下摆被束在牛仔长裤中，衬托出亭亭玉立的高挑身材。

一个多月未见，何玉琪的美丽让蒋鹏再一次心肝打战。

太美了！蒋鹏心里赞叹着，同时对那几个和柯锋一同去古城开展招聘工作的同事不免一阵鄙视。自从校招回来以后，那几个人天天在说约柯锋见面的那个古城女孩漂亮至极，惊为天人。在他看来，要是他们见到何玉琪，准会把眼珠子都惊得掉下来。

蒋鹏心里刚得意了两秒，忽然想到无论是约柯锋的古城女孩，还是眼前的何玉琪，喜欢的却都是柯锋，跟自己一点关系都没有，妒火就一下子从脚底烧到了头顶。

好白菜都被猪拱了，也不知道这些美女为啥都看上了柯锋！蒋鹏一边在心里骂道，一边堆起笑容，热情地和何玉琪打着招呼："玉琪，好久未见，今天刚好在鹏城出差，所以到你这里来讨一杯热茶，欢迎吗？"

何玉琪本想说"不欢迎难道你会走吗"，可碍于情面，还是点了点头。既然蒋鹏话都说出来了，她也实在不好意思当面扫了他的面子。何况平心而论，自从第一次认识以来，蒋鹏对自己还是非常不错的，平时各种短信温暖关怀，节假日更少不了礼品赠送，虽然东西最后都被自己退了回去，但心意她多少还是领了些。

在何玉琪的陪同下，蒋鹏第一次认认真真地参观了智传企业管理咨询公司，了解了智传的各种咨询培训产品。了解愈深入，蒋鹏心里愈气恼：如果自己是培训主管，岂不是可以顺水推舟地采购一些智传的项目，这样自己成了智传的大客户，何玉琪怎么着也得对自己感恩戴德、恭敬有加吧？

幻想解决不了实际问题，好在蒋鹏的时间算得不差，在智传溜达了一圈，喝了口热茶后，时间就到了晚饭饭点。

"玉琪，晚上请你吃晚餐，喜欢中餐还是西餐？"蒋鹏笑着问道。

"中餐。"何玉琪的答案几乎脱口而出，随即便意识到了蒋鹏这话中的陷阱，无论她回答中餐还是西餐，都表示同意了他的邀请。何玉琪对蒋鹏的这一丝小聪明有点不屑。她本想直接回绝，可忽然想到柯锋这一段时间行为的异常，或许可以通过蒋鹏了解一些信息。这么一想，何玉琪到嘴边拒绝的话就变成了"中餐"。

科拓大厦三楼粤海酒家，何玉琪和蒋鹏坐在了第一次吃饭的位置上。按照计划，蒋鹏本想邀请何玉琪去鹏城非常有名的四海一家，结果何玉琪推托太远不方便，就在三楼订了位子。当然，蒋鹏不知道的是，何玉琪与柯锋吃饭，每次选的都是非常有情调和气氛的地方；而和他吃饭，来来回回都是智传公司招待客户时才去的粤海酒家。

点了海鲜，蒋鹏本想要一支红酒，却被何玉琪拒绝了。何玉琪指了指杯中的大麦茶："我不会喝酒，会过敏，茶水就好。"

蒋鹏只得悻悻地把酒单收了起来，少了红酒，这晚餐的情调和氛围就差了好多。两人礼貌而客气地用着餐，闲聊着一些无关痛痒的话题。

"听柯锋说，你们去校招了，有没有什么好玩的事情？"何玉琪用餐用到一半，貌似随意地问了一句，把话题引到了自己想了解的信息上来。

自从柯锋被临时调派去参加春季校招以后，何玉琪明显感觉到两人之间的距离变得疏远了，这其中究竟是何缘由，何玉琪想通过蒋鹏一探究竟。

听到何玉琪的这个问题，蒋鹏一愣，莫非柯锋已经把自己校招的糗事给何玉琪讲了？

落井下石！蒋鹏暗骂一句，怒火在胸中开始翻腾，表面却故作镇静地讲道："没什么好玩的事情啊，你听说了什么？"

何玉琪摇了摇头，要是她真听说了什么，今晚就不会坐在这里和他吃饭了。

蒋鹏盯着何玉琪清澈明亮的眼睛，确信何玉琪没有撒谎。那么自己校招的糗事何玉琪应该是不知道了，那她问这个问题用意何在呢？难道是……

想到这里，蒋鹏心里一阵狂喜，求之不得啊，没想到何玉琪竟主动开了口。

"校招嘛，无非就是多跑几个地方，远一点、累一点而已。今年我和柯锋都是头一次去，辛苦是自然的。"在进入正题之前，蒋鹏铺垫的话先讲了一大箩筐，这样何玉琪就不会怀疑自己是有意为之、无事生非了。

"不过，"蒋鹏顿了顿，用手扶了扶金边眼镜，眼光在镜片后闪烁，故作迟疑道，"柯锋招聘的那一组，有件事情倒是传开了。"

"什么事情？"听到与柯锋有关，何玉琪的神色一下紧张起来。

"不太好讲，其实大家都是猜测，也不知道是真是假。"蒋鹏犹豫着，"算了，还是不讲的好。"

"到底什么事情？你不讲我走了。"何玉琪秀眉微蹙，她心里特别反感蒋鹏的这种故意做作，站起身就作势要离开。

"别啊。"蒋鹏没想到何玉琪的性格还挺倔强的，确认道："你真的想听？"

"嗯。"何玉琪重重地点了点头。

"就是去古城招聘的时候，有个穿红色风衣的女孩……一个非常漂亮的女孩，这个是他们说的，去找柯锋了。据说……"蒋鹏看着何玉琪的表情，断断续续地讲道。

"什么？"何玉琪已经没有耐心了，看蒋鹏的神态，她冥冥中感到最近柯锋的举止异常，一定是跟这个风衣女孩有关。

"据说，这女孩是柯锋的前女友。"蒋鹏最终完整地道出了自己压在心底、今天晚上最想讲出口的信息。

听到"前女友"三字，何玉琪一瞬间脸色煞白，一颗心直直地往下坠去。

第二十五章

江边遇险

和蒋鹏吃完饭，何玉琪拒绝了他送自己回家的提议，独自一人回到自己租住的万科云城公寓。推开门，公寓内的装修、装饰一律都是何玉琪最爱的浅蓝色，淡雅而温馨。不过此时，何玉琪的心情却像书桌上摆着的那盆缺水的百合一样，无精打采，心神不宁。

自从蒋鹏提到风衣女孩的事情之后，"前女友"这三个字就一直在何玉琪的脑海里纠缠徘徊。柯锋有前女友，这是何玉琪意料之中的事情，自己看上的人，怎么可能会没有别人喜欢？可问题是，自从柯锋去了校招以后，这一个多月以来，两人的沟通交流忽然就变得客气起来。

礼貌客气，显示的是风度，但也同样代表了距离感。

对于蒋鹏的话，何玉琪自然不会偏信。可这实实在在的距离感，就像横在自己与柯锋之间的坚冰，开始虽只是一点点，却在无声无息中渐渐扩张和蔓延开来，这才是何玉琪最担心的事情。

既然柯锋明天要来鹏城，就当面问个清楚。何玉琪洗完澡，吹着湿漉漉的秀发，看着镜中的自己，暗暗做了决定。

第二天，在鹏城分公司调研的时候，柯锋的手机中途响了三次，他都无暇顾及。等所有的检查、调研、访谈结束以后，柯锋打开手机，发现三次电话竟都是何玉琪打来的。柯锋犹豫片刻，拿着手机出了会议室，在走廊徘徊了一阵后，这才拨通了何玉琪的电话。

"玉琪，你找我？刚才一直在开会。"柯锋问候了一声，解释了他未能及时接听电话的原因。

"你来鹏城了？"何玉琪在三次电话都未接通之后一度陷入了苦闷，直到柯锋回电她才重新提起了精神。

"嗯。"柯锋点了点头。来鹏城这件事情是否要知会何玉琪，他也是纠结了一阵。在方怡的事情未妥善处理之前，他真不知道该如何面对何玉琪。

"晚上有空吗？一起吃饭？"何玉琪小心翼翼地问道，眼中的忧伤更甚。之前柯锋来鹏城，都会主动找她。而这一次，竟然还是她从蒋鹏那里得到的信息。

"晚上要和鹏城分公司的同事一起吃饭，他们总经理参加，不好推托。"柯锋回道。这倒不是他故意找的托词，与其他分公司相比，鹏城分公司的培训工作做得非常到位，这自然离不开总经理的鼎力支持。所以，老总亲自安排了晚餐，柯锋是一定要参加的。

"哦。"何玉琪答应一声，语气中有掩饰不住的失落。尽管她知道柯锋讲的有可能是真的，但还是不免一阵悲伤。

"吃完饭呢？有时间吗？"何玉琪实在不愿意在不了解真实情况之下胡乱猜测、自怨自艾，就鼓起勇气又多问了一句。

"这个……"柯锋有些迟疑。听到何玉琪的声音中透着伤心和失望，他的心里莫名感到一阵难受，停顿了两秒后，他说道："有时间，我们见上一面。"

挂上电话，何玉琪明亮的眼睛瞅着电脑屏幕，歪着头，愣愣地出神。

用过晚餐，时间已经接近九点。粤富石油的餐桌上是一定要拼酒的，用一句通俗的话讲，叫"酒品代表了人品"。但今晚柯锋却少有地只喝了一点点，等他将喝得已经摇摇晃晃的鹏城分公司老总送上车后，就看到了站在路灯下的何玉琪。

何玉琪今晚穿着一套咖啡色的风衣，手里挽着一个浅蓝色的手袋，既高挑挺拔，又显得孤孤单单。

"来了很久了？"柯锋走上前去，看到何玉琪被秋风吹得有些发青的脸色，一阵心疼。

"我们去江边走走吧。"何玉琪见到了柯锋，暂时把忧伤隐藏了起来，脸上露出了招牌的小酒窝。用餐的地方靠近西江，两人就一前一后走到了西江边上。

一路上，两人除了聊一些近况和专业的问题外，竟没有多少言语。何玉琪见柯锋的兴致不高，尽管内心纠结，几次想开口询问校招的事情，但都忍住了，只是安静地陪着他在江边散步。

走了一会儿，眼见江边的人越来越少，柯锋抬起手看了看手表，时间已经到了晚上十点，他说道："玉琪，不早了，我送你回去吧。"

何玉琪心里泛起一阵失落，她还没有找到好的时机来问出自己想要了解的事情，更不想这么快就离开柯锋。于是，她用略带撒娇的语气说道："我们往前再走十分钟，好不好？"

看着何玉琪清澈明亮的眼眸，柯锋实在不忍拒绝，就点了点头，于是两人又往前走了一段。

经过一个三岔路口时，江边的路灯不知道是坏了，还是被人敲碎了，没有来得及维修，竟灭了好几盏，因此三岔路附近的光线一下暗了很多。

就在这里吧！何玉琪心想。她停了脚步，准备开口问出自己憋了一晚上的问题。

见何玉琪不走了，柯锋也站住了，他扭头看着何玉琪，忽然眼角的余光瞥到路口路灯的阴影处好像有人在晃动。

柯锋一惊，下意识地就想把靠近路灯一侧的何玉琪往自己的身边拉。几乎同时，斜刺里有一个阴影冲了出来，抓住了何玉琪右手拎着的手袋。

"啊！"何玉琪吓得尖叫一声。本来手袋握得就并不是太紧，因此被"阴影"一拽，就脱了手。等她反应过来，急忙喊道："我的包！"

柯锋稳住了何玉琪，往前看去，那"阴影"得手后正朝着前方狂奔，经过路灯时露出了头上的黄色头发，分外刺眼。柯锋松开原本拉着何玉琪胳膊的手，拔腿就追，刚追出去两步，却猛然停住了脚。他回过头来看着何玉琪，此时经过的路面竟没有一个行人，就只有何玉琪独自一人站在那里。

"你包里有贵重的东西吗？"柯锋转身往回走，留何玉琪一人在这里，他实在放心不下，说不定那"黄毛"还有团伙埋伏在附近呢。

何玉琪显然还未从惊吓中缓过神来，瑟瑟发抖，嘴唇打战地说道："手机，袋子里除了手机，就是一些零钱。"

"唉，那只能算了。"柯锋叹了口气，"黄毛"此时早已没了踪影。手机虽说也不便宜，但毕竟更换起来方便。没有其他的贵重物品遗失，算是不幸中的万幸了。

“呀，梳子！”何玉琪忽然大叫道。

“梳子？什么梳子？”柯锋一愣。

“外婆送我的梳子在手袋里。”何玉琪这才想起今晚自己把梳子放进了手袋里。一想到外婆送给自己的仅有的礼物被劫匪抢了去，何玉琪的眼泪就从眼窝溢了出来。

柯锋听何玉琪说过，她小的时候由于父母工作忙，外婆一手把她带大的，因此和外婆的感情格外深厚。只不过在玉琪大学毕业的那年，外婆不幸出了车祸离世。子欲养而亲不待，这成了玉琪一直以来心里的痛。

何玉琪轻声抽泣，问道：“你怎么不追了？”

“你一个人在这里不安全。”柯锋不是不想追，但他生怕自己追了出去，何玉琪再发生点什么事情，那就追悔莫及了。

“嗯。”何玉琪环顾了一下四周环境，瞬间明白了柯锋的心意。虽然手袋、梳子被抢让她倍感伤心，可柯锋的这句话却让她重拾了温暖。

“这里不安全，我还是早点送你回去吧。”柯锋说道。

“好。”何玉琪用手轻轻抹了抹眼泪，但身体依旧在发抖。

看着何玉琪的样子，柯锋很是心疼。他脱下自己的皮衣，披在了何玉琪的身上。他注视着她的眼睛，柔声说道：“不用害怕，没事了。外婆的梳子没有了，我再送你一把。”

柯锋的话还没有讲完，身后就传来了嘈杂的呼喊声。他回头一看，只见刚才抢了何玉琪手袋的“黄毛”竟又朝自己这个方向奔了过来，身后还紧紧追着三四个穿保安制服的人。

“滚开！别挡路！”眨眼间，“黄毛”就跑到了距离柯锋他们十余米的位置，柯锋与何玉琪此时正好站在了道路中间，挡住了他的去向。

天堂有路你不走，正好送上门来了。柯锋冷哼一声，用冰冷的眼神看着奔过来的“黄毛”，对何玉琪说道：“待在这里别动。”

何玉琪还没反应过来，柯锋就转身朝着“黄毛”奔来的方向迎了上去。

“黄毛”见柯锋不但不让路，反而迎了上来，恼怒异常，从腰间“唰”的一下抽出了明晃晃的匕首，挥舞着大叫：“滚开！”

“柯锋，小心……”何玉琪见“黄毛”亮出了匕首，吓得全身打战，此时她已经把梳子的事情扔在了脑后，注意力全部放到了柯锋的安危上来。

柯锋没有理会"黄毛"的威胁，他向前疾走两步，与何玉琪拉开距离，稳稳地站在路的中央，堵住了"黄毛"的去处。

"黄毛"见柯锋没有退缩让步的意思，眼神里露出了恶狠狠的凶光，接近柯锋时，挥着匕首就要向他的脑袋刺去。

"啊！"何玉琪的心都提到了嗓子眼儿，她眼看"黄毛"的匕首就要刺到了柯锋，柯锋却还一动不动，吓得她眼睛都闭了起来。

紧追"黄毛"的几位保安见路边的青年挡住了黄毛的去路，心里喜道：这次"黄毛"可跑不掉了。可见"黄毛"亮出了匕首，保安们生怕这见义勇为的青年吃亏，都不约而同地加紧了追赶的脚步。可紧赶慢赶，还是晚了一步，当他们从背后看到了"黄毛"高举的匕首，耳边听到了一旁的女子发出的尖叫，不由齐齐为青年捏了一把冷汗。

"嘭！"变化骤起，谁也没有料到的事情发生了：大家都没有看清青年的动作，"黄毛"就歪着身子"嘭"的一声摔倒在了水泥路面上。

听到声响，何玉琪睁开了眼睛，不可思议地看着眼前的一幕：柯锋依旧安然无恙地站着，而"黄毛"却摔在了地上，仰着头，面目扭曲，满口是血。

柯锋走上前去，把"黄毛"的匕首踢到了一边，捡起何玉琪的手袋，打开来看，除了手机外，那把梳子正安好无损地躺在里面。

"别装死。"那几个穿保安制服的人此时也到了眼前，一位四十多岁的留着络腮胡子的大汉上前狠狠地踢了"黄毛"一脚，厉声喝道。

"痛……""黄毛"此时已经没有了先前凶狠嚣张的样子，身子蜷缩成一团，痛苦地呻吟着。他一开口，感觉自己的牙冠都不在正常的位置上了。

之前，"黄毛"只是想吓退柯锋，让他给自己让道，谁料到柯锋竟跟自己铆上了，站在道路中间一动不动。"黄毛"发了狠劲，决定先伤了柯锋再说。两人交错的一瞬间，"黄毛"抡圆了胳膊，用匕首向柯锋刺去。眼见匕首越过柯锋的脑袋，即将刺到柯锋的肩膀时，一直未动的柯锋却迅速举起了左手，挡住了匕首。接着，在"黄毛"还没来得及反应时，一记重重的勾拳就打在了他的下巴上，把他打得直接往后面仰去。"黄毛"一个趔趄，还未站稳，柯锋的右腿就像一条凌厉的鞭子一样抽在了他的脑袋上，巨大的力量让他顿时失去了重心，直直地摔在了地上。

这几个人中，柯锋看出这"络腮胡子"是领头的，疑惑地问道："这小子刚抢了我朋友的包，不知为何又跑回来了？"

"兄弟，身手不错啊。""络腮胡子"用大巴掌在柯锋肩上一拍，看着其余几人把"黄毛"从地上拉了起来，笑道，"这混蛋今天出门准没有看皇历。"

原来这"络腮胡子"和其他几人都是附近小区御悦轩的保安。上一次，"黄毛"在御悦轩作案时被人发现，用匕首伤了追捕他的一位保安，等保安队长"络腮胡子"和其他几位兄弟赶到时，"黄毛"已经逃之夭夭。谁知，今天"络腮胡子"和几位兄弟换完班后，准备一起去吃夜宵，却碰巧在江边遇到刚抢了何玉琪手袋的"黄毛"，这就追了上来。

"黄毛"也是命背，本以为对面的几位大汉不好惹，就转身往回逃命，谁知道却遇上了柯锋这一个硬茬。

"队长，这'黄毛'怎么办？""络腮胡子"的其中一个兄弟问道。

"还能怎么办？打110，叫警察来。""络腮胡子"吩咐了一句，又对柯锋说道："兄弟，今天多亏你出手相助，待会一起去吃夜宵，喝上一杯如何？"

柯锋摇了摇头，笑道："谢谢，不过我朋友刚受了惊吓，我得照顾她。"他实在无意与眼前这些人结识，何况对方报了警，警察一来，又是一堆麻烦事情。当年油品紧张时，油站经常发生打架斗殴的事件，柯锋跟警察打交道比较多，知道其中的烦琐程序，因此实在不想再惹上麻烦了。

柯锋说完，不待对方回话，便江湖义气般地抱了抱拳，提着手袋朝何玉琪走去。

"梳子在里面，物归原主。"柯锋将浅蓝色的手袋递给了何玉琪，笑道。

太吓人了！直到现在，何玉琪的心脏还在怦怦地乱跳。她拍了拍胸口，接过手袋，忽然瞥到了柯锋的左手，尖叫道："你受伤了？"

啊？柯锋顺着何玉琪眼神的方向看去，抬起了自己的左胳膊。这才发现，他的胳膊被匕首划出了一个四五厘米长的口子，深的地方已经有肉翻了出来，血正顺着伤口流出，渐渐染红了整个手臂。

看来自己还是大意了，柯锋苦笑一声，无奈地摇了摇头。

第二十六章

两难抉择

萧瑟的春夜里，将圆未圆的明月洒下清冷的月光，笼罩着整个西江江面。

西江边上，"络腮胡子"等几个人没有等到警察，索性自己押送着"黄毛"去了就近的派出所。柯锋借着路灯的灯光，挽起袖子，小心翼翼地察看着伤势，何玉琪则紧张不安地站在一旁。

"不碍事，就擦破点皮。"柯锋看完伤，强忍着从伤口处传来的钻心疼痛，故作轻松地笑道。

"不碍事？"何玉琪眼见柯锋的胳膊上多了一个深长的血口子，血流不止，眼泪就又开始在眼眶中打转，她声音呜咽地问道："真的不碍事？"

"真没事。"柯锋不以为然地笑了笑。这伤口虽然看着严重，但匕首划开衬衣时，力道已经减了几分，因此伤得并不是太深。

"我看看。"何玉琪显然不太相信柯锋讲的，伸出纤细的右手就要去抓柯锋的胳膊，谁知手刚碰到柯锋的手腕，就见柯锋眉头微皱，倒抽了一口凉气。

"对不起，我弄疼你了？"何玉琪紧张地问道。

"没事。"柯锋摇了摇头。何玉琪要抓自己胳膊时，他心里有些犹豫，胳膊不由自主地往后避了避，谁知一用力，这伤口处就传来锥心般的疼痛。

何玉琪没有留意到柯锋的小动作，她轻轻抬起柯锋的胳膊，伸长白皙的脖子细看，四五厘米长的血口子格外扎眼，较深处的伤口肉都已经翻了出来，血还在不停地往外流。她跺了跺脚，神色焦急："都这样了，还不碍事？我们赶紧去医院！"

说完这话，何玉琪这才意识到自己拉着柯锋的胳膊，两人的距离非常近，她几乎都可以感觉到柯锋的呼吸，脸上不禁泛起了一层红晕。

月光下，柯锋看着何玉琪清澈水灵的双眼，白皙的脖颈如天鹅般优雅，鼻中嗅着何玉琪秀发散发出的特有香味，感受着她柔若无骨的手传来的温度，一时竟忘却了伤痛。

"我们去医院吧？"何玉琪被柯锋的目光看得有些不好意思，低下头说道。要不是柯锋的伤严重，何玉琪还真希望能够在这亲昵的氛围中多停留一些时间。

"好，去医院。"柯锋答应一声，赶紧将目光从何玉琪身上移开。

两人在路口打了一辆的士，直奔最近的西江附属第六医院。到了医院挂完急诊，四十多岁的中年医生看着柯锋的伤口，面色凝重，没好气地问道："这是怎么搞的？打架了？"

何玉琪刚准备开口，柯锋却抢先回道："不小心骑车摔了，旁边刚好有块玻璃，划到了。"

中年医生将信将疑，只是不再言语，帮柯锋的伤口消了毒，最深处缝了三四针，包扎完毕后便吩咐两人在休息区休息观察。

"都是我不好，害你受伤了。"何玉琪掏出纸巾，温柔地帮柯锋擦拭额头上的冷汗。刚才缝针时柯锋牙关紧咬，脖子上青筋暴跳，何玉琪就知道柯锋这罪受得不轻，心里无比地内疚和懊恼，要是自己没提梳子的事情，想来柯锋也不用如此拼命了。

"没事。"柯锋伸手接过了纸巾，在额头上一抹，认真地说道，"你外婆送你的梳子珍贵，丢了那才遗憾呢。"

何玉琪心里一暖，柯锋知道自己珍爱的是什么，因此愿意为了自己珍爱的事物豁出性命，这无疑让何玉琪内心感到一阵安定。她想起刚才在江边的险情，眨巴着好奇的双眼问道："你打架怎么这么厉害？刚才我都快担心死了。"

"打架？"柯锋一愣，有点哭笑不得，看来在女孩子的心中，所有肢体冲撞都可以称为"打架"。想明白了这点，柯锋也就释然了，他慢悠悠地说道："以前我学过散打，当初也正是年少无知为了打架学的。"

"散打？是什么？"何玉琪不是太懂，又问道。

"散打，算一种武术吧，比较实战，讲究远腿、近拳、贴身摔。"柯锋笑着解释道。

当年上初中时，学校里打架斗殴司空见惯。柯锋有一次见义勇为，不料结果却是被揍得很惨！心有不甘的他便偷偷在校外找了一家武术训练中心学起了散打，不过等到他勤学苦练，终于技艺有成时，那几个打他的高年级学生却早就毕业了。就这样，散打成了柯锋一直以来最喜爱的竞技运动。2004年，在古城举办的大学生散打联赛中，柯锋还一举拿下了65公斤级的冠军。只是回到花城的这半年，由于工作太忙，柯锋训练的强度没有跟上，技艺生疏，不然今晚也不会被"黄毛"轻易划伤了。

"可即便如此，你这也太冒险了，还受了这么重的伤。"何玉琪嗔怪道，一想到当时凶险的场面，她依旧心有余悸，后怕不已。

"这都是命！我这人啊，每一次有好事都得出点事情。"柯锋不想因为此事让何玉琪继续内疚下去，有意把话题扯开了。

"怎么讲？"柯锋这莫名其妙的一句话果然勾起了何玉琪的兴趣。

"实践无数次地证明过。"柯锋坐直了身子，"我给你举几个例子。第一次，考上大学拿到录取通知书那天，我出了车祸。"

"你出过车祸？"何玉琪一脸惊讶地盯着柯锋，生怕柯锋缺胳膊少腿一样。

"小车祸，不用大惊小怪。"柯锋指着自己鼻梁的左侧，"这里留了伤，能看到吗？就是那次车祸留的。"

何玉琪顺着柯锋手指的地方看去，果然有一道浅浅的伤痕，不仔细看还真看不出来。

"第二次，工作以后，从小油站调到大油站做经理，又出了一次车祸，那次伤到了左小腿的筋骨。这次从分公司调回总部，你看，又伤了胳膊。"柯锋抬着胳膊，问何玉琪，"所以，你说这是不是命？"

"不是，这叫大难不死，必有后福！"何玉琪脱口而出，想了想，又觉得不对，改口道："不对，我倒希望你以后都不要再有大难，小难也不行。"

"但愿老天会听你的。"柯锋打趣道。

"必须听我的。"何玉琪的眼睛亮晶晶的，清秀的脸上挂满了温柔。

从医院出来，柯锋送何玉琪到了她住的公寓楼下，走回来的一段路上，何玉琪自然地挽起了柯锋的胳膊。经历了今晚江边的遇险，横亘在两人之间陌生的坚冰不仅悄然融化，甚至关系还隐隐地向前迈了一步。

即将分开时，何玉琪抬头看着柯锋，柔声问道："能给我讲讲你前女友的事情吗？"

柯锋一愣，方怡的形象猛然冒了出来，他心里一颤：难道是何玉琪听说了什么？

讲还是不讲？这是个问题！

现在讲还是以后讲？这也是个问题！

柯锋纠结了一会儿，犹豫再三，最终对何玉琪说出了和方怡几乎同样的话："可以多给我一点时间吗？"

何玉琪看到柯锋眼中透出的真诚，轻轻地点了点头。无论之前蒋鹏在自己这里讲了什么，这一刻，何玉琪选择相信柯锋。

回酒店后，柯锋瘫在了床上，今天一天发生的事情太多，令柯锋有些恍如隔世，身心疲惫。他闭上眼，想起分开前自己对何玉琪说的话：给自己多一点时间。

柯锋不禁在心里问自己：给自己多一点时间做什么？处理和方怡的关系？还是确定和何玉琪的关系？

如果没有何玉琪的出现，自己会重新接受方怡吗？柯锋脑海里忽然冒出来这样一个问题。

方怡是柯锋在大学时认识的第一个女孩，两人一起上课、复习、参加社团活动，经历了三年多刻骨铭心的爱情。柯锋原以为两人可以相濡以沫，天荒地老，可结局却是不欢而散，相忘于江湖。当初毕业时，在方家强大的压力之下，方怡接受了父母安排的相亲对象，切断了和柯锋所有的联系，亲手埋葬了这份爱情。柯锋则在一怒之下远走花城，立志要做出一番成就，让方怡后悔自己的选择。

柯锋脑海中回忆起和方怡相识、相恋的经过，却忽然讶异地发现，那些记忆开始模糊了，曾经自己一度以为一辈子都不可能忘怀的场景、不可能忘却的感觉却已经变得模糊不清……

不可能！毕业后无论是在现实还是在梦境中，一想起这些情景，柯锋的心就像被人用刀刺了一样，绞痛不已，现在竟然模糊不清、想不起来了？

柯锋睁开眼，气恼地走下床，把窗户打开，任由冷风灌进了脖子。他使劲晃了晃脑袋，想逼自己想起这应该想起的事情！可头脑里清晰出现的却是有着清澈明亮的眼眸、柳眉弯弯、笔直小巧的鼻梁、浅浅的酒窝自带着笑意的形象——何玉琪的样子。

方怡犹如兰花，风姿惹人，何玉琪则更像百合，素雅玉立。一个曾经给柯锋留下过难以磨灭的印记，一个现在逐渐占据了柯锋的心。选哪一个？这真是一个两难的抉择！

柯锋睁开眼，狠狠地抓了抓自己的头发。他情绪低落，恍惚地看着窗外，在路灯之下，有两位独自默默行走的和尚。

和尚？还有这么晚的行者？

柯锋脑海里猛然想起一个故事，一个不知道从哪里听来的故事。老和尚携小和尚游方，途遇一条河，见一女子正想过河，却又担心水深不敢过。老和尚便主动背该女子蹚过了河，然后放下女子，与小和尚继续赶路。小和尚不禁一路嘀咕：师父怎么了？竟敢背一女子过河？一路走，一路想，最后终于忍不住了，说："师父，你犯戒了。怎么背了女人？"老和尚叹道："我过了河就放下了，你到现在却还放不下。"

柯锋脑海中回味着这个故事，轻轻关上了窗。对方怡，自己到底是珍视曾经的爱情，还是只是心有不甘？不甘被冷落，不甘被抛弃，就像刚才自己不甘于想不起的那些场景一般。

从心灵深处冒出来的一连串问题，让柯锋第一次开始正视自己和方怡之间的感情。

如果不是校招时方怡的出现，可能柯锋永远也不会想到这些事情。但也恰恰是方怡的回头，让柯锋不知不觉间放下了心里不甘的执念，一些曾经铭刻于心的情景就悄然流逝掉了，岂不是正常的？

柯锋心中一凛：放下，才能承担！放下执念，才能走向未来！

这一刻，他心中已然有了答案。

第二十七章

建言献策

"锋哥，以前是我不好。你别再离开我，好吗？"

柯锋望着方怡如水的眼睛，一时不知道如何回答。他躲开方怡的眼神，侧头打量着周遭的环境，却猛然发现：这里并不是母校的操场，而是郊外秋叶正红的枫树林。

"沙沙——"身后传来了鞋子踩在落叶上的声音。

柯锋回头，看到了最不应该出现的人——穿着浅蓝色套裙的何玉琪。

一瞬间，何玉琪也看到了紧抱着柯锋的方怡，她的表情逐渐从惊讶变成了不解，一言不发扭头就朝树林深处走去。

"玉琪！"柯锋叫了一声，但何玉琪并没有回头，只留给他一个落寞的背影。

柯锋松开方怡，想追上去，此刻方怡却伸手拽住了他的胳膊："锋哥，你去哪儿？"

柯锋张开嘴，却发不出任何声音来。等他再去看何玉琪时，她已经完全从自己的视线里消失了。柯锋的焦急变成了不安，随之化为一阵锥心的疼痛。

"对不起，方怡。"柯锋轻轻掰开了方怡的手，然后头也不回地朝着何玉琪消失的方向疾步追了过去。

只是一眨眼的工夫，何玉琪竟已经没有了踪影。柯锋寻到枫叶林旁的江边，盯着冰冷湍急的流水，心里不觉一紧：玉琪不会是……

这个念头一起，就立刻蔓延开来，柯锋忽然觉得非常害怕，他声嘶力竭地大喊一声："玉琪！"

这一声喊叫，把柯锋从梦里惊醒过来！

柯锋抹了抹头上的冷汗，打开床头的台灯，梦里的情景依旧历历在目。

刚毕业时，柯锋经常做梦，这些梦很多时候都与方怡有关，梦里有时是和方怡相识、相恋的情景，有时是重归于好的喜悦，醒来后他却痛苦万分，再也难以入眠。可不知道从什么时候开始，梦境中渐渐有了何玉琪的身影，而且自打从鹏城回来，这梦境竟反反复复地出现了好几天。

怎么又做了这样的梦？柯锋呆呆地坐在床上愣了半天神，强迫着自己再次躺下。因为第二天，他还有重要的事情要向陶彧部长汇报。

早上十点，陶彧的办公室内，苏芩优雅地坐在沙发的左侧，陶彧坐在中间，柯锋则站着为两位部长沏茶。刚开始到陶彧的办公室时，这沏茶的任务是苏芩的，后来柯锋与陶彧的关系走得近了以后，这沏茶的任务就非柯锋莫属了。

"小柯，这次去分公司转了一圈，感受怎么样啊？"陶彧往沙发上一靠，笑着问道。

"回部长，喜忧参半。"柯锋把沏好的茶为两位部长放好，坐下身来，端正了坐姿，如实答道。

"哦？"陶彧抬头看了他一眼，"怎么个喜忧参半法？"

"喜的是我们做的新员工培训项目，分公司很认可，现在大部分分公司的新员工培训都按照我们的操作指引在操作。"柯锋顿了顿，话锋一转，"忧的是分公司普遍培训基础薄弱，像江城这样的，培训工作没怎么做、预算倒是花了不少的公司也不在少数。"

"江城分公司的事情，朱承业难辞其咎。"陶彧脸色一变，愠怒道。

上个月，江城分公司的处理意见已经上报到了人力资源部：培训主管康至力被降职为专员，人力资源部主任梁玉梅也因监管不力，背了个"警告"的处分。这一切都和苏芩预料的一样，总经理朱承业为了舍车保帅，对两个当事人毫不留情地给予了严肃处理，而自己的主管责任却压根没提。

"现有分公司培训管理的问题确实很多，柯锋这次做了全面的调研，并提出了一些很有建设性的意见。我今天带他过来，是因为涉及的一些事情还得部长您来拍板。"坐在沙发一侧的苏芩插话道，顺手将柯锋撰写的调研报告递给了陶彧。

陶彧拿过报告，翻了翻，调研报告逻辑清晰、数据翔实，他不由赞赏地点了点头。放下报告后，陶彧说道："这报告我有空再详细看看，今天既然来了，小柯你有什么建议就直接讲吧。"

听到陶彧这话，柯锋将眼神转向了苏苓。本来计划是由苏苓向陶彧作汇报，细节部分再由柯锋来补充的，现在陶彧点名让柯锋直接说，倒让他一时有些犹豫不定。

"小柯你就直接讲，不要有顾虑。"苏苓笑着鼓励道。

在粤富石油，部分领导秉承的一贯原则是：有功是自己的，有过是下属的。苏苓则不然，一有机会反倒愿意把下属往前捧，这让柯锋对她打心底地信任，做事更加卖力。

"好的，部长。"柯锋答应一声，迅速地整理了一下思路，"这次调研检查下来，我觉得分公司在培训管理上主要面临着三个问题：其一，领导不重视；其二，培训管理人员不专业；其三，培训预算胡乱花。"

陶彧微微领首，吩咐道："你详细讲讲。"

"先说第一个，领导不重视。领导天生是重视业务的，而对于培训工作就因人而异了。在调研过程中我发现，凡是分公司领导重视培训，培训工作就开展得有条不紊，比较有成效，例如鹏城、庆州这两家分公司。"柯锋说道。

"领导重视不重视，你怎么判断？"陶彧问道。

"之前我也挺困惑的，在调研中也听到一些分公司领导嘴上讲的是如何如何重视培训，但实际上培训工作开展得并不好。最后我总结了一下，这些领导其实就是假重视，真的重视是需要资源投入的。"柯锋说道。

"资源投入？你说的是培训预算吧？这江城分公司就没有把培训资源投入到该投入的地方上去，瞎乱搞。"陶彧说道。

柯锋附和道："如果像江城这样，把培训预算都花在了其他地方，培训当然是很难有大作为的。除此之外，我还发现，除了资金投入，其实最能反映领导是否重视的是领导在培训上的时间投入度。"

时间，本身就是高级主管最宝贵的资源。柯锋想起梁玉梅曾经说过，她之所以认为陶彧部长重视培训，是因为在新员工带教培训项目开班时，陶彧每期都会亲自做开班动员，以前这种事情是压根不可能的。所以领导重视不是浮于表面，而是要落在实处，时间投入就是一个很好的衡量标准。

"嗯，有道理。"陶彧点了点头，直截了当地问柯锋，"那怎么才能提高分公司领导对于培训的重视度？"

"分公司领导看重什么，我们就考核什么。"柯锋毫不犹豫地抛出了建议。

"哦，分公司领导看重什么？"陶彧追问道。

"这次调研下来，我发现分公司领导对于年度优秀公司评选是非常看重的。"柯锋回道。

业务的快速发展与人才的缓慢成长存在着天然的矛盾，因此很多短视的领导不愿意把精力投入到人才培养上。而要改变这些领导的思维，让他们真正地把培训这一块重视起来，除了靠宣传灌输外，必须由考核来作支撑。

粤富石油每年要从二十家分公司里面综合评选出五家优秀标杆，凡是评上优秀分公司的，领导层不仅能获得一笔丰厚的奖金，而且在职业晋升上也是前途光明。这，无疑是撬动他们思维的最有利武器。

"现在优秀分公司年度评选中，考核的细则里没有与人才培养和培训相关的内容。"苏芩补充道。

"嗯。"陶彧清楚了，苏芩和柯锋的意思是要把培训管理纳入到评选标准中，这样自然会提高分公司领导对于培训的重视度。

"这个建议不错，不过还是要慎重考虑。"陶彧沉吟了一会儿，回道。

柯锋明白涉及考核调整事关重大，心急不来。但既然部长说了建议不错，那接下来的事情他自然会去周转推动。

"第二，培训管理人员不专业。在现有情况下，即使领导重视，分公司培训也不一定可以做得起来，培训管理者的专业度缺失成了重要掣肘因素。我们的培训主管之前做的都是一些事务性工作，没有技术含量，包括我在内，培训的专业度需要系统提升。"柯锋接着讲出了第二条建议。

新员工培训带教项目、校招流程梳理工作坊，这些经验让柯锋对于系统和方法论有了切实的体会和认知。世界上已经有了轮子，完全没有必要自己重新去造。因此，系统地提升专业和技能，对于粤富石油的培训管理者来说，确实是当务之急。

听完柯锋的陈述，陶彧爽快地答应了柯锋提出的开展管理者培训的计划。

最后，关于培训资源，柯锋从两个方面进行了阐述：第一，新员工培训项目后，将一线主管的培训项目纳入2011年计划，有步骤地进行开发，为分公司的培训管理提供相应的项目资源支持；第二，在培训预算的使用上，严格管理，制定红线，同时对于做得不错的分公司，在年底预算未花完的情况下，不强制要求缴纳回总部，奖惩并用，促进培训费用的合理使用。

这两个方面，无疑抓住了培训资源配置的核心，同样得到了陶彧的首肯。

从陶彧的办公室出来，柯锋心情愉悦，成就感满满。自己在分公司培训管理上建议的三板斧：揪辫子——提高领导重视；牵鼻子——提升培训主管技能；给凳子——给予培训资源支持……有两项得到了陶彧部长的肯定，这一趟出差调研也算是画上了圆满的句号。

随后柯锋又到苏芩办公室里聊了一会儿管培生培养项目。从苏芩办公室出来后，柯锋径直走到了休息区，拿出手机，想了想，拨通了一个电话。

"老同学，你出差回来了？"电话接通，白黎悦耳的声音传了过来。

"嗯，昨天回来的。"柯锋说道，"晚上有没有空，一起吃饭？"

"好啊，难得你这大忙人清闲一点了。"白黎干脆地答应了。

"蒋鹏报销的火药桶现在可以点了吗？"柯锋压低声音问道。

"可以，时机刚好。"白黎一副信心十足的样子。

挂断了电话，柯锋想起自己出差回来后见到蒋鹏那副得意的嘴脸，不由摇了摇头。

何玉琪怎么会知道方怡的事情？用脚趾头猜，也能猜到这必定是蒋鹏捣的鬼。蒋鹏是想借着方怡的事情，在他和何玉琪的关系之中植入一根刺。要不是江边遇险的突发事件，可以说这根刺至少已经植入成功了。

在得知当年自己毕业实习被发配到新云是蒋鹏的一手安排，柯锋与蒋鹏之间仅存的那点"同学"情谊早已烟消云散。只不过前一段时间因为校招风波的事情，蒋鹏备受打击，柯锋多少对他还是有点同情的。没想到，这家伙蔫了没几天，又蹦跶出来给自己下绊子了。

你做初一，就别怪我做十五！柯锋冷哼一声，收起手机，往自己的工位上走去。

第二十八章

挑拨离间

半个月后，在粤富能源大厦楼下，柯锋再次见到了何玉琪。

培训管理者项目得到陶彧的肯定后，柯锋就培训计划与苏芩做了沟通，最后定在了5月中旬开展。计划敲定以后，柯锋第一时间就联系了何玉琪，在供应商的选择上，智传公司的专业度还是很令柯锋放心的。

作为柯锋的第一个外采项目，他不仅要保障培训效果，而且要把控好项目风险，不熟悉的咨询公司他当然不敢贸然去合作。

"玉琪。"柯锋朝下车的两人招了招手。何玉琪今天穿了浅蓝色的衬衣，外面搭配着黑色的小西服，修身的西裤衬托出亭亭玉立的完美身材，跟玉琪一起的女孩则穿了浅灰色的西装套裙，一样地职业精致。

"柯锋，这是美丽，我们公司最好的项目经理。"何玉琪指着穿浅灰色套装的女孩介绍道。

柯锋第一次听到"蔡美丽"的名字时，以为是昵称，谁知道竟是她的真名。不过真是人如其名，蔡美丽与何玉琪站在一起，也是各有千秋。

"你好，美丽，我是柯锋。"柯锋伸出手，和蔡美丽浅浅一握。

"你胳膊上的伤怎么样了？"进电梯前，何玉琪轻轻扯了扯柯锋的胳膊，小声问道。

"不碍事。"柯锋微微一笑。回想起最近几天的梦境，看到此时完好无缺地站在自己眼前的何玉琪，柯锋的眼神中充满了柔情。

柯锋把何玉琪和蔡美丽带到了人力资源部的会议室，郭小川已经早早地调试好投影设备，帮客人准备好了矿泉水。等了没几分钟，苏芩也到了。

柯锋作为对接人，一一为在座的所有人作了介绍，会议就正式开始了。

苏芩坐在何玉琪和蔡美丽的对面，看着两位明艳动人的姑娘，心里不禁一阵嘀咕："这柯锋选供应商，不会是以貌取人，竟找了一些漂亮的姑娘来吧？"

可接下来两位姑娘的出彩表现则完全打消了苏芩的疑虑。无论是对智传咨询公司简明扼要的介绍，还是对于项目需求的探寻挖掘、内容匹配、案例讲解，蔡美丽都是信手拈来，侃侃而谈。而面对苏芩提出的几个尖锐犀利的问题，何玉琪也是无惧压力，配合默契，每次回答都能切中要害，句句点睛。

会议结束，苏芩当场确定了"培训需求分析与计划制定"和"培训项目设计与管理"两天的内训课程，并且向两位美丽的姑娘发出了一起共进晚餐的诚挚邀请。苏芩的这个举动倒出乎柯锋的意料。就何玉琪和蔡美丽来讲，苏芩根本不需要亲自陪同用餐，如果是智传咨询的CEO余智来拜访，倒还说得过去。

苏芩自然不会解释，她临时起意，实则有着自己的考虑：一方面是两位姑娘表现出超出年龄的专业度确实令她欢喜；另一方面则是她看出来那位叫何玉琪的姑娘与柯锋的关系并非表面看起来的那么简单，她也想趁机帮柯锋把把关。

项目对接会结束时已接近六点，办公室的人早已走了大半。当柯锋几人从会议室出来时，有个人恰好从外面匆匆地走进了部里。

蒋鹏这几天在外面出差，今天刚回到花城，临时起意抽空回一趟办公室取点东西。他听到会议室那边传来的喧闹声，便随意地瞄了一眼从会议室走出来的几个人，谁知竟在人群中看到了何玉琪。

在部里见到何玉琪，令蒋鹏大吃一惊。他表情错愕，等看到何玉琪与柯锋有说有笑时，心里立刻就明白了大半：柯锋这小子趁自己出差之际，把何玉琪邀请到了公司。想到这点，一股酸劲夹杂着恨意，一股脑儿地涌上了蒋鹏的心头。

"小柯，订好饭店了吗？我们怎么去？"苏芩边走边问。

"山东酒家。"柯锋回道，这时他也看到了蒋鹏，心里不由一怔：真是担心什么来什么。

何玉琪来拜访的时间，确实是柯锋安排好的，他绕过了蒋鹏在公司的时间，本意只是不想无事生非，招惹一些麻烦罢了。

蒋鹏听到苏芩和柯锋的对话，放下手里的东西，强压着心中的妒火，故作热情地打起了招呼："玉琪，什么时候到的？来了怎么不提前给我说一声？"

何玉琪见是蒋鹏，客气地回道："今天下午，过来拜访苏部长。"她为人聪慧，没有提柯锋，而是提了苏芩，是不想在众人面前刺激蒋鹏。

苏芩没有想到，蒋鹏竟然也认识何玉琪，她用疑惑的眼光看着柯锋，柯锋轻轻点了点头，表示他们确实认识。

"苏部长，本来我答应了玉琪来花城一定要请她吃饭的。刚听到你们要到山东酒家聚餐，不如就由我这个山东人做东请大家吃饭吧？"蒋鹏脸上堆起笑容，对苏芩说道。

"小柯的客人，你问他的意见。"苏芩没有直接答应，而是让柯锋来做决定。

柯锋本想一口回绝，又觉得自己不够大气，索性点了点头："刚好我们人多，一辆车不够坐，你就开车带着小川吧。"

听到柯锋这话，何玉琪看了他一眼，她没有料到柯锋竟会一口答应，而柯锋则淡淡地笑了笑。没事不惹事，来事不怕事，他自信蒋鹏的两把刷子自己还是应付得来的。

晚上，山东酒家"青岛"房内，圆桌上摆满了曹县酱驴肉、酱骨架、青岛锅贴、老醋茼蒿等招牌菜。六个人围着圆桌坐在了一起，苏芩居中坐了主位，何玉琪和蔡美丽挨着苏芩坐在一边，柯锋、蒋鹏与郭小川则坐在了另一边。

因为有苏芩在，饭局开场时大家都还有些拘束，等服务员醒好了红酒，几杯酒下肚之后，这气氛才逐渐热络开来。

"小锋，你是怎么认识玉琪的？"苏芩对何玉琪颇有好感，开口问道。

"部长，说来话长，这源头是一场事故！"柯锋笑着讲道。

"一场事故？"苏芩有些诧异，连蒋鹏也被勾起了好奇心，大家纷纷停下筷子，等待下文。

"是的，一场加错油的事故。"柯锋笑着把他在新云实习时怎么为余智的保时捷加错油，调回总部后怎么厚着脸皮去找余智请教问题，如何遇到何玉琪的事情一一讲了出来。

"无巧不成书，有时候现实比书还要巧。"苏芩感叹道，顺手举起了酒杯，对何玉琪讲道："我就说柯锋刚调回总部时，对培训管理一窍不通，这几个月却进步神速，原来是有你给他出谋划策啊。来，我这个做领导的，感谢你对小锋、对我们培训工作的支持啊。"

苏芩这番话分明有一种"一个成功的男人，背后一定有一位鼎力支持他的女人"的意味，何玉琪听得有些不好意思，红着脸说道："部长，这功劳我可是不敢当啊，我敬您才对。"

两人碰杯，何玉琪喝了一大口，脸上的红晕泛起，白皙无瑕的皮肤透出淡淡红粉，薄薄的双唇如玫瑰花瓣娇嫩欲滴，更加美丽动人。

蒋鹏坐在对面，看着肤光胜雪的何玉琪，爱慕中夹杂着愤愤不平：上次自己在鹏城请何玉琪吃饭，她说自己不会喝酒的。可今晚看来，她不是不会喝，只是不愿意和自己喝罢了。

陪柯锋，就可以喝，陪自己，就滴酒不沾。难道与柯锋相比，我就那么差吗？蒋鹏越想，心里越是不爽。等大家都分别敬过苏芩，蒋鹏借着酒劲，倒满一大杯红酒，端着杯子走到了何玉琪身边，笑着说道："之前说来花城请你吃饭的，一直没能兑现，今晚就和你喝杯红酒致歉吧。"

何玉琪站起身来，礼貌地回道："不用这么客气。"说完，她举起杯子，轻轻抿了一口。

蒋鹏碰完杯后，则扬着脖子，一口气把杯中的红酒干了个一干二净。他将杯子翻了过来，对即将落座的何玉琪说道："玉琪，我这道歉很有诚意吧？不过你只喝一口，好像有点说不过去。"

何玉琪没想到蒋鹏一下就把酒给干了，她秀眉微蹙，问道："那你觉得我应该喝多少？"

蒋鹏指了指自己的杯子，用手比画了一条线："至少喝一半吧。"

"喝一半？"何玉琪的脸色变了变。

"至少的。"蒋鹏撑了撑金丝眼镜，目光在镜片后闪烁，没有丝毫让步。

"好。"何玉琪竟爽快地答应了。她已经下了决心，等这杯酒喝完，就彻底地和蒋鹏划清界限，从此当陌路人对待。只是她举起杯子，刚准备喝时，手腕却被人抓住了。

何玉琪扭头，不解地看着拉住自己的柯锋。

柯锋没有说话，只是动作温柔地从何玉琪手中拿过她的酒杯，笑着对蒋鹏说道："玉琪酒量不行，这杯酒我帮她喝。"说完，也不待蒋鹏反应，一口干完了杯中的红酒。

喝完后，柯锋学着蒋鹏的样子把杯子也翻了过来，对蒋鹏说道："你这歉意一杯酒就够了吧？不够的话，我再陪你喝。"

蒋鹏讨了个没趣，柯锋陪他喝，他哪里喝得过，只能讪讪地说道："够诚意，够诚意。"然后心有不甘地回到了自己的座位上。

柯锋喝完酒，对有些失神的何玉琪讲道："我帮你换一下杯子。"

何玉琪这才反应过来，听到柯锋的话，甜甜地笑道："不用，不用。"

整个过程，苏芩一言未发，她只是饶有兴趣地看着蒋鹏与柯锋的表现。

偷鸡不成蚀把米，这让蒋鹏羞恼异常，他闷头吃了一会儿菜，忽然脑海中灵光一闪，右腿不由自主地抖动了起来。抖了一会儿，蒋鹏重新给自己的杯中倒满了酒，这次把杯子举到了柯锋面前："上个月校招的事情，多亏你的帮忙。"

柯锋一愣：校招？这时候蒋鹏提校招做什么？稍一思索，他便明白了蒋鹏葫芦里卖的什么药，他故意装傻地问道："校招？什么事啊？"

"校招我没做好，出了事情，最后能顺利完成招生指标，这还不是多亏苏部长和你啊。"蒋鹏说道。

"出了事情，什么事？"柯锋像是在回忆，半晌，他摇了摇头，"看来实在是酒喝多了，想不起来了。"

"什么事啊？给我们讲讲。"蔡美丽在一旁适时地补了一刀。蒋鹏刚才逼何玉琪喝酒的事情令她很是不爽，要不是柯锋出手，她都准备跳出来教训蒋鹏一顿了。此时见柯锋话里有话，她就顺手推舟了。

蒋鹏看着蔡美丽无辜好奇的眼神，再瞅了瞅柯锋的表情，真有想把他当场掐死的冲动：什么事？难道要让自己在众人面前把糗事再讲一遍吗？不行，这事讲出来就显得自己太弱智了。可不讲，想必也没有办法引柯锋上钩。罢了，反正今天已经在何玉琪心中落下不好的印象了，那死也要拉个垫背的，刚才柯锋帮何玉琪喝酒，这恩爱秀得境界很高，等下倒要看看你还怎么秀下去。

想通了这点，蒋鹏咬着牙，把自己校招的事挑重点讲了一遍。这事何玉琪也是第一次听到，等蒋鹏讲完，她和蔡美丽交换了眼神，不约而同地想道：怎么会有人犯这么低级的错误？

蒋鹏红着脸讲完，见火候铺垫得差不多了，就有意地把话题往柯锋的身上引："我退出了校招，后面多亏了柯锋，他的校招宣讲非常精彩，不仅帮我们公司吸引了很多应届生，甚至连他前女友也吸引来了。"

蒋鹏"前女友"这三个字一出口，包间内热络的气氛顿时冰冷了三分。所有人不约而同地把目光转向了柯锋。刚才柯锋替何玉琪挡酒，已经表示两人的关系很不一般，这时候蒋鹏提"柯锋前女友"，不是挑拨离间吗？

蒋鹏装着没有注意到气氛的变化，继续举着杯，摇晃着杯中的红酒，肆无忌惮地对柯锋说道："他们都说你前女友非常漂亮，怎么，给我们讲讲你们的爱情故事？后来怎么样？旧情重燃了？"

柯锋早料到蒋鹏会在这里摆自己一道，因此并不紧张，他笑着看了看蒋鹏："你这么想听故事？"

蒋鹏眉毛一挑，起哄道："当然，不光我想听，恐怕苏部长和在座的各位都想听吧，是不是？"

其他人不好吭声，蒋鹏现在是在挑拨离间，这谁都看得出来，可人人都有一颗八卦心，说不好奇，那是假的。

"想听可以，不过你得把酒喝完。"柯锋笑着指了指蒋鹏杯中的红酒。

"喝就喝。"蒋鹏本来已经喝得不少，现在更是豁出去了。他一仰头，将杯中酒干了个干净，喝完后再次把杯子翻了过来："现在可以讲了吧？"

柯锋摇了摇头："这个不算。"

"不算？"蒋鹏梗着脖子问道。

"你刚才说的，这杯酒是多亏我校招帮忙的。要想听故事，那还得再来一杯。"柯锋解释道。

"再来一杯，就再来一杯。"蒋鹏短时间之内两大杯红酒下肚，虽说酒精度数不高，也有点上头。他红着脸，倒满了一杯红酒，憋着劲又全喝了下去。

"好。"柯锋看着蒋鹏把酒喝完，"既然大家有兴趣，我就给大家讲讲我前女友方怡的故事。"

讲完这两句，柯锋像是忽然想起了什么，停住了话头。

"又怎么了？继续啊。"蒋鹏喷着酒气，催促道。他暗中观察何玉琪，何玉琪的脸色已经有些发青了，神态也变得极不自然。

"我又想了一下，感觉还是不合适。"柯锋摇了摇头，有点无奈。

"为什么不合适？"蒋鹏声音提高了几分。他的身子开始有点摇晃，想着：若是柯锋的故事不讲，自己这酒岂不就白喝了？自己先前自爆的糗事也不就白爆了吗？

"因为如果我在众人面前讲前女友的故事，想必要征得现女友的同意吧？"柯锋这次没有看别人，只是把目光投向了何玉琪。

现女友？众人跟着柯锋的眼神看向何玉琪。何玉琪是柯锋的现女友？这是什么时候的事情？柯锋今天介绍时压根没讲啊。其他人不知道也罢，但就连何玉琪本人都有点蒙。

"玉琪，我现在在众人面前讲方怡的事情，你会同意吗？"柯锋认真地问道。

"不。"何玉琪摇了摇头，无论柯锋讲的现女友是不是真的，她都不会同意这件事情。旁观者可以当故事听，可她身在局中，再往下，就变成众人看自己的笑话了。

"你这是……是耍赖。"蒋鹏一拍桌子，口齿不清地讲道。

"蒋鹏，"一直安静坐在一旁看着蒋鹏与柯锋斗酒的苏芩终于开了口，"现女友不同意，你还让柯锋当众讲前女友的故事，这不是让柯锋找揍吗？我看就不要讲了。"苏芩声音不大，话语也轻柔，但瞬时就把场面镇住了。

苏芩出面，蒋鹏自然不能乱来。他一时怒火攻心，一股酒气随即在胸中翻江倒海，慌忙站起身来，匆匆往厕所方向跑去，还没走到，就已经"哇哇"地在厕所门口吐了一摊。

这顿饭，除了蒋鹏外，宾主相谈甚欢。吃完饭，柯锋打车送何玉琪和蔡美丽到了酒店，郭小川则将醉得已经有点不省人事的蒋鹏送回了家。

到了酒店的楼下，蔡美丽知趣地先回了房间，留下柯锋与何玉琪两人。

静谧的月光下，两人静静地站在一起。

"伤怎么样了？让我看看。"何玉琪说道。

"不碍事。"柯锋笑了笑，他见何玉琪作势又要拉他的胳膊，就乖乖地卷起了袖子，给她看了伤口。

三天前，伤口已经拆线，确实没有了大碍。

"还疼吗？"何玉琪轻声问道。

"不了。"柯锋摇了摇头，把袖子放了下来。

"你说的现女友的事情，"何玉琪终于鼓起勇气，试探着问道，"是因为要气蒋鹏，开的玩笑吧？"

"你觉得呢？"柯锋不置可否。

"我不知道。"何玉琪低着头。

"抱歉，没有征得你的同意。"柯锋说道。

果然如此！柯锋的歉意表明自己猜对了，这事只是他用来应对蒋鹏的。听到这话，何玉琪内心充满了失落，仿佛被人从万丈悬崖上抛了下来。

"没事。"何玉琪强忍着要滑出眼眶的泪水，倔强地说道。

"没有征得你的同意，做我的女友，就先讲了出去。"柯锋看着何玉琪的表情一阵心疼，心里暗暗为自己卖的关子懊恼。

"什么？"何玉琪嘴张了张，就像受到电击一般，一下子就愣住了。她生怕自己听错了，抬头看着柯锋："你再说一遍？"

"玉琪，做我女朋友，好吗？"柯锋看着何玉琪的眼睛，伸出手握住了她纤柔白净的手，真诚地问道。

如果不是蒋鹏搅局，或许柯锋不会这么快就和何玉琪确定关系。但正是今晚酒桌上蒋鹏逼何玉琪喝酒的那一幕，让柯锋一下子明白，这个他心底不允许她受得半点伤害的女孩，正是会陪自己走下去的人。

何玉琪使劲抽了抽手，没有抽开，就任由柯锋温暖的大手握着。这幸福来得有点猝不及防，让她一时不知道该如何回答。她确认道："你是认真的？"

"我是认真的，做我女朋友，好吗？"柯锋一字一句讲道。

何玉琪红着脸点了点头，有点不知所措。

柯锋朝何玉琪走了一步，两人一下子就贴在了一起，彼此都能听到对方的心跳声。

朦胧的月光下，何玉琪看上去清秀美丽，柯锋内心涌起阵阵冲动。他松开握着何玉琪的手，张开怀抱，将她抱在了怀里。

何玉琪感受到柯锋坚强有力的手臂和宽阔的胸膛，她这一段时间空落落的心突然就有了依靠。她轻轻地闭上了清澈明亮的双眼，柯锋则低下头，吻上了何玉琪诱人的红唇。

"你要小心蒋鹏。"何玉琪睁开双眼后，眼光中透着和之前截然不同的关切。

"嗯，我会的。"柯锋点了点头。

何玉琪趁柯锋没有注意，飞快地在柯锋的脸上轻啄了一下，留下了淡淡的唇香。等柯锋反应过来时，何玉琪已经转身，伴着银铃般的笑声跑进了酒店。

柯锋摸了摸被何玉琪亲过的脸庞，体味着消失已久的温暖，脸上透出了幸福。

何玉琪提醒自己要小心蒋鹏，看来今天之后，自己与蒋鹏的纠葛会更深了。不过令柯锋感到奇怪的还有一件事，那就是自从月初和白黎商量，要将针对蒋鹏报销的审计稽核结果上报之后，这事就好像石沉大海，再也没有了动静和音信。

原以为即使不能翻江倒海，倒腾出大浪出来，至少浪花是可以看见一点的，哪知道现在却是一潭死水，波澜不惊。柯锋有些羞恼，好似酝酿和积蓄了很久才打出的一记重拳，却生生地打在了棉花上，毫无波澜。

第二十九章

相亲晚宴

这天刚上班，蒋鹏就来到了位于六十六楼的纪委书记蒋跃进的办公室。

"叔叔，你找我？"进门后，蒋鹏站得笔直，忐忑不安地问道。

此时纪委书记蒋跃进正坐在宽大的办公桌后面，低头翻阅着文件。他五十岁上下，中等身材，脸庞轮廓与蒋鹏有几分相似。

蒋跃进抬了抬头，看了蒋鹏一眼，继续低着头看文件。

蒋鹏一大早接到蒋跃进的电话时，就感觉到不是什么好事，此时见叔叔把自己晾在了一边，更加证实了心中的揣测。他一边偷偷用余光瞄着蒋跃进的表情，一边在心里嘀咕：自从上次校招的事情过后，我一直小心谨慎，没有再做什么出格的事情啊！

暗自思索了一会儿，蒋鹏也没有琢磨出个所以然来。但既然蒋跃进没有吭声，他也不敢贸然就座，只能像根柱子一样杵在办公桌前。

蒋鹏的父亲蒋大山在家中排行老大，眼前的叔叔蒋跃进排行老三。在老家的时候，蒋鹏与自己的这位三叔并不亲近。当年蒋跃进刚参加工作没多久，就从山东调到了花城。由于两地相隔遥远，蒋跃进一年回家的次数有限，加上后面蒋鹏是在异地读的大学，叔侄见面就更少了。因此从小到大，蒋鹏对于自己的这位三叔并没有太深的感情。

2005年，蒋鹏临近毕业，不愿到父亲蒋大山所在的厂里工作，又由于他的专业成绩并不突出，加上性格内向，因此仰慕的单位进不去，要他的单位他又看不上。最后父母实在没辙，就跟远在花城的三叔蒋跃进取得了联系，为蒋鹏在粤富石油谋得一份工作。

起初，蒋鹏对于父母的安排还有些抵触心理，他自视甚高，不愿意依靠家人的帮助。可等他进了粤富石油，观念就大大改变了。特别是新人集训时，因为白黎的关系，蒋鹏与柯锋、许辰逸闹得很僵。有一次，他无意中跟叔叔说起这事，没想到最后实习分配的时候，柯锋与许辰逸直接被发配到了最偏僻的新云分公司。要知道，粤富石油以前可是从来没有管培生被分配到新云分公司实习的。

竟然还可以这么玩？第一次见识到了权力的巨大魔力后，蒋鹏被震惊到了，原来背靠大树不仅好乘凉，还可以将别人随意玩弄于股掌之间。自此以后，蒋鹏对于自己的这位三叔恭敬有加，言听计从。特别是蒋跃进从人力资源部部长晋升为纪委书记，成为粤富石油的领导班子成员之一后，蒋鹏对蒋跃进更是不敢再有半分忤逆。

当然，蒋鹏的顺从听话直接受益的结果就是他一路从管培生实习转正、升专员、升主管，到该晋升的时候，一次也没有落下。而相比之下，柯锋即使身处晋升相对容易的分公司，晋升为主管也比蒋鹏晚了整整一年。

约莫过了一盏茶的工夫，在蒋鹏站得双腿都有些麻木的时候，蒋跃进终于批复完了手上的文件。他抬起头，仿佛才看见蒋鹏一般，不咸不淡地说了一句："来了啊，坐。"

"嗯。"蒋鹏点了点头，但身子没敢动。看到蒋跃进如此冰冷的态度，他哪敢坐，小心翼翼地问道："叔叔，找我有事？"

蒋跃进没有直接回答，而是敲了敲桌面上放着的一沓文件，对蒋鹏说道："看看这些，是不是你的报销单？"

蒋鹏顺着蒋跃进手指的方向，神情疑惑地将报销单拿起来翻了翻。这不翻则已，一翻直接吓了蒋鹏一大跳。这些报销单确实都是他的，而且令他震惊和不安的是，这些报销单的发票都是同一家开出来的，时间从去年年中延续到上个月，只是不知道这些报销单怎么会跑到叔叔蒋跃进这里来了。

"叔叔，这些报销单是从哪里来的？"蒋鹏故作镇静地问道。

"你别管哪里来的，是不是你的？"蒋跃进眉毛一抬，厉声问道。

"是。"蒋鹏唯唯诺诺地点了点头。

"里面的发票是不是都是找人代开的假发票？"蒋跃进的声音又抬高了几分。

"是……是的。"蒋鹏迟疑了几秒，最终还是承认了。在蒋跃进面前，他连撒谎的勇气都没有。

"啪！"蒋跃进一掌重重地拍在了桌子上，震得面前的茶杯都晃了几晃，吓得蒋鹏更是直接打了个冷战。

"你是不是蠢啊？"蒋跃进一改一贯温和的形象，眉毛倒竖，声音严厉，"上次校招的事情，屁股才帮你擦干净，怎么又出了这事？你是不是以为有个做纪委书记的叔叔，就可以无法无天，就可以胆大妄为，啊？！"

蒋鹏吓得噤若寒蝉，红着脸，低着头，一句话也不敢说。

"怎么不吭声？说话。"蒋跃进看着蒋鹏一副没长进的样子，气得都有些发抖。

"不是，叔叔……"蒋鹏挣扎了半天，才从嘴里蹦出这几个字。

"不是，那是什么？你给我解释解释。"蒋跃进又重重地敲了几下报销单。

"叔叔，我不是太明白。"蒋鹏心有不甘，梗着脖子说道。

"明白？你想明白什么啊？"蒋跃进斜睨了蒋鹏一眼。

"这报销明明财务已经处理完了，怎么还会有人翻出来？"蒋鹏道出了心里的疑惑。因为蒋跃进的关系，财务部对于蒋鹏的报销从来都是睁只眼闭只眼。蒋鹏心里很是不解，怎么此时竟有人把过去的这些东西翻了出来，难道要秋后算账？

"公司最近搞全面稽核，审计部的人把你这些烂账全部从财务部那里翻了出来。"蒋跃进没好气地说道。

"是针对我的？"蒋鹏试探着问道。他脑子快速运转着：这事既然是审计部审计出来的，白黎就在审计部，难道是她在暗自阴自己不成？不对，虽说白黎和自己有纠葛，但也不至于没事来惹自己的麻烦，难道是柯锋？对，肯定是这小子，肯定是他指使撺掇白黎干的！

"针对你，你也太高看自己了！"蒋跃进的话打断了蒋鹏的胡思乱想，"审计部在分公司进行审计，花城、禅城几家分公司都被发现开了假发票，就回到总部也查了查，不想还真的查到了，这其中就有你的份。"

原来是这样！这么说，这事跟柯锋没有关系？蒋鹏想到这里，心里暗暗地把为自己开票的公司狠骂了一遍：这公司也太贪了吧？为同一个公司的几家分公司开票，是很容易东窗事发的！这点智商都没有，还来做这等买卖？！此时此刻，蒋鹏觉得哪里是自己蠢，明明是这开票公司的老板蠢才对。

"叔叔，我……"蒋鹏觉得自己有点冤得慌，但又不敢直接顶撞。

"我什么我？你给我记住了，这是最后一次。如果再有下次，别怪我六亲不认！"蒋跃进脸色铁青，怒吼道。

蒋鹏看着蒋跃进的表情，知道叔叔这次是动了真怒。他心里疑惑：如果只是假发票的事情，叔叔应该不至于啊？难道是因为校招事件和这事连在了一起，时间太近产生了叠加效应，让叔叔觉得自己只会招惹是非，给他惹麻烦？这可不行，如果产生了这样的印象，叔叔迟早会对自己失去信任的。没有蒋跃进这棵大树撑着，自己别说未来的晋升了，就连现在的主管职位也有可能保不住啊。

"叔叔，我知道错了，是我一时贪心。我保证，以后绝对不会再出现这样的事情了。"蒋鹏一脸坦诚地认错道。

"以后？哪里还有以后？"蒋跃进重重地敲了几下桌子，声色俱厉地又训斥了蒋鹏几句。

蒋鹏虽然心有不服，可表面上却表现得极为诚恳，不停地点头认错、保证。后来，也许是蒋跃进自己训得累了，也许是见蒋鹏认错态度良好，这才罢了手。

"你等下去太子渔港订个包间，今晚我要请蔡书记和集团人力资源部的李部长吃饭。"追究完了假发票，蒋跃进话锋一转，交代给蒋鹏一件差事。

"好的，叔叔。"蒋鹏如释重负，蒋跃进的这一顿训斥搞得他衣背都湿透了半边。

"订最好的房间。"说完，蒋跃进又补充了一句，"你也一起参加。"

"啊？"蒋鹏有点发蒙，这是敲完棒子，再给糖吃的节奏吗？要知道，能跟粤富石油党委书记和粤富能源集团的人力资源部部长一起吃饭，这可不是谁都有的机会啊。

"你有其他安排？"蒋跃进眉头一皱，问道。

"没有，没有。"蒋鹏连连摆手，极力压抑着内心的兴奋，甚至觉得刚才的一顿训斥都没有所谓了。

晚上七点，坐落于珠江口的太子渔港，富丽堂皇的包间内，围着圆桌一共坐了五个人。

今晚是粤富石油纪委书记蒋跃进做东，邀请的客人分别是粤富石油党委书记蔡昌明和粤富能源集团人力资源部部长兼组织部部长李卫国。除了这三人之外，就是蒋鹏以及一个三十岁上下、名叫李若仙的女子。

第一次听到这女子介绍时，蒋鹏差点笑出声来，心里暗暗嘀咕：若仙，若仙，如果真的是长相天姿国色、体态轻盈优美，那也就罢了，可这女子长得也太一般了，眼睛不大，鼻子平塌，厚厚的脂粉也没能遮住脸上的坑坑洼洼。就这个样子，还仙女呢？当然，这看法只能埋在蒋鹏的心里。李若仙虽然长相普通，可家境却非同一般，她正是集团人力资源部部长李卫国唯一的千金。

"两位书记，今天我们就不要那么多规矩，我先提议，为了两位书记的锦绣前程喝上一杯。"李卫国率先举起杯子说道。

三人之中，李卫国的年龄最大，今年已经五十五岁；蔡昌明最小，五十岁；蒋跃进则居中，五十一岁。按说在这种酒桌上，从来都是论级别，不论年龄的。按照行政级别，蔡昌明是正局级，李卫国、蒋跃进都是副局级。只不过当年蔡昌明参加工作时，就是在李卫国手下做事，现在李卫国又身处集团中心，所以就理所当然地坐了今天的主位。

"还得多靠李部长。"蔡昌明和蒋跃进听到李卫国提酒，站起来纷纷附和道。

三人一饮而尽，蒋鹏赶紧手脚利索地帮三人把酒满上。今天按照蒋跃进的指示，他总共带了五瓶飞天茅台，这酒多半就是为这三人准备的。

三位身居高位的领导你来我往，觥筹交错，蒋鹏则忙乎着为三人添酒加菜。几轮酒过后，蒋鹏从三人的只言片语中，终于听出了个大概：原来粤富石油现任的总经理高文刚临近退休，听李部长的意思，集团高层有意让其早退。这样也就意味着下半年粤富石油的领导班子要换届调整。

听到这个信息，蒋鹏联想到今天早上在蒋跃进办公室的挨训，也就释然了。以目前的形势来看，如果高文刚退下来，那么现任党委书记蔡昌明无疑是总经理最合适的人选。而一旦蔡昌明当选，空缺出来的党委书记的位子，则极有可能由蒋跃进补上。如此一来，在换届的节骨眼上，自己如果再捅娄子，那就不是给自己而是给叔叔蒋跃进寻不是了。想明白了这点，蒋鹏一扫挨训时的抑郁，见三位领导之间已经相互敬得差不多了，找了个空隙，先是给李卫国敬了一杯，然后是蔡昌明。

在给蔡昌明敬酒时，蒋鹏态度诚恳地讲了一句："感谢书记一直以来的照顾。"

蒋鹏这话当然不假，没有蔡昌明的照顾，上次的校招事件就可以让他"吃不了，兜着走"了。当然，蒋鹏这话也很取巧，意思是他不仅现在需要蔡书记的关照，将来也还需要蔡书记的关照。在粤富石油的管理体制中，实行的是总经理负责制，总经理的实权是远远大于书记的。因此，将来蔡昌明如果高升一步，当了总经理，对于他蒋鹏来说，自己的日子就会更加滋润了。

"小鹏也是单身吧？"蔡昌明喝完酒，忽然问了一句。

蒋鹏愣了愣，蔡书记怎么忽然问起了这个？他不敢怠慢，慌忙回答道："是的，书记。"

蔡昌明的脸此时转向了坐着的李卫国："李部长，我听说若仙也还单身，没有男朋友，我看小鹏就挺合适的嘛。"

李卫国摆了摆手，嘴里喷着酒气："儿孙自有儿孙福，娃儿的事情我不掺和，看他们的缘分。"李卫国虽然嘴里是这样讲，可眼睛却也在上下打量着蒋鹏。

蒋鹏听到蔡昌明的话时，心里一惊，骂道：合适？！别开玩笑了，就她这个长相，扔大街上都没有几个人要的！我怎么可能和她合适？

可这话他也就是心里想想，即使给他十个胆子，他也不敢讲。他看着李卫国盯着自己的眼睛，一时没了主意，便把眼神投向了叔叔蒋跃进。

"你还别说，听蔡书记这么一讲，我也觉得小鹏和若仙挺合适的。"蒋跃进站起来打了个圆场，对蒋鹏说道："小鹏，这李部长的女儿可是千金小姐啊，如果将来能娶回蒋家，那可是我们家无上的荣幸啊。"

蒋鹏听着叔叔的话，有些错愕，半天才回过神来。原来叔叔蒋跃进今天带自己来，是早就定好的事情，想借晚宴给自己相亲啊！不对，不是给自己相亲，自己哪里有那么大的魅力？这摆明了只是给李若仙相亲啊，自己也就是一个摆设而已。想到这里，蒋鹏心里一阵无助和愤懑。

大学时，由于性格内向，蒋鹏就没有谈过对象，所以在新人培训时，他一见到白黎，就被深深地吸引了。可白黎却对他爱搭不理，即使自己费尽心机把她调回到总部，也无济于事。而且他听说，白黎已经和许辰逸定了婚期，打算今年结婚。

不过对于现在的蒋鹏来说，白黎已经是过去式了，他有了新的魂牵梦绕的对象——何玉琪。

他本以为在上次的聚会上提起方怡，就可以让柯锋和何玉琪现场闹掰。谁承想，他自己不仅被灌得烂醉，连柯锋与何玉琪的关系，也因为自己的搅和更进了一步。

想到白黎，想到何玉琪，再看看眼前的李若仙，蒋鹏都有点不忍直视，犹如吃进了一只绿头苍蝇，从嘴里到肠胃都充满了恶心。

第三十章

意外惊喜

2011年5月1日，劳动节，周日。

这天本是休假的节日，何玉琪却一早就赶到了公司。最近，智传咨询公司的业务繁忙，咨询和培训项目排得满满当当。这个劳动节，不仅何玉琪，智传咨询的绝大多数员工都放弃了休假，不是在加班，就是在来加班的路上。

科拓大厦一楼的大厅里，已经挂上了"劳动节快乐"的条幅，只是因为节假日的关系，并没有平时上班时的熙熙攘攘，反而显得有点冷冷清清。

进了大楼，等电梯的间隙，何玉琪给柯锋发了一条信息。劳动节，本应是属于刚刚确定关系的两人的独处时光。只是由于相隔两地，加上这个节日柯锋也工作繁忙，就只能通过电话和短信聊表相思了。

到了办公室，何玉琪为自己冲了杯咖啡，暂时收起了儿女情长，迅速地进入到了工作状态中。

工作中的何玉琪，少了几分美丽柔弱，多了几分干练利落。到下午三点时，眼见今日的工作计划完成度不错，何玉琪这才伸了伸纤纤细腰，起身抽空去倒了一杯开水。等她再次回到工位上时，桌上的固定电话响了，她拿起来接听，是前台小梅打过来的。

"小梅，什么事啊？"接通电话，何玉琪轻声问道。

"玉琪姐，有人给你送来了礼物。"小梅的声音中透着兴奋。

"礼物？什么礼物？"何玉琪感到十分意外，怎么还会有人给自己送礼物呢？

"花，一大束漂亮的玫瑰花。"小梅的声音抬高了几分。

"哦。"在听到"花"的那一刻，何玉琪的脑海里立刻就冒出了戴着金丝眼镜的蒋鹏的形象。她顿了顿，问道："送花的人走了吗？"

"是花店的人送过来的，放下花就走了。玉琪姐，我是给你送过去，还是你自己来前台拿啊？"小梅问道。

何玉琪摇了摇头，没好气地说道："不用，小梅，帮我个忙，直接扔了吧。"

上次去粤富石油拜访，晚上和苏芩部长一起聚餐时，蒋鹏逼着自己喝酒的情景让何玉琪记忆犹新。虽说最终柯锋帮忙挡了酒，还因为蒋鹏的无意搅和，促进了柯锋与自己感情的升温，但自那次之后，何玉琪已经把蒋鹏归为路人了，一个连朋友都算不上的人，怎么可能还收他的礼物呢？

"啊？不是吧，玉琪姐，这么漂亮的玫瑰花，整整十九朵，你却直接让扔掉了，真的假的？"小梅夸张地叫道。

"小梅，你如果实在觉得可惜的话，就先放在前台吧，等下午下班时，经过的同事如果有谁喜欢，就让谁直接捧走。"何玉琪平静地说完这句，也不等小梅反应，就挂上了电话。

一个小时后，桌上的固定电话铃声又响了起来。何玉琪满脸狐疑地接起电话，还是前台小梅打过来的。

"玉琪姐，又有人送来了玫瑰花，这次是二十九朵。"接通电话，不等何玉琪开口，小梅的声音就传了过来。

真是烦死了，这个蒋鹏，脸皮怎么能这么厚，这么死皮赖脸的？何玉琪一时心里烦躁："小梅，扔了，都帮我扔了。"然后就"啪"的一声挂断了电话。

放下电话，何玉琪想了想，这个事情必须要和蒋鹏讲清楚，免得他再心存幻想，惹出非议。于是她拿起手机，直接给蒋鹏拨了过去。谁知道连续打了两个电话，都无法接通。

"你以后不要再给我送东西了！"何玉琪见手机打不通，就索性留了一条信息给蒋鹏，表明态度。

智传咨询前台，小梅抱着电话，听着话筒中传来的忙音，瞅着放在桌面上的两大束玫瑰，心里犹豫不决："难道真的要按照玉琪姐说的，把这些玫瑰全扔了吗？"挣扎了片刻，她最终还是没能舍得，就将两大束玫瑰花都收在了脚下，准备下班前分享给今天加班的女同事，权当是劳动节的福利了。

235

下午五点，小梅清理了一下前台的物品，捧起两束玫瑰花，准备去到办公室进行分发。可当她刚抱起玫瑰花时，一抬头，便看到有人捧着一束更大的玫瑰花从门口进来了。

小梅看着捧着玫瑰花的男子——这次不是花店的工作人员，她警惕地问道："你找谁？"

"何玉琪，在吗？"捧花的男子微笑着问道。

"玉琪姐？你找何玉琪？"小梅一边看着男子手里捧的玫瑰花，一边确认道："这之前的两束花都是你送来的？"

男子看了看小梅手里的两大束玫瑰，点了点头，疑惑地问道："难道玉琪不在？"

还真是正主来了！

"嘭。"小梅将两束玫瑰花放在了前台不大的桌面上，嘴角翘起："这下省事了，不用麻烦我了，你哪里抱来的，从哪里抱回去。"

男子看着前台小姑娘的举动，脸露诧异，不解地问道："这是什么意思？"

"这花玉琪姐不收，你从哪里抱来的，就从哪里抱回去，我说得还不够明白吗？"小梅把声音提高了几分。她之所以如此笃定，就是因为何玉琪两次接电话的态度。一向温和的玉琪姐竟然都有了火气，只能说明她不愿意收这男子的花，对眼前这个男子并不感冒。如此，自己索性把男子打发掉，岂不也是帮了玉琪姐一把，让她也能高看自己一眼？

"不收？"男子皱了皱眉头，低声道："不可能吧？"

"什么不可能？你赶紧把花抱走吧，我们马上下班了。"小梅斜睨了男子一眼，催促道。

"你能帮我找一下何玉琪吗？我当面跟她讲。"男子并未按照小梅的话去做，而是谦和地请求道。

"我说，你脸皮怎么这么厚啊？玉琪姐不愿意收你的花，就是不愿意见你，这还想不明白吗？"小梅虽然觉得男子为了何玉琪，连续三次送来了这么多的玫瑰，很令人感动，但既然玉琪姐已经表明了态度，自己自然胳膊肘不能往外拐。现在，当务之急就是帮助玉琪姐把眼前的男子打发走，省得改天玉琪姐把这事怪罪到自己的头上。

男子摇了摇头，虽然他不是很清楚这前台小姑娘为何要处处为难自己，但自己既然来了，没有见到何玉琪，他是绝不可能就如此离开的。

男子一手抱着玫瑰花，一手掏出手机，拨通了何玉琪的电话。

"玉琪，你不在办公室？"电话接通后，男子问道。

哼，玉琪姐既然不想见这个人，自然会说自己不在了，到时候看你还有什么脸皮赖在这里？小梅冷冷地看着男子拨通电话，心里想道。

"我在你们前台。"男子看了一眼小梅，笑着说道，"你们前台小姑娘不愿意让我进去。"

咦？怎么？听这个意思，玉琪姐是告诉了这个人她现在正在办公室，不对啊，这不合常理啊？小梅正在胡思乱想，就听到了身后传来高跟鞋急急踩地的"噔噔噔"的声音。她扭头一看，何玉琪已经冲到了前台这里。

"柯锋，"何玉琪看着站在门口捧着一大束玫瑰花的柯锋，捂着嘴，有点难以置信，"你怎么来了？"

"我怎么不能来？难道不欢迎？"柯锋笑着问道。

"不是，不是……"何玉琪有点语无伦次，看着前台桌上摆着的其他两束玫瑰，"这花……这花都是你送来的？"

"是啊，想给你个惊喜，没有变成惊吓吧？"柯锋笑了笑，把放在前台的另外两束玫瑰花一起捧了起来，走到何玉琪的面前，笑着说道："劳动节快乐！"

五一前几天，柯锋曾邀约何玉琪一起共度节日，可因为玉琪要加班，没法团聚。柯锋也就因此扯了一个善意的谎言，却在暗中设计和安排了眼前的这一切。

何玉琪看着柯锋捧在怀里的九十九朵玫瑰，璀璨夺目，眼泪就开始在眼眶里打转。她从未料到，这个一见面除了谈工作、工作，还是工作的人，这个被自己曾经定性为"无趣"的人，竟然可以做出如此有情调的事情。

三点钟——十九朵玫瑰！

四点钟——二十九朵玫瑰！

五点钟——五十一朵玫瑰！

三个小时，每隔一个小时，送来一次玫瑰，合计九十九朵，单是这份心意，就足以令人感动和心醉。

何玉琪接过其中一束玫瑰，嗅着花香，满脸洋溢着幸福，哽咽道："你不是周末要加班吗？"

柯锋一愣，拍了拍额头："哦，哦，想起来了，是要加班，劳动人民热爱劳动，我这就回去花城，晚了可能连车都赶不上了。"他作势就准备把玫瑰花放到前台上。

"你敢！"何玉琪被柯锋的样子逗乐了，破涕为笑。

前台小梅目瞪口呆地看着眼前发生的一切，感觉脑子有点转不过弯来。何玉琪在电话中的决绝和眼前亲热的表现，完全是两个人啊，这究竟是发生了什么？

"小梅，谢谢你。"何玉琪看了呆在一边的小梅，开口说道。

"玉琪姐，谢我？你不怪我就好了，刚才我差点把未来的姐夫给撵走了。"小梅缓过神来，狡黠地笑道。

"小丫头，胡说什么呢？"何玉琪伸出手来，作势要打小梅。她心里明白，要是小梅听她的话，把前两束玫瑰直接丢到垃圾桶，那柯锋今天给自己带来的惊喜恐怕就真的变成惊吓了。

话分两头，蒋鹏从电影院里走出来后，掏出手机看了一眼。看电影时，他把手机调成了静音，现在才发现竟然有两个何玉琪的未接来电，以及一条莫名其妙的短信："你以后不要再给我送东西了！"

看到何玉琪的信息，蒋鹏的脑海中浮现出了何玉琪清澈明亮的眼眸，修长高挑的身材。可再看看站在自己旁边的李若仙，鼻子平塌，壮实矮胖。这一对比，实在是一个天上，一个地下，心里就没来由地一阵气恼。

前几天晚上在太子渔港吃饭时，蒋鹏没有胆量当面驳了党委书记蔡昌明的好意，甚至还在叔叔蒋跃进的授意下，违心地邀请了李若仙五一假期一起看电影，李若仙欣喜地答应了。蒋鹏的叔叔蒋跃进在粤富石油也是个实权人物，何况蒋鹏本身长得虽然清瘦，但看着也斯文儒雅，一表人才，两人可算门当户对，李若仙自然没有半分拒绝的理由。

对于蒋鹏来说，这可就完全是另一回事了。自从违心地邀约之后，他肠子都悔青了，这两天晚上夜夜做噩梦，梦到的都是李若仙的样子。五一假期一到，他本想找个借口，托病毁约，可谁知道叔叔蒋跃进还惦记着这件事情，专程打了电话过来，叮嘱他一定要照顾好李若仙。

有困难要上，没有困难创造困难也要上！在蒋跃进的威慑之下，蒋鹏别无他法，只能硬着头皮出了家门，在约好的花城广场邀请李若仙看了电影。

"蒋鹏，晚饭吃点什么？人家饿了。"从影院走出来后，李若仙娇声说道。

李若仙这一撒娇，让蒋鹏不由起了一身的鸡皮疙瘩。晚饭？蒋鹏现在哪还有心思和李若仙吃晚饭，除非他想把自己逼疯不可。更何况他现在心里牵挂的是何玉琪的未接来电以及莫名其妙的短信。

"若仙，不好意思，我肠胃有点不舒服，没有办法陪你吃晚饭了。"蒋鹏捂着自己的肚子，装出一副痛苦的样子。

"严重吗？要不要去医院？"李若仙关切地问道。

"不用。"蒋鹏摆了摆手，"老毛病了，胃病一犯，什么东西都吃不下，就想躺着。"

"那怎么办？"李若仙有点愁眉不展，一时不知如何是好。

"你家离得近，就先回家吧，我打个车回去。"蒋鹏一边说，一边开始伸手在路边拦车。之所以选在花城广场约会，是因为李若仙的家就在附近。

"要不，还是我陪你回去吧？"李若仙主动提道。

"不用。"蒋鹏摆手摆得更起劲了。这时，一辆空的出租车开了过来，待车停稳，蒋鹏二话不说，拉开车门就跳了上去。

哼，本姑娘要陪你是给你面子，还这么不识好歹！李若仙见蒋鹏逃窜似的跳上了车之后，用鼻子"哼"了一声，气恼地狠狠踢了踢路边的台阶。

"玉琪，你给我电话了？"上了出租车，蒋鹏精神一振，恢复了生龙活虎的样子，语气温柔地给何玉琪通了电话。

"不好意思，蒋鹏，打错了。"电话那边的何玉琪冷淡地说道，"我还在忙，先挂了。"

打错了？不可能吧？打错了怎么还会打两次？还有这短信是什么意思？蒋鹏压根不信何玉琪说的，见何玉琪真挂了电话，就又拨通了电话。

"玉琪，你说打错了，那你给我发的短信是怎么回事？"电话接通后，不待何玉琪出声，蒋鹏就直截了当地问道。

"发错了。"何玉琪语气冰冷，一副拒人于千里之外的样子。

"电话打错了？短信也发错了？哪里有这么巧的事情？"蒋鹏被何玉琪说话的态度惹得有点发毛，压着火气说道。

"哦，你想听实话？"何玉琪对于蒋鹏的打扰有点心烦，她看了一眼坐在对面的柯锋，决定不再跟他绕弯子了，"今天我男友柯锋给我送来了礼物，我本来以为是你送的，所以才打了电话、发了信息准备把礼物退回去，这个解释可以吗？如果不可以的话，现在我刚好在和柯锋吃饭，你要不要听他讲讲？"

"啪！"不待何玉琪说完，蒋鹏已经挂断了电话，将手机重重地摔在了出租车的后座上，手机在后座弹了一下，直接掉到了脚旁。

"靓仔，你有气别撒在我的座位上啊。"听到声音，出租车司机提醒道。蒋鹏的眼神在镜片后闪烁，狠狠地瞪了司机一眼，司机便不再作声了。

何玉琪的几句话像弯刀一样割着蒋鹏的心，不仅令他痛苦不已，更是愤恨万分。

和柯锋讲什么？难道要柯锋在自己面前炫耀他作为胜利者的姿态吗？不，绝不！蒋鹏羞恼地攥紧了拳头。

"丁零零——"摔在脚旁的手机响了起来。

蒋鹏看了一眼，根本不想去理，谁知这铃声却倔强地响个不停。

"靓仔，接下电话嘛，你这样影响我开车的。"出租车司机本不想再招惹这个像斗鸡一样的乘客，可被手机响得心烦，终于还是没能忍住，嘟哝了一句。

蒋鹏这才把手机捡了起来，当看清楚了来电号码时，不觉打了个寒战，恭敬地按下了接听键。

"蒋鹏，你在搞什么啊？为什么看完电影，就把若仙一个人扔下了？"蒋跃进夹杂着暴烈火气的声音传了过来。

"叔叔，我……"蒋鹏想要解释，可是开口却不知道说什么好。

"你，你什么你？那可是集团组织部部长的女儿啊，你还有什么不满意的？你还要不要前程了？还想不想再进步了？"蒋跃进厉声问道。

前程？叔叔蒋跃进恐怕想的首先是自己的前程吧。蒋鹏感到一阵气闷。不过在粤富石油，没有了蒋跃进这座靠山，那他自己更是一文不值。他和叔叔蒋跃进早已经是一条绳上的蚂蚱，一荣共荣，一损俱损。

"叔叔，刚才我肚子不舒服，本来想回去躺会儿。现在好多了，我让司机掉头回去，给若仙赔不是。"一瞬间，蒋鹏狠了狠心，做了个重大的决定。

如果下半年公司换届，蔡昌明真的当了总经理，叔叔蒋跃进当了党委书记，再加上集团李卫国的支持，那自己的前程就真的是一片光明。到时候再把一个没有任何根基的柯锋置于死地，那岂不是手到擒来，就像捏死一个蚂蚁一样？

"何玉琪，让你看不起我？我一定会让你为自己的选择付出代价的！"

蒋鹏看着出租车的窗外，眼里透出了一阵森冷的光。

当断则断

五一休假回来，柯锋决定写一份简历。

自从去年7月份调回到总部人力资源部之后，在陶彧和苏芩两位部长的鼎力支持下，柯锋的培训工作越干越有劲，暂时并没有另谋高就的打算。之所以要写这份简历，是与何玉琪约会时，何玉琪无意中提起的事情引起了柯锋的兴趣：每半年，余智都会要求何玉琪认真地写一份简历。

怎么会有这么古怪的要求？难道余智盼望着自己的助理跳槽不成？柯锋对于余智的要求感到非常诧异。

何玉琪解释道，这其实是余智对于员工进步与成长的一种检验。对于一个人来说，工作到底有无进步，个人究竟有无成长，内部虽有评判标准，但最好的衡量方式实际上是放到市场上真刀实枪地去检验。所以这份简历，可以说是另外一种形式的总结，只不过更加现实残酷，来不得半点虚假敷衍。

柯锋听完，不禁为余智的这个要求暗暗叫好。从去年7月份进入人力资源部，转眼十个月的时间过去了，自己工作到底有无进步？柯锋决定也采取类似的方法，检验检验自己。

晚上，柯锋看着自己花费了两个小时才写好的半页简历，脸上有些郁郁不乐。

毕业后的五年销售工作，柯锋可以说是业绩斐然，能够写在简历上的成绩确实不少，包括：油品销售业绩翻倍，非油品销售业绩翻了三番，一手培养带教了数十名新油站经理，获得的销售荣誉和表彰更是不计其数。相比之下，在盘点了进入人力资源部的工作之后，柯锋却赫然发现自己其实只做了两件半的事情：第一，组织、策划、实施了油站一线的新员工培养项目，高质量交付了《新员工培训指南》。第二，完成了二十家分公司的调研检查，形成了调研报告。这剩余的半件，其实是阴差阳错，在蒋鹏的校招风波后临时去串场做了校招工作，协助苏芩组超额完成了校招目标。

这些成绩，对于一个从事培训管理的人来说，只能说是星星点点、分量不足。换句话讲，如果现在把柯锋扔到培训经理的招聘市场上，或许压根就没人能看得上！

审视着自己的简历，柯锋真切地感受到了压力。

"培训体系的落地靠什么？靠的是扎扎实实地推动一个个项目！培训管理者的成长靠什么？靠的是丰富的项目实践和历练！靠的是每一个培训项目的精心设计和控制！"柯锋的脑海中回荡着余智曾经说过的话。无疑，对于自己来说，目前的培训项目实践太少。除了新员工培养项目，自己基本没有能拿得出手的成绩。而且柯锋沮丧地发现，人力资源部的杂事不少，他并不能纯粹地只做培训工作，还需要经常性地协助其他职能人员开展工作。如此，一年中实际能操盘的项目不可能太多。

怎么办？柯锋的眉头都揪在了一起，他琢磨了片刻，抓起手机，给何玉琪发去了一条信息："简历写完了，但只有半页。"

"发给我看看。"何玉琪很快回了信息过来。

尽管觉得这半页简历有点惨淡，柯锋还是给何玉琪发了邮件。二十分钟后，他接到了何玉琪的电话。

"嘻嘻，你的简历写得很好啊。"何玉琪开口就表扬道。

"真的假的？这半页简历，能好到哪里去。"柯锋苦笑道。

"当然是真的。首先，形式上——简历正确、不难看；其次，实践上——十个月的时间落地了一个项目，参加了一次校招，做了一次分公司全方位的调研，而且每件事情都有结果，都超出预期。这还不叫好的话，那什么叫好？"何玉琪正色道，丝毫没有开玩笑的意味。

柯锋一愣，听何玉琪这么一说，他突然觉得好像也没有那么糟糕了，便接话道："问题是项目实践，我至今也就做了新员工这么一个。"

"你这是心急吃不了热豆腐。"何玉琪扑哧一下笑了，"新员工项目，半年时间做成你这样的，我也没遇到几个。余老师常说：足够的沉淀需要足够的实践，足够的实践需要有足够的时间啊。"

所谓"当局者迷，旁观者清"，何玉琪的一句话点醒了柯锋。细细想

245

第三十一章　当断则断

来，就算是刚开始做销售的前一年，柯锋也并没有太出彩的成绩；而自己做培训管理，也就刚好十个月的时间，却期望有耀眼的成就，可以写满一页纸的战绩，看来真是心太急了！

"唉，不是心急，实在是起点太低。"柯锋自我调侃道。

"起点再低，路也得一步一步走，饭也得一口一口吃，不是吗？"何玉琪笑道。

和何玉琪通完电话，柯锋卸下了思想的包袱，同时听从了她的建议：2011年剩余的时间，不再急功近利、贪大求全，而是沉下心来着重打造三个精品项目——培训管理者培养项目、一线主管培养项目和管培生培养项目。

接下来，柯锋便投入到培训管理者培养项目的准备工作中去了。忙碌的生活中，时间总是过得太快，而在这天下午临近下班时，柯锋忽然接到了一个意想不到的电话，来电的竟是方怡。

4月底，柯锋曾和方怡通过一次短暂的电话，在电话中柯锋虽有犹豫，但最终还是明确地表达了自己的立场：往事只能追忆，从此两人以朋友相待。方怡安静地听着柯锋叙说，甚至连原因都没有追问，就一言不发地挂上了电话。柯锋再打过去时，已是忙音。而自从那次通话之后，方怡就没有了消息，就像刚毕业的那几年一样，从柯锋的世界里再一次完全消失了。

柯锋没有料到，半个月后，他又接到了方怡的电话。

"锋哥，我来花城了。"电话接通后，方怡的话不多，内容却吓了柯锋一跳。

"花城？"柯锋有点难以置信地问道。

"是的。"方怡点了点头。

柯锋有些茫然失措。方怡怎么跑到花城来了？难道说自己上次在电话里没有讲清楚？尽管他心里充满着疑虑，还是问道："你现在在哪里？"

"刚下车，在你们公司楼下。"方怡轻轻地讲了一句，就挂了电话。

放下电话，柯锋给苏芩打了个招呼，就匆匆下了楼。在粤富能源大厦楼下，柯锋远远就看到了方怡。她穿着红色的长裙，乌黑的头发瀑布般垂直地披在肩上，形影孤单地站在公司门口。

"你怎么来了？"看到方怡的样子，柯锋一阵心疼。

方怡见到柯锋，眼睛一下就湿润了，她委屈地说道："锋哥，你不愿意见我，我不来找你，怎么办？"

柯锋有些无语，不知道该怎么回答方怡的这个问题。明明是方怡莫名其妙消失了、联系不上，怎么现在又成了自己不愿意理她了呢？

柯锋搓了搓手，说道："这里太热了，要不我们去楼上，你还没有吃东西吧？"

方怡没动，她从古城赶到花城，坐了两个多小时的飞机，一个多小时的大巴，此时是又热又饿。方怡环顾四周，瞅见粤富能源大厦旁不远处有一家麦当劳，说道："我们去麦当劳坐坐吧。"

"也好。"柯锋点了点头。当年上大学时，方怡就特别喜欢吃麦当劳，而当时尽管柯锋囊中羞涩，还是陪着她在麦当劳解决了好多顿中饭和晚饭。

到了麦当劳，柯锋为方怡点了一份她曾经最喜欢吃的原味板烧套餐和一份冰激凌。柯锋静静地看着方怡细嚼慢咽地吃完汉堡和冰激凌，这才开口问道："你怎么来了？"

方怡用餐巾纸轻轻地擦了擦嘴，唇红诱人，眨巴着如水的大眼睛看着柯锋："锋哥，你不肯回古城吗？"

柯锋犹豫了一下，但还是坚定地摇了摇头。如果是刚毕业时方怡问他这句话，那他会为了爱情毅然辞去工作，奋不顾身地回到古城。但现在，这根本不可能。

"你是还在生我的气？"方怡轻声问道。

"没有，没有生你的气。"

"既然没有生我的气了，为何不能回来？为何不能重新开始？"方怡的大眼睛定定地看着柯锋。

"方怡，以前的事情过去了就让它过去吧。"柯锋轻叹了一句，尽管心里不忍，还是如实说道，"曾经的美好就把它留在记忆中吧，我们不可能再回到过去了。"

"不！"方怡摇了摇头。柯锋的这句话像尖刀一样扎在了她心窝上，让她红润的脸色瞬时变得苍白，她把声音抬高了几分："你是不是有新女朋友了？"

柯锋没料到方怡会忽然问这样的问题，他郑重地点了点头。上次他本想在电话中告诉方怡自己和何玉琪的事情，但还没有开口，方怡就挂断了电话。

见柯锋点头，方怡的心像是被什么东西猛烈地撕咬住了，一下没有了呼吸的力气，她颤抖着问道："你不能回来，是因为她吗？"

"是的。"柯锋毫不犹豫地答道。

方怡一下子变得木然，眼泪顺着脸颊流了下来。

看着方怡伤心的神情，柯锋心里一阵难受，即使是现在他也不愿让方怡伤心，不愿看到她流泪。但是柯锋也清楚，他没有退却的余地，当断不断，反受其乱。如果现在心软，这个事情就纠缠不清了，对于何玉琪来说，又何尝不是一种伤害呢？

柯锋递了纸巾给方怡，方怡并没有接，而是轻声抽泣起来。

"她漂亮吗？"半晌，方怡停止了抽泣，抬头问道。

"我可以不回答吗？这个问题没有意义。"柯锋实在不想回答。

"有意义。"方怡咬着嘴唇说道。

"还好。"柯锋淡淡回道。

"跟我比起来呢？"方怡心有不甘地问道。

"不好说。"这个问题，柯锋还真不好回答。方怡和何玉琪都是美女，而且都是面容清秀、丽质天成，两人的侧颜还有几分相似，只是身材有些差异：一个高挑，一个圆润。

"有相片吗？给我看看。"方怡问道。

柯锋的眉头皱了皱，对于方怡这种不理智的情绪有点摸不透，说道："没有这个必要吧？"

"锋哥，就权当让我死心吧。"方怡不愿意轻易放弃，请求道。

柯锋没有办法，看方怡的表情，如果不给她看，这事很可能就没完没了了。他只好拿起桌上的手机，打开相册，翻出何玉琪的照片，给方怡递了过去。

方怡颤抖地接过手机，只看了一眼，心就往下坠去，只见照片中的女孩美玉莹光、亭亭玉立。再翻，看到的是女孩与柯锋的合影，女孩手捧一堆玫瑰，挽着柯锋的胳膊，头轻轻地靠着柯锋的肩膀，满脸洋溢着幸福的笑容。

方怡本以为柯锋的"不好说"只是情人眼里出西施的表现，没想到这女孩还真的是皎如秋月、光彩夺人，而且她仔细瞅着照片上女孩的轮廓，似乎还看到了自己的影子。

事已至此，方怡知道事情确实无法挽回了，她抹了抹眼泪，站起身来，就往外边走去。

"你去哪里？"柯锋慌忙上前，拉住了方怡的胳膊。

"回古城。"方怡脸色冰冷地说了一句。

"现在回去？"柯锋问道。

"是。"方怡点了点头，她今天从古城赶到花城来，就想当面要一个答案，现在答案已经要到了，虽然不是她最初想的那样。

"我送你。"柯锋松开了拉着方怡的手，他心里清楚，此时任何安慰的话都是苍白无力的。

方怡看着柯锋的样子，鼻梁英挺，眼神坚毅，心里想到这个曾经心爱的人就此彻底地抛弃了自己，离开了自己，一时情难自禁，转身扑在了柯锋的怀里。

柯锋没有动，任由方怡紧紧地抱住自己。

良久，方怡松开了抱着柯锋的双手，顺手抓起柯锋的右手，在柯锋还没有来得及反应的时候，狠狠地在他的手背上咬了一口。

柯锋看着手背上的一圈深深的牙齿印子，心里轻轻叹了一声：

沧海月明珠有泪，蓝田日暖玉生烟。

此情可待成追忆？只是当时已惘然！

第三十二章

需求分析

5 月26日，粤富能源培训中心305教室。

"IPO是什么？"身着正装，打着星条领带、长着娃娃脸、留着小胡子的讲师面向三十多位学员提问道。

"公司上市？"有学员答道。

"发行股票？"有学员补充道。

"看来炒股的人不少嘛。"小胡子讲师打趣道，引起阵阵哄笑。小胡子讲师Tobin，是智传咨询的资深合伙人，担任此次培训管理者培训项目的首席讲师。

"IPO——Initial Public Offering，首次公开募股，是指一家公司第一次将它的股份向公众出售。"Tobin解释道，然后话锋一转，"不过我今天说的这个IPO与股票没有什么关系，它是另外三个单词的简称，分别是I—Input，输入；P—Process，过程；O—Output，输出。"

Tobin一边讲，一边在白板上把这几个单词写了出来。

写完板书后，Tobin转过身，面向众学员讲道："大家可以将IPO理解成我们通常做事的一种流程，就像生产线上的作业一样，会有上一道工序，这个是"I"，输入；也会有下一道工序，这个是"O"，输出；中间你要负责的这一块，就是"P"，过程。那么问题来了，在座的都是培训管理者，我们做培训、做学习，源头是什么？这个"I"，即输入，到底是什么？"

Tobin这个问题一问出口，刚才还有些活跃的现场气氛立刻变得凝固起来。虽说参加这次培训的有来自粤富石油二十家分公司的培训主管，有些甚至是人力资源部主任，但大家平时做的更多的是一些行政事务类的工作，面对如此专业的问题基本没有头绪，不知道到底应该如何回答。

"我想，应该是组织学习的三大驱动。"柯锋见没人吭声，便站起来适时地打破了沉闷。通常很多培训组织者组织培训，都会选择旁听。但柯锋这次却选择了直接入组学习，坐在靠近Tobin的第一组里面。

"哦？"Tobin听到柯锋竟然说出了"三大驱动"如此专业的答案，眉毛不禁挑了挑，略作惊讶道，"三大驱动？柯老师能否详细给我们说说？"

"组织学习的三大驱动指的是组织层面的战略驱动、业务层面的绩效驱动和员工层面的能力驱动。"柯锋接过蔡美丽递来的话筒，中气十足地讲道，"组织层面的战略驱动，是指由于战略调整而产生的学习需求；业务层面的绩效驱动，是指为完成业绩目标而产生的学习需求；员工层面的能力驱动，是指为了顺应组织战略调整、业绩目标达成，员工在哪些能力上存在不足，需要培训学习加以强化和补充。"

上次在智传咨询讨论管培生项目时，余智有讲到三大驱动，令柯锋印象深刻，回来后柯锋专门就这个知识做过学习、研究，因此被Tobin问到时并不慌乱。

"战略驱动、绩效驱动、能力驱动，柯老师讲得非常不错，句句讲到了点子上。"Tobin由衷地夸赞道，并伸手向学员作出了邀请，"我们把掌声送给柯老师好吗？"

江城分公司的人力资源部主任梁玉梅率先鼓起了掌，其他人也跟着鼓了起来，刚才教室中略微沉闷的气氛再一次活跃起来了。

"回到我们的IPO，'I'就是刚才柯老师讲的三大驱动；'P'就是我们如何将三大驱动转化为明确的培训需求的过程，也就是需求分析；'O'则是最终的输出，也就是培训计划。IPO，即三大驱动、需求分析、培训计划，这个也正是我们今天'培训需求分析与计划制定'这门课程要和大家分享的课程纲要。"

Tobin见大部分学员的培训理论基础薄弱，决定不再提问，而是把IPO的含义直接讲了出来。

众人这才恍然大悟，不少人拿起笔来，迅速地把课程讲义上空缺的位置补了起来。蔡美丽见Tobin进入了状态，暂时没有了提问，就拿起手中的话筒，退到了教室后面，和郭小川并排坐在了一起。

坐在教室后面的郭小川见蔡美丽一步一步朝自己走了过来，慌忙低下了头，假装看着手中的讲义。等蔡美丽坐下后，过了几秒钟，郭小川这才鼓起勇气低声讲道："美丽，你们这个Tobin老师很厉害啊，不仅逻辑清晰，而且调动气氛的能力也很强啊。"

"那当然。"蔡美丽笑靥如花，"Tobin老师可是我们的资深合伙人呢，而且这不是……"说到这里，她用手指了指坐在前面的柯锋，笑而不语。

郭小川微微一怔。蔡美丽本就人如其名，天生丽质，这抿嘴一笑，更是把郭小川迷得神魂颠倒了。

蔡美丽话中所指，郭小川心里自然明白，这个项目因为有柯锋——何玉琪的男友在，智传咨询不可能怠慢。他按捺住怦怦乱跳的心，顺着蔡美丽的话题，开口问道："照你这样说，如果没有这层关系，你们就可以随意交付了吗？"

"不。"蔡美丽听到郭小川的话，脸色瞬间变了变，正色道，"成就客户、专业务实是智传咨询的价值观，即使没有柯锋，每个客户我们都会尽百分之一百二十的心去对待，尽百分之一百二十的专业去交付。"

"不是，不是，我不是这个意思。"郭小川连连摆手。他见蔡美丽脸色变了，就意识到自己开了一个不应该开的玩笑，连忙道歉道："对不起，对不起，我不该开这样的玩笑。"

"没事。"蔡美丽看到郭小川紧张的样子，知道他是无心之失，神情缓和了下来，"不过以后还真不能这样开玩笑了，我们智传咨询可是很注重价值观的。"

"一定，一定。"郭小川脸上堆笑，连连保证。他见蔡美丽并没有因为这事责怪自己，心里才暗暗松了口气。

上一次，何玉琪来粤富石油人力资源部进行拜访，郭小川第一次见到了同行的蔡美丽。当时，两位女孩一起走进了会议室，令正在摆弄设备的郭小川神情一滞，他是怎么也没有想到，来拜访的不仅是美女，而且是两个大美女。

蔡美丽在讲解项目方案的过程中，郭小川基本都没怎么听进去，眼神一直落在蔡美丽的身上不愿挪开，心里更是紧张得发麻。

那天晚上聚餐时，蒋鹏逼着何玉琪喝酒，令郭小川没有想到的是，蔡美丽竟主动跳了出来，顺着柯锋的话，把蒋鹏直接往火坑里推，当时蔡美丽勇敢的倩影一下子就烙在了郭小川的脑海里。

与此同时，郭小川也暗自在心里作了对比。因为蒋鹏的背景和后台，他对这位师兄一直恭敬有加，即使假发票事件发生之后，两人关系破裂，但在表面上大家还是一团和气，自己对蒋鹏也表现出了应有的尊重。他万万没有想到，一个美丽、年轻的女孩子竟然敢在酒桌上当场挑衅蒋鹏，这让他在暗自惭愧之时，心中不由生起了一份别样的情愫。

自从那次聚餐之后，蔡美丽的倩影就时常萦绕在郭小川的心头，令他茶饭不思。这次培训管理者的项目，他与蔡美丽前期也常有联络，但并没有再见面的机会。而5月26日到28日的项目开展，为两人创造了天天见面的机会，郭小川便决定无论如何要把握住机会，好好表现。谁承想，这一开局，自己就冒失地犯了一个错误。

"小川，柯主管叫你呢。"蔡美丽用右肘轻轻碰了下郭小川，把他从自责中唤了过来。

"哦。"郭小川一下站了起来，他见柯锋指了指自己手边的桌子，立刻反应了过来。他转身抱起了桌上摆着的一沓《粤富石油2010年工作报告暨2011年工作计划》，大声问道："锋哥，是要把报告发下去吗？"

"嗯。"柯锋点了点头。

"我帮你。"蔡美丽主动从郭小川的手里接过一沓报告。

郭小川笑了笑，感激地看了她一眼，心里充满了温暖。

等郭小川和蔡美丽把报告都发到大家手中后，Tobin继续讲道："我们常常听到一句话，'老板不重视培训！'请问，老板为何不重视培训？"

"培训要花钱！"

"培训就是成本！"

"培训效果很难衡量！"

......

大家七嘴八舌，众说纷纭。

Tobin笑了笑："我的看法可能跟大家的不一样，我认为不是老板不重视培训，而是培训不重视老板。"

在座的学员一愣，而后笑了起来，笑完之后，静待Tobin的下文。

Tobin讲道："我们讲战略需求的探索，实际就是要探索老板们的意图。在新的一年，老板们在战略上有哪些新的要求？哪些业务部门、哪些人员是老板关注的重点？这是我们首先要考虑的事情。只有我们的培训重视老板重视的事情、重视老板重视的人，那么老板才有可能真正地重视培训，对吗？"

这话讲得有道理，大家纷纷点头附和。

"老板重视的事情、重视的人，我们如何探索？一般可以通过访谈、通过战略解码项目了解。今天我们的培训现场没有办法直接对高层进行访谈，所以就让柯主管为大家准备了年度工作报告，虽然今年已经到了5月份，但我相信，从报告中我们一样可以找到接下来培训的着力点和关键点。"Tobin说完，用眼神示意了一下柯锋。

柯锋拿起一份工作报告，站起身来讲道："月初下发培训通知的时候，附件中有这份报告，不知道有多少人仔细看过？"

大家你看看我，我看看你，举手的人寥寥无几。

"看来跟我想的一样。"柯锋笑道，"上完学，大家都忘记要预习了，所以今天专门留出时间，让大家一起学习和讨论工作报告。我要强调的是，上次通知中的附件没有经营数据，今天发给大家的则是完整版的工作报告，保密事宜还需要大家千万注意！"

众人点了点头，柯锋讲完保密要求后，把控场权重新交回到讲师Tobin手中。接下来，Tobin带领所有学员一起研讨分析工作报告，确定2011年接下来几个月培训资源的重点投入方向。

培训需求，由上往下：战略层面的需求探索，目标是明确培训资源的重点投入方向。业务层面的需求探索，明确的则是哪些层级、哪些人在周期内需要培训。而员工层面的需求探索，则直接明确的是这些人需要什么内容的培训。由于粤富石油还未建立对应的员工素质模型，因此能力层面的探索，Tobin用的是关键岗位工作任务分析法，柯锋细细看来，这工具和带教时的带教任务分解表如出一辙。智传咨询可以把一个工具运用得如此出神入化，令柯锋再次感到钦佩。

白天完成了需求分析之后，晚上继续完善原有的培训计划。由于学习了新方法和工具，大家都摩拳擦掌，跃跃欲试，没有出现原来担心可能会出现的怨言牢骚，这令柯锋心里稍安。等工作坊结束时，已经是晚上九点了。

"Tobin老师，今天真是辛苦你了，晚上一起去吃夜宵？"柯锋走上讲台，一边帮Tobin收拾讲课的物品，一边顺口问道。

"不了，今天讲了一天的课，有点累。再说，等下还要回房间备课呢。"Tobin摆了摆手，脸上透出些许疲惫之色。今天一天的课程加晚上的工作坊，讲台前的Tobin都是神采飞扬、精力旺盛，可一旦讲完课，人一松懈下来，立刻就感到了疲惫。

"怎么？Tobin老师还要备课？明天的课程对于Tobin老师来说，那不应该是倒背如流、滚瓜烂熟吗？"柯锋满脸疑惑地问道。

"再熟悉的课程，都需要精心准备的。"Tobin将电脑、数据线、激光笔收进了背包，感慨道，"大家都以为职业讲师外表光鲜、侃侃而谈，但不知道我们每次上课都是如履薄冰，生怕出现意外和问题。"

"如履薄冰"四个字让柯锋对于Tobin的工作态度肃然起敬，也就不再坚持要拉着他一起去吃夜宵了。柯锋从讲台转了下来，伸手叫住了正准备出门的江城分公司人力资源部主任梁玉梅。

"梁姐，等下有空吗？请你去吃夜宵。"柯锋三步并作两步，走到梁玉梅面前，问道。

"好啊。"梁玉梅略微迟疑了下，还是点头答应了。

"小川，你要去吗？一起吃夜宵。"柯锋问正在收拾东西的郭小川。

郭小川抬起头，没有直接回复柯锋，而是看向了在另一边收拾东西的蔡美丽。

咦，郭小川的这个反应让柯锋有些意外，他看了看小川，又看了看正在收拾东西的蔡美丽，忽然间有点明白过来了，于是笑着邀请道："美丽，收拾完东西，跟我们一起去吃夜宵吧。"

"好啊。"蔡美丽没有一丝犹豫，爽快地答应了。

柯锋再看看郭小川，发现他的神情竟透着隐隐的激动。

第三十三章

三化营销

晚上十点，江边路，距离粤富能源培训中心不到两公里的潮海大排档，柯锋等四人围坐在大厅一角的小圆桌旁，准备享受美味夜宵。

五年前，管培生培训时，柯锋就和许辰逸、白黎来过这家潮海大排档吃夜宵。虽然这家店面积不大，大厅中仅能摆放五六张桌子，仅能容纳二十多人，但菜品却相当不俗，尤其是炭烤生蚝堪称一绝，蚝大肉嫩，味道异常鲜美。后来只要是到培训中心参加培训，柯锋一定会到这里美美地吃上一顿。

"梁姐，要来点啤酒吗？"点完砂锅粥和炭烤生蚝后，柯锋征询梁玉梅的意见。

"不了，明天还要上课呢。"梁玉梅摆了摆手，"要喝你们年轻人喝，我就不参与了。"

"那可不行，无酒不成宴嘛。"柯锋笑道，"这好不容易能请你吃个夜宵，不喝点酒说不过去。这样，今晚我们总量控制，每人就喝一瓶啤酒，怎么样？"

每人一瓶啤酒，量确实不算多，梁玉梅也就没再坚持，由着柯锋点了啤酒。

啤酒上桌后，郭小川为每个人满上了一杯，一瓶啤酒就见了底，柯锋哈哈笑道："看来我们真得悠着喝了，不然这酒还真不够啊。"

炭烤生蚝需要等待一段时间，柯锋就举起杯子先敬了梁玉梅："梁姐，我敬你。江城的事情，对不起你了。"

去年柯锋到江城分公司调研时，发现江城的培训数据作假，培训费用被挪作他用，回来后如实向苏芩、陶彧两位部长作了汇报。随后，人力资源部责成江城分公司进行内部处理，培训主管康至力被降级，人力资源部主任梁玉梅也受到了牵连，背了个"警告"的处分。

"委屈？比起以前的郁闷，这委屈实在不算什么。"梁玉梅不以为然地笑道。

"朱现在收敛了？"柯锋低声问道。他话中的"朱"指的正是江城分公司的总经理朱承业。

"祸兮，福之所倚！"梁玉梅叹了口气，"经过这件事，他现在对我的工作还算支持。"

梁玉梅之前在江城的工作开展可谓举步艰难，培训主管康至力依仗着总经理朱承业的支持，对自己阳奉阴违。现在不仅康至力直接被降级，朱承业对于梁玉梅的态度也出现了一百八十度的转变。梁玉梅心里清楚，朱承业的态度转变，倒不是因为他想开了，觉得培训工作重要，而是因为她自己的隐忍。当初，定好内部处分后，朱承业最担心的实际上是梁玉梅。因为费用造假的事情，从本质上来说就是朱承业怂恿的结果，梁玉梅可是一直坚持培训费用要用到培训上的。没想到最终梁玉梅平静地接受了处分，朱承业自然也就退让了三分，不再处处刁难了。

"那就好，我还记得当时你说的话，如果只是你受了处分，但是江城分公司的培训状况没有改变的话，你是不会原谅我的。"柯锋故意苦着个脸，说道。

梁玉梅笑了笑："小柯你记忆力不错啊，这话要不是你提醒，我都快忘了。"

"这事我可不敢忘，关于分公司培训管理的相关制度，陶彧部长审批了我起草的方案，这一次项目中也会一并拿出来讨论、确定，我先给你讲讲。"接着，柯锋详细地向梁玉梅阐述了他向陶彧提出的提升分公司培训管理的三板斧：揪辫子——提高领导重视；牵鼻子——提升培训主管技能；给凳子——给予培训资源支持……

"看来我没有看错，小柯真是能做事的人啊。"梁玉梅耐心地听柯锋讲完，评价道。如果这些制度真能落实下去，对于分公司想做事的培训管理人员来说那就真的是如虎添翼了。

"我还害怕梁姐不肯原谅我呢。"柯锋笑道。

梁玉梅举起杯子，主动回敬道："你梁姐不是小气的人。"

不一会儿，服务员端来了砂锅粥，郭小川主动为四人每人分了一碗。四人边吃边聊，柯锋主要与梁玉梅聊着分公司培训的事情，郭小川则与蔡美丽一起拿着手机，讨论着各自的微博中都关注了哪些人。

微博是2009年出现，到了2010年年底迅速流行起来的一款社交软件。微博的红火大概源于两个原因：一方面是大家可以通过微博记录日常的琐碎生活，自由地表达自己的观点。另一方面，很多名人明星也开了微博，普通人通过关注就可以看到他们发上去的生活状态，还可以在下面进行评论互动，感觉和他们的距离一下就拉近了。因此，几乎一夜之间，大家都开通了微博。

郭小川的微博中除了关注一些朋友同事，就是体育明星，而蔡美丽则关注了很多培训界的讲师"大咖"（本意为大角色，引申为在某个领域里比较成功的人）。借这个机会，郭小川虚心地让蔡美丽做了推荐。

"小川，你们有学员把培训情况发到微博上了。"蔡美丽翻到了一则微博，对郭小川讲道。

"哦，我看看。"郭小川接过手机，果然看到了庆州分公司培训主管韩雪发的微博："接触专业才发现自己的无知，培训管理者项目，明天继续奋斗！"

蔡美丽问道："你们是有这要求吗？"

"什么？"郭小川一时没太明白蔡美丽的意思。

"让学员发参加培训的微博啊。"蔡美丽解释道。

"没有。"郭小川摇了摇头，微博发的是个人状态，他们并没有强制要求学员做这个事情。

"我看看。"柯锋闻言，也打开了自己的手机，果然看到了韩雪发的那条微博。盯着微博的内容，柯锋忽然灵光一闪，想到了什么。

"小柯，想什么呢？"梁玉梅见柯锋盯着手机出神，觉得奇怪，询问道。

"我在想营销的事情。"柯锋微皱的眉头舒展开来，一瞬间的念头逐渐汇合成了有条理的想法。

"营销？你现在已经不干销售了啊。"梁玉梅诧异道。

"这跟干不干销售没关系，我觉得万事都需要营销，培训人更需要具备营销力。"柯锋一字一句地答道。

柯锋的这个观点令众人耳目一新，郭小川与蔡美丽也停止了谈话，好奇地瞅着柯锋。

柯锋略微沉吟，然后缓缓解释道："我上大学时做过学院的院报，院报的费用支出主要来自学院的支持。我还记得学院党委书记经常跟我们强调的一件事情：如果做一件事情，做到八分，没有宣传，可能就只有六分的效果。而如果有渠道，可以进行及时适当的宣传，这个效果就有可能达到十分，甚至十二分。事情还是那个事情，但影响却可能大相径庭，所以学院要支持报纸，更好地为学院的工作做宣传。"

"做报纸要营销，做培训当然也得营销。"柯锋讲到这里，貌似无意地看了一眼郭小川，"就像我们男生找女朋友，那也得营销，适时地表现宣传自己，以便能在女孩的心目中留下深刻印象。对不对，小川？"

郭小川被这个问题问得猝不及防，心神慌乱地瞥了一眼旁边的蔡美丽，红着脸，不好意思地点了点头。

"所以，我才说万事都需要营销。"柯锋总结道。

"这个我同意，不过为何你说培训人更需要有营销力？"蔡美丽追问道。

"做了培训管理工作之后，我发现培训者的角色其实蛮尴尬的。"柯锋回应道，"培训管理者在企业大多是'非位高权重的管理者'，但由于工作需要，却要时常扮演'跨部门协作的领导者'这样的角色。因此，如果在内部没有影响力，只是低头拉车，默默无闻，是很难将培训管理工作做好的。"

柯锋回忆起新员工培训项目，要不是他及时和销售部的副部长肖军拉近了关系，得到了肖军的鼎力支持，恐怕陶或给的三个月期限，新员工培训项目是难以完成的。

"我最近一直在思考培训管理者项目的事情，刚才韩雪的微博一下子提醒了我，这个项目，看来我们也得加强营销才行。"柯锋对郭小川说道。

"锋哥的意思是，明天我们可以要求学员们都写写微博？"郭小川脑袋灵光，一下就跟上了柯锋的思路。

"正是这个意思，不过除了微博营销外，还可以做做其他的事情。我刚才细细思量了一下，我们的营销可以从三方面入手，暂且将其称为：三化营销。"柯锋说道。

三化营销？这又是什么？难道又是智传咨询的方法论？郭小川不解地看着蔡美丽。

蔡美丽轻轻地摇了摇头。柯锋所谓的"三化营销"，她也是第一次听到，并不清楚是什么东西。

"小柯，你这脑袋是不是二十四小时都在想着工作啊？吃个夜宵，也能整出个理论来。"梁玉梅见郭小川和蔡美丽一脸茫然，调侃道。

"也许吧。"柯锋回答得有些含糊，因为他还真有可能是二十四小时都想着工作，有时候甚至连做梦，梦到的都是培训的事情。

"脑袋用多了，听说会秃顶哦。"梁玉梅开起了玩笑。

柯锋摸了摸自己的短发，使劲拽了拽，自信地笑道："我应该不会。"

"好了，别吊大家的胃口了，给我们讲讲，你这三化营销是什么？"梁玉梅转回到了正题。

柯锋点了点头，将自己的杯子摆在了桌子中央："第一，无形成果有形化。我们做培训项目，需要事先考虑结果产出，这个产出就有无形和有形的区别。像我们这次的培训管理者项目，无形成果就是经过专业培训的各分公司培训主管。为啥是无形的？是因为人培养了，能力增长了，但领导一时没有办法看出来。有形成果，领导可以看得见的就是完善后的培训计划和重点项目设计，以及讨论确定的分公司培训管理制度这样的制度性文件，铁板钉钉，成果可见。"

讲到这里，柯锋停顿了下，问蔡美丽："我听玉琪说，你们每次项目结束的时候，都会帮客户做一些总结视频。"

蔡美丽点了点头："是的，我们这期的培训管理者项目也有。"

"小川，这个你跟美丽多学学，将来我们自己做项目也用得着。"柯锋对郭小川吩咐道。

"好。"郭小川爽快地答应了，于公于私，这都是自己应该要做的事情。

"第二，有形成果扩大化。"柯锋拿起另外一个杯子摆在了一边，继续道，"这个正是刚才微博给我的启示，我们要利用好各种平台工具，及时地进行营销宣传，将有形成果扩大化。我想了想，这里面有几种途径。首先，是公司门户及内部刊物。这个就像我们当年做报纸时一样，每个重点项目，我们都要及时地写报道进行宣传。"

"除了宣传报道，我觉得每天可以将'培训掠影'做成图片新闻。"郭小川建议道。

"好主意，这个更有时效性。"柯锋肯定道，"总之，在领导决策层会关注的公开渠道，培训要有自己的一席之地。"

"其次，就是微博。现在大家几乎每个人都有微博，像晚上十点了，还有人发微博，说明微博的使用量是很大的。对于我们来说，如此有重大影响力的宣传平台更要善加利用，我们可以鼓励学员写微博、转发，提升培训项目的关注度。"

郭小川点了点头，暗暗记下了柯锋的要求。

"第三，扩大成果仪式化。"柯锋将最后一个杯子摆在了一旁，问在座的三人，"你们知道双十一吧？"

蔡美丽略作回忆，答道："好像最初是前年——2009年淘宝天猫做的活动，营业额远超预想的效果，于是阿里后来就将每年11月11日作为天猫举办大规模促销活动的固定日期。"

"嗯，对的。2009年，双十一销售额才0.5亿元，2010年的双十一，销售额已经达到了九个亿。"柯锋说道，"从五千万到九个亿，这何止天壤之别，而且我估计今年会更多。"

"所以，阿里从偶然的营销点子，到经过规律化、不断重复的强化行为，硬生生造出了个'双十一'，造出了个全民狂欢的购物节。而这种通过'复制一系列固定不变的动作，以便再唤起、再创造某种特定情感'的行为就是'仪式化'。如果微博营销可行，效果不错，我们就可以把它固化下来，从自选动作到必备动作，化一时精彩为恒久经典，形成我们培训营销的套路，这个就是'扩大成果仪式化'。"柯锋总结道。

"无形成果有形化，有形成果扩大化，扩大成果仪式化。"郭小川念叨了一句，柯锋总结出来的这个"三化营销"还真顺溜。

"赞，赞，赞，柯主管！"蔡美丽伸出大拇指，由衷地赞叹道。她现在多少有点明白为何一向心高气傲的何玉琪会喜欢上眼前的这个男人了。

"岂止是你，连我这做了多年的老HR（Human Resource，即人力资源管理，"老HR"指代做了多年人力资源管理工作的人）也被折服了，自愧不如啊。"梁玉梅讲道。

"你们就别笑话我了，我这培训新兵还得多向你们学习才对。"柯锋笑道，"来，我们一起喝一口，把杯中酒清掉。"

"这一口的由头是？"梁玉梅打断道。

"由头？"柯锋一愣，喝酒需要由头，是正常不过的事情，可这酒都要喝完了，还有什么由头？

"既然没有由头，那我提议，就为了小柯想出来的'三化营销'干一杯吧。"梁玉梅笑道。

"好，为'三化营销'干杯。"郭小川大声附和道。四人一起站起来，碰了碰酒杯，一饮而尽。

"四个人就喝这点啤酒，还在这里吵吵嚷嚷什么！"一个突兀的声音从隔壁桌传了过来。

柯锋顺着声音转过头去，只见隔壁的餐桌不知道什么时候坐了三个年轻人，正挽着袖子喝酒，面前的餐桌上两瓶高粱酒已经喝下去了一瓶半。喊叫的正是坐在三人中间的胖子，秃头，脸上带疤，眼里闪着戏谑的神色。

第三十四章

横生枝节

听到光头胖子刺耳的话，郭小川脸色一变，张嘴准备还击，柯锋却朝他摇了摇头，示意他不要吭声。

邻座的三人，一脸的无赖，而且敢在潮海大排档里如此嚣张跋扈，估计是这一带的地头蛇，专门没事找事。

培训管理者这个项目是柯锋今年开局的第一个重点项目，他绝不允许有任何的意外发生。因此他及时制止了郭小川，避免发生无谓的冲突。

柯锋朝服务员扬了扬手，喊了一声："服务员，买单。"

"先生，买单请到前台。"服务员走过来，回道。

柯锋闻言并没有起身，他担心自己一走，这里再生出意外，因此直接把钱交给了服务员，让他去前台帮忙结账。服务员跑去前台买单的时候，隔壁桌的光头胖子见柯锋四人并不理会，更加气焰嚣张，喊道："他们两个男的一人一瓶啤酒，我们哥儿仨今晚一人一瓶白酒，让他们看看，什么才是真正的男人！"

郭小川被光头胖子这几句话刺激得脸色铁青，尤其是在蔡美丽面前，被人当面侮辱不是男人，这比杀了他还难受。

"小川。"柯锋见郭小川脸色不对，轻轻敲了敲桌子，沉声提醒道。

郭小川咬了咬牙，他也知道现在不是较真的时候，握着拳头，把一口恶气硬生生地压了回去。

服务员把找零递给柯锋后，四人便起身准备离开大排档，谁知刚走到大厅中间，邻桌的光头胖子却霍地一下站了起来，从桌后绕了出来，疾走两步，嘴里喷着酒气，挡在了四人面前。

郭小川见状，下意识地一把拉住身旁的蔡美丽，把她拽在了自己的背后。蔡美丽猛地一个趔趄，扶住郭小川的肩膀才站稳，心里不禁一热：没想到表面文弱的郭小川，遇事能如此护住自己。

"果然是个美女啊。"光头胖子不看其他人，骨碌碌的小眼睛绕过郭小川，只盯着蔡美丽，毫无顾忌地把蔡美丽从头到脚扫视了一遍。

刚才光头胖子只是觉得邻桌的这个女孩长得不丑，并没有太在意。但当蔡美丽站起身来时，光头胖子随意地一瞥才发现，原来这女孩五官精致，身姿曼妙，竟是个大美女。

这光头胖子今晚喝了七八两白酒，因此不太确定自己是不是酒喝多了，看花了眼，这才一时兴起，借着酒劲，跑到大厅中间挡住了四人，要当面瞧个明白。

"你要干什么？"郭小川见光头胖子不怀好意地盯着蔡美丽，一时血脉偾张，也顾不得柯锋的提醒，开口怒斥道。

"服务员——"柯锋高声叫道，随即也向前一步，与郭小川站在一起。既然潮海大排档的老板能在这个地方开这么长时间的店，估计也不是等闲之辈，这等流氓无赖交给他们处理更加合适。

"刚哥，来来来，咱们回去喝酒，我再帮你们兄弟上几个好菜。"服务员听到柯锋的喊叫，急忙从后头跑了过来，拉了拉光头胖子的胳膊，讨好道。

柯锋心头一紧，看来这服务员跟眼前的光头胖子认识，而且不光认识，还不敢得罪。如此一来，这事就有点棘手了。

光头胖子根本不理会服务员，他一脸淫邪，拍开服务员搭在自己胳膊上的手，一双小眼睛直瞪着郭小川："小子，你站在前面干啥？给我滚开一点，别妨碍老子看美女。"

"好狗不挡道，该让开的是你。"郭小川既然护在了蔡美丽前面，就绝没有退让的道理。

"欸？你骂谁呢？"光头胖子没想到刚才还闷不吭声的小子竟然敢还嘴骂他，他的小眼睛一下瞪得老大，恶狠狠地吼道，伸手就推了郭小川一把。

郭小川没想到光头会动手，身子冷不防被推得后退一步，蔡美丽赶紧从旁扶住了他。

"好狗不挡道，我再说一句。"郭小川重新站直了身子，往前一步，又站回在光头胖子面前，一脸怒色，并无惧意。

"你这是活腻了啊！"光头胖子指着郭小川的鼻梁骂道，话音未落，就随手抄起旁边桌上的啤酒瓶，要朝郭小川的头上砸去。

郭小川本来计划如果光头再推他，就一定还手回去。谁料到这光头胖子竟直接抄起了啤酒瓶抢了过来，速度太快，让他一时忘记了躲闪。

眼看着这啤酒瓶就要砸到郭小川的脑袋上，真砸上了，郭小川必定要皮开肉绽，一旁的蔡美丽惊得禁不住叫出声来。这时，忽然有人抓住了郭小川的胳膊，一股大力将他带向了一旁，待郭小川再站定时，柯锋已经挡在了他的前面。

柯锋一直没有动作，一是想着能避免矛盾就避免矛盾，实在不想节外生枝；二是如果真的避免不了，最好也是由对方先出手。另外，跟着光头胖子的还有两人，已经站在了光头胖子的身后，柯锋得密切关注着这两个人的举动。此时，见光头胖子抢起了酒瓶要砸郭小川，柯锋知道自己再不出手，郭小川今晚可要遭殃了。因此在千钧一发之际，他伸出右手，猛地将郭小川拉向自己这边。

光头胖子这次使了大力，没想到却抢了个空，此时见对方另外一个男子站了出来，怒火不由在胸中翻腾，愤怒的胖脸都开始扭曲起来。他怒吼道："你们一个两个，都不想活了！"这话还没说完，他抢起手中的酒瓶就朝柯锋头上砸了过去。

"找死！"柯锋暗骂一句，肩膀一侧，躲开了光头胖子的酒瓶攻击，在光头还未反应过来时，一记直拳重重地打在了他柔软肥大的肚子上。

光头胖子并未看清眼前男子的动作，就感觉一股大力砸在了自己的肚子上。初始他并不觉得什么，等他刚想直起身来时，才感觉胃部整个绞在了一起，疼痛异常。他一声闷哼，坐倒在地上。

散打讲究远腿、近拳、贴身摔，而关于拳法，又有直拳、勾拳、摆拳三种。在这三种拳法中，摆拳的威力最大，但柯锋当年训练时，却痴迷于速度最快的直拳。追求速度一定会影响力量的发挥，不过柯锋发现这也要看打在什么位置。比如，如果直拳打在对方身上肌肉较多的地方，如上臂、胸口，那造成的伤害自然有限。但要是打在防护很弱的地方，比如肚子上，那就另说了。据此，柯锋专注训练了自己的直拳，不仅速度奇快，而且一旦击中，立刻就可以让对方肠胃痉挛，放弃抵抗。

光头胖子在抢起酒瓶要砸郭小川和柯锋时，并没有要留情的意思。此时，柯锋击出的直拳同样使上了十二分的力气，没有一丝怜悯。

一高一瘦的两位同伙眼见光头胖子跌坐在地上，头上直冒冷汗，捂着肚子哀嚎，惊诧之下也顾不得上前扶起光头，一人抄起一个啤酒瓶，就准备冲上来。

"老板，还要继续看戏吗？"柯锋脸色冷峻，猛地吼了一声。

这一声吼，立时将一高一瘦的两位帮手镇住了。待他们反应过来，准备继续往前冲时，另一个声音传了过来："都给我住手！"

众人看去，一个年纪在五十开外，精精瘦瘦，穿着一双人字拖，右手的大拇指上戴着一枚硕大的玉扳指的男子出现了。

"刚娃子，小卓，阿强，你们几个怎么跑到我的店里闹事来了？"精瘦男子走上前来，先是对着三位青年一阵训斥。

"啊……三叔……啊……痛……不是我们闹事……是我被人打了。"坐在地上的光头胖子望着精瘦老板，一边呻吟，一边诉苦道。

精瘦老板脸色一变，转头看着柯锋几人，脸上阴晴不定："怎么，是你们把人给打了？"

柯锋心里觉得好笑，他来潮海大排档吃夜宵的次数虽然不多，但也有五六年了，自然知道这店里谁是老板，刚才事情发生时，这精瘦老板就躲在后面看着，岂会不知道是怎么一回事。听这几个人的对话内容，看来他们不仅相熟，而且还有着亲戚关系，现在再看这精瘦老板的反应，摆明是帮亲不帮理了！

"我们把人打了？老板你也不看看，刚才这光头抢酒瓶子准备砸人的情景，要是真被他砸到了，现在在这里躺着的就是我们了。"柯锋还没来得及说话，蔡美丽竟冲上前来，对着精瘦老板情绪激动地说道。

整个晚上，蔡美丽的心情就像坐过山车一样，起伏最大，此时见大排档的老板竟然一口反咬了过来，气愤难忍，就直接冲了出来和对方评理。

"你们有人被酒瓶子砸着吗？"精瘦老板瞅了瞅蔡美丽，又瞅了瞅柯锋三个，"我看没有啊，我现在看到的就是刚娃子坐在这里，受了伤，你们说怎么处理吧！"精瘦老板说这话时并不是在问蔡美丽，而是直接看向了柯锋。

"老板，那依你看要怎么处理？"柯锋脸色平淡地反问道。

"这个，我想想。"精瘦老板看了看坐在地上的光头胖子，略作沉吟，"这样吧，你们出五千块钱，给刚娃去看看伤。"

"什么？五千块钱，你还不如去抢！"蔡美丽惊呼道。

"什么？！打了我一拳，这五千块钱岂能了事？"坐在地上的光头胖子嘟囔了一句，不知道是真不愿意还是在装腔作势。

"那就报警。"郭小川看不下去了，插话道。

精瘦老板用鼻子"哼"了一下："你们说刚娃子拿酒瓶砸你们，现在没凭没据，即使报了警，警察也不会向着你们。"

郭小川看了看周遭，有点无语，刚才打起来的时候，吃夜宵的客人怕是连累到自己，都悄悄地结账离开了，现在没了人证，真细究起来，自己这边并不占理。

"五千块钱，能不能再少点？"柯锋看着精瘦老板，问道。

"这个要问当事人。"精瘦老板没有直接回答，而是看向了光头胖子。

"哼！要么出五千，要么一个都不能走！"光头胖子骂骂咧咧，捂着肚子，显得十分不乐意。

"就是，就是……"那两个一高一瘦的同伙一边附和，一边还用手里的酒瓶子敲着桌子，发出"砰砰砰"的响声。

"看来这个是最低价了，"精瘦老板显得有点无可奈何，劝道，"你们还是花点钱，息事宁人的好"。

"哈哈。"柯锋竟然笑了笑。笑完，他盯着精瘦老板，一字一顿地说道："既然你们的立场那么坚定，那我也硬气一回，我一分钱也不愿意出。"

"你……"精瘦老板有些错愕，他没有料到眼前的这几位还真是敬酒不吃吃罚酒。他顿了几秒，装模作样地叹道："那我就爱莫能助了，实话告诉你们，即使报警，警察来估计也得半个小时，那时候是个什么情景，别怪我没有事先提醒你们。"

说完这些，精瘦老板摩挲着自己的玉扳指，趿拉着人字拖，转身就准备离开。

"老板，等一下。"柯锋出声叫道。

"怎么？改变主意了？"精瘦老板转过身，心里暗道：几个嫩娃子，还是不经吓啊！

柯锋摇了摇头："我之所以一分钱也不愿意出，自然有我的理由。"

"什么理由？"精瘦老板看了柯锋一眼，问道。

柯锋接过梁玉梅递来的手机，在精瘦老板面前晃了一下："其一，刚才这胖子拿啤酒瓶砸我们的事情，并非无凭无据，我的同事已经全程录了下来。"

精瘦老板看着柯锋手中的视频，脸色一变，如果对方手里握着这样的证据，那就是另外一回事了。自己的光头侄子伤人在先，而且使用了啤酒瓶这样的凶器，到了派出所，怕是要"吃不了，兜着走"了。

"这个视频我已经发给了我同寝室的舍友，如果今晚我们晚回去一点，估计我的舍友就应该报警了。"梁玉梅在一旁补充道。这个她倒没有撒谎，刚才眼见形势不对，她就偷偷开了手机摄像，录完视频后，更是在第一时间通过彩信传给了舍友。

啊！精瘦老板脸色又是一变，这么说，即使毁了眼前的证据，也没有什么用处了，再晚一点，说不定真把警察招来了。

"其二，恐怕老板还不知道我们几个是从哪里来的吧。实话告诉你，我们是粤富能源负责培训的，我相信老板也清楚，你这大排档因为离我们培训中心近，我们不少同事都是你们的老顾客，支持你的生意。"柯锋顿了顿，"如果我们回去将今天的事一说，视频一发，让大家都知道在这里吃夜宵根本不安全，或者我们甚至可以以保障学员安全的名义，严禁学员来这边吃夜宵。我想，会不会对老板你的生意有影响呢？"

柯锋这话一讲，精瘦男子背上的冷汗就冒了出来。他这家店本来地处偏僻，后来就是因为粤富能源的培训中心建在了附近，带动了消费，自己这家潮海大排档的生意才好起来。粤富能源集团是中粤省最大的能源集团，下属有多家分子公司，单是每年这个培训中心的培训人数就接近三万人次。如果真按柯锋说的，他们回去发个警示通知，他这生意根本就没办法做下去了。

"不仅会告诉我们的同事，今晚的事情，我已经写好了微博，随时准备一键发送，可以好好地向大家介绍一下你家的这个大排档，生蚝虽然味美，但人身安全压根没有保障。"蔡美丽适时地冒出来两句，补了补刀。

"小兄弟，不用这样吧。"精瘦老板打了个哈哈，脸上堆起了讨好的笑容，立刻像换了个人似的。如果眼前的小伙和姑娘真这么干了，那就是绝自己的财路啊，为了五千块钱，和这不争气的二混子侄子，完全犯不上啊。

"那不知道老板，我们这五千块钱……"柯锋故意停住不说，笑看着精瘦老板。柯锋本来就一身正气，这么一呛，老板还真不敢小看他们。

"不用，不用。"精瘦老板慌忙摇了摇头，一脸的谦和，"是我们招待不周，还望几位贵客多海涵。"一边说，一边对一旁的服务员说道，"这几位贵宾结账了没？没结账的话，这顿算我请。"

"不用了，我们结过了，多谢老板的好意。"柯锋笑道，"那老板，我们是不是可以走了？"

"可以，可以，只是这小姑娘写的微博……"精瘦老板点头哈腰，看着蔡美丽，犹豫道。

"微博可以不发，那这位的医药费？"柯锋故意显得有点为难，看着还在地上坐着的光头男子。

"不用，不用，这都是他自找的。"精瘦老板看着光头胖子，这时都恨不得自己再上去踹上两脚。

"三叔，不能就这样算了，不能让他们就这样走了啊。"光头胖子一边呻吟，一边吼道。

"一天到晚光知道惹事。"精瘦老板越想越气，走上前，冲着光头胖子就是一脚，在他的哀嚎声中，目送着柯锋四人从容地走出了大排档。

第三十五章

利益交换

柯锋等四人回到培训中心时已经十一点了。

直到走进培训中心的大门，柯锋一直揪着的心才算真正放了下来。一路上他虽然表面平静，心里却是在小心提防，担心光头胖子会纠集同伙赶来报复。对付三四个像光头胖子这样的地痞流氓，柯锋不在话下，可自己这边还有梁玉梅和蔡美丽两位女性，万一疏忽，出点差错，柯锋作为项目负责人，就真的没法交代了。

"大家都早点休息吧。"进了住宿楼，柯锋对另外三人说道。

"总算有惊无险！"梁玉梅也松了口气，今晚这顿夜宵吃得还真是惊心动魄，就算是经验、阅历在几人中最丰富的她，此时想起也觉得后怕。她打了个哈欠，抬脚就向电梯的方向走去。

柯锋跟上了梁玉梅的脚步，见郭小川和蔡美丽在身后磨蹭，没有要立即上楼的意思，就笑着摇了摇头。晚上吃夜宵时梁玉梅曾说过"祸兮，福之所倚"，今夜之事对于郭小川、蔡美丽两位来说也不知道是好是坏。

"你没事吧？今晚没吓着你吧？"与蔡美丽独处时，郭小川还是有点紧张，他搓了搓手，拘谨地表达着关心。

"没事。"蔡美丽盈盈一笑，正视着郭小川，"小川，谢谢你。"

"不用谢，都是我应该做的。"郭小川挠了挠头，一脸憨厚。

"不，不是每个人都能像你这么勇敢的。"蔡美丽摇了摇头，"我是从心底感激你能够挺身而出的。"

蔡美丽这话讲得客气，倒让郭小川生出了一丝不安，他摆了摆手："我们是朋友嘛！朋友有难，自然是两肋插刀了，是不是？"

"是的，我们是朋友。"蔡美丽倒是很认同郭小川的这个说法，她莞尔一笑，"下次你有难，我自然也不会袖手旁观的。"

“就是嘛。”郭小川傻笑着，又抬手看了看手表，试探着问道：“你晚回去一会儿没事吧？”

蔡美丽笑了笑，咬了咬嘴唇：“小川，我还有话对你说。”

“你说。”郭小川心里咯噔一下，没来由地感到心慌。

“对于我来说，我们肯定能够成为很好的朋友。”蔡美丽笑道。犹豫片刻，她还是坚定地讲出了后半句：“至于其他的，可能不合适。”

这次培训以来，郭小川的处处照顾已经让蔡美丽感受到了异样，今晚在大排档郭小川和光头胖子的对峙更是印证了自己的猜测。女人都是拥有第六感的敏感动物，对这些情感的体察和判断往往神一样地精准。

郭小川一愣，他没想到蔡美丽会直接对他讲出这样的话，当时就像被人从头到脚浇了一盆凉水，全身麻木，呆在了原地。

……

回到房间，柯锋从兜里摸出了手机，见竟然有好几个何玉琪的未接来电，就慌忙拨通了电话。

“怎么不接电话？”电话刚接通，何玉琪的声音就传了过来，充满了焦虑和不安。

“对不起，玉琪，出了点事。”柯锋听到何玉琪焦急的声音，很是心疼，赶紧安慰道。这次培训管理者项目实施期间，何玉琪刚好要跟随余智出差，因此并未到场。

“什么事？你没事吧？”何玉琪忽然想起上次在江边遇险的情景，心一下就提到了嗓子眼。

“我没事，你不用担心。”柯锋心里一暖，他在房间的沙发上坐下来，找了个舒服的姿势，这才继续讲道，“今晚发生的事情，有好事，也有坏事，你要先听哪一个？”

听到柯锋没事，何玉琪悬着的心才放了下来。她噘着小嘴，对着话筒不满地说道：“打了那么多电话都不接，你知道人家有多着急吗？哪里有心情和你逗乐。哼！爱说不说。”

“好，好，好，我错了。”柯锋连连告饶，“别生气了，那我就先给你讲件好事让你开心一下吧。”

"嗯，这才对嘛。"何玉琪点了点头，"说吧，什么好事？"

"蔡美丽有男朋友吗？"柯锋没有回答，而是问了另外一个问题。

"怎么？你要帮她介绍男朋友？你什么时候转行当媒婆了啊？"何玉琪盈盈笑道。

"你先告诉我她有没有男朋友吧。"柯锋继续问道。

"没有。"何玉琪摇了摇头，"美丽人长得漂亮，做事又尽心尽责，追她的倒是有几个，但是就没有她看上的。"

看来郭小川这小子有戏，柯锋笑道："我们部门的郭小川你有印象吗？"

"有啊，挺憨厚干练的一个小伙子。"何玉琪顺口回答，忽然像是明白了什么，讶然道，"怎么，他喜欢上美丽了？"

"好像是有这么个意思。"柯锋含糊其词。

"这可不行。"何玉琪不假思索地回道。

"啊？为什么？"柯锋没想到何玉琪竟会一口反对。

"我们智传咨询的两大美女，不能都被你们粤富石油的人拐跑了。"何玉琪回道。

何玉琪这个反对的理由让柯锋一时无语，他故意说道："那这样的话，我还是先成全小川吧。"

"你敢！"何玉琪在电话那边攥了攥拳头，顿了顿，话锋一转，"不过说实话，你说的小川这事可能比较难。"

"为什么？"柯锋不解，他倒觉得郭小川和蔡美丽还是蛮般配的，却不知何玉琪为何不看好。

"我听你说过，郭小川是2009年毕业的，他好像比我还小一岁吧？"何玉琪解释道，"而蔡美丽比我还早一年毕业呢，大我一岁，两人之间年龄有差距啊。"

这个事情柯锋倒真没太注意，郭小川、何玉琪、蔡美丽三人站在一起，看起来就是同龄人。他笑道："大有什么关系啊？女大三，抱金砖啊。"

"抱你个头，美丽不喜欢年龄比自己小的男生。"何玉琪嗤之以鼻，"我告诉你，可别乱点鸳鸯谱。"

"好吧。"柯锋作罢,心里只能祈求郭小川自求多福了。

"你这讲的好事不好,那坏事也不坏吧?"何玉琪说道。

"不,这可是件真的坏事。"柯锋说道。接着他就原原本本地把今晚在潮海大排档的经历给何玉琪讲了一遍,听得何玉琪是心惊肉跳,听完很久心情还难以平复。

"你们最好不要再跑到外面去吃夜宵了。"何玉琪叮嘱道。

"这是自然,安全第一嘛。"在大排档时,柯锋称自己是粤富能源负责培训的,虽然粤富能源其他分公司的培训学员他管不了,但至少粤富石油这个培训班的学员,他决定要重点强调一下安全。

"蒋鹏最近在做什么?"何玉琪忽然问道。

"呃……"柯锋一愣,"怎么提到他了?"

"大排档的事,"何玉琪猜测道,"会不会是他指使人干的啊?"

"不太可能。"柯锋在脑子里把晚上的事情过了一遍,摇了摇头,蒋鹏虽然为人阴险,但倒不至于和光头胖子这样的人搅和在一起。

"那就好。"何玉琪说道。她和柯锋确立关系后不久还接过蒋鹏的一次电话,在电话中蒋鹏兴许是喝醉了,扬言如果她真的和柯锋在一起,他就要柯锋付出代价。所以今晚柯锋一说到在大排档发生冲突的事情,何玉琪就想到了蒋鹏,只是最近蒋鹏没有再主动联系过她,好像忽然间就从人间蒸发了似的。

话分两头,这天早上,蒋鹏一觉醒来,头疼欲裂,脑子里也是嗡嗡作响。他睁开惺忪的双眼,看见头顶椭圆形的吊灯,才意识到自己是躺在家里的大床上。

盯着吊灯看了几秒,适应了卧室的光线,蒋鹏转了转脖子,将头侧向了一边。侧头的一瞬间,蒋鹏感觉大脑仿佛一下失去了指挥自己行动的能力,全身麻木,动弹不得,只有两只眼睛愣愣地看着身边正在熟睡的女孩。

女孩二十三四岁,有着浓密金色的大波浪长发,长长的睫毛下的一双眼睛正安静地眯着,性感丰厚的嘴角微微上翘,仿佛正做着甜蜜的美梦,而露出被子外面的一截胳膊白如玉脂,煞是诱人!

自己的床上怎么会平白无故地躺了一个女孩?

蒋鹏愣了几秒，魂才回到了自己的身上。他伸手在脸上拧了一把，确认自己不是在做梦。盯着女孩的样子看了半天，恍恍惚惚中，他才渐渐回忆起昨天发生的事情。

昨天，当柯锋四人抵达潮海大排档准备吃夜宵时，蒋鹏刚从李若仙的家里吃完饭出来。

五一休假，从山东回到花城以后，蒋鹏在叔叔蒋跃进的叮嘱之下去过李若仙家里一次，并提了一些从家里带来的特产。自从和李若仙快速地确定了男女朋友关系，蒋鹏就谨遵叔叔的指示，小心翼翼地和李若仙相处，甚至连他心里最割舍不下的何玉琪也一时断了联系。

这天正是李若仙的父亲李卫国的生日，蒋鹏跟着叔叔蒋跃进应邀登门参加晚宴。只是令蒋鹏感到意外的是，这天的宴会李卫国并未邀请粤富石油党委书记蔡昌明，除了李卫国一家三口，就只有自己和叔叔两个外人。

李卫国的家在花城帝苑，与珠江相邻，是花城最贵的小区之一，一百八十平方米的房间被装饰得富丽堂皇。第一次到李卫国家拜访时，蒋鹏就曾被这豪华装饰给镇住了。蒋鹏当时心想，以李卫国粤富能源集团人力资源部部长的工资，要想在帝苑拥有这样一套房子，怕是要等到猴年马月了。不过李卫国同时兼任了粤富能源的组织部部长，掌握着绝大多数中层干部的前途命运，有着这样的居住条件也就不足为奇了。

晚宴尽管只有五个人，但菜品却非常丰富，清城鸡、东山羊、西江鱼……满满地摆了一桌。

"蒋书记，尝尝这个鸡肉，正宗清城走地鸡。"李卫国夹了一块鸡肉，放到了蒋跃进面前的碗里。

"李部长，不敢，不敢，我自己来。"蒋跃进谦让道。

"在自己家里，还这么客气干什么？"李卫国哈哈一笑。若只是论行政级别，李卫国和蒋跃进都是副局级，平起平坐。但李卫国是在粤富能源集团总部中枢任职，而蒋跃进仅是子公司粤富石油的一名纪委书记，因此在蒋跃进面前，李卫国还是有着巨大的地位和心理优势的。

"好，那我就听李部长的。"蒋跃进表面放开，笑着说道，同时叮嘱一旁的蒋鹏，"蒋鹏，给你李叔叔把酒满上，我要敬他一杯。"

蒋鹏听到这话，慌忙放下筷子，拿起桌上的飞天茅台，就要起身为李卫国倒酒。

"老李啊，你们两个要喝酒就自己倒，孩子还有孩子的事情呢。"李若仙的母亲一把拉住了蒋鹏，不满地瞪了一眼李卫国。

"好，好，我们自己动手，丰衣足食。"李卫国笑着说道。他在粤富能源集团是"吼一吼，地要抖一抖"的人物，能够让他言听计从的人不多，唯独家里的这位妻子能让他感到害怕。

"嫂子批评得是，我们自己喝，自己倒。"蒋跃进慌忙拿起酒瓶，先为李卫国倒满了酒，又为自己满上了一杯，然后和李卫国喝了起来。

"小蒋，吃菜，这鱼不错，尝尝。"李若仙的母亲夹了一块鱼肉放到蒋鹏的碗里。

蒋鹏连声致谢。他坐在李若仙和她母亲中间，觉得浑身不是滋味，他倒更愿意去伺候李卫国和蒋跃进。

李卫国和蒋跃进连干了三杯，这酒桌的气氛就渐渐热烈开来，两人之间的称呼也变了。

"跃进啊，集团基本已经确定了，老高提前退休，最晚到今年9月份。"李卫国夹了一筷子羊肉，嚼了嚼，对蒋跃进说道。

"哦，确定了？"蒋跃进面有喜色，努力压制着内心的激动，李卫国所说的老高指的正是粤富石油现任的总经理高文刚。

"确定了，你们班子调整也就是今年七八月份的事情了。"李卫国说道。

"那老弟的事情，还要多靠李大哥了。"蒋跃进拿起酒杯，就要敬李卫国。如果高文刚隐退，现任党委书记蔡昌明担任总经理的话，那么空缺出来的党委书记这个位子，蒋跃进就有晋职的可能。不过这事却并非易事，因为在粤富石油现在的班子排名里面，蒋跃进仅排在第六位，不说比起常务副总，即使比起其他的两位副总经理，他的排名也是靠后的。所以要想将党委书记一职纳入囊中，没有集团层面李卫国的助力，基本就没有实现的可能。

李卫国拍了拍胸口，刚准备答应，李若仙的母亲却发出了一连串刻意的咳嗽声。

"哦——"李卫国一拍脑袋，自己险些把正事忘了。他拿起酒杯，和蒋跃进碰了一下，开口讲道："跃进啊，这小鹏和若仙在一起也有一个多月了，我看两人挺合适的，择日不如撞日，要不我们今晚把两个娃的日子给定了？"

蒋鹏正在吃菜，听闻李卫国的话，头顶像炸了个响雷，和李若仙谈男女朋友是一回事，真正的结婚成家可是另外一回事了。他斜眼瞄了一下正在大快朵颐的李若仙，心里冰凉冰凉的，只得用祈求的眼神看着自己的叔叔蒋跃进，期望他别答应得这么快。

"啊，这事……"蒋跃进稍微迟疑了一下，就迅速地打定了主意，对李卫国说道："我们小鹏肯定没问题，就怕若仙看不上我们家小鹏啊。"

蒋跃进这话一讲，蒋鹏的心沉坠得像灌满了冷铅，直直地往下坠去。

"若仙，你蒋叔叔说，他们没意见，现在问你的意思呢。"李若仙的母亲在一旁帮腔道。正所谓丈母娘看女婿，越看越喜欢。蒋鹏虽然瘦点，但长得挺斯文，招人喜欢。何况自己的女儿现在已经三十岁了，老大不小，前面谈了几个都没成，再挑下去，恐怕就要真成"剩女"了。

李若仙羞红了脸，低声道："这事我听父母的。"

蒋鹏木然地坐在凳子上，听着李若仙的话，脑海里竟然不合时宜地想起了一个段子。古时候男子上门提亲，如果姑娘满意，就会一脸娇羞地说"终身大事全凭父母做主"；如果不满意，就会说"女儿还想孝敬父母两年"。现在这段子真真正正地发生在自己身上，蒋鹏是无论如何也笑不出来了。

后来的晚宴，蒋鹏就像一个局外人，看着李卫国一家人和自己的叔叔一起讨论着自己的终身大事，不仅将定亲的日子定在了今年的10月1日，而且连结婚的日子也确定了，定在了第二年的5月1日。

晚宴丰盛，宾主尽欢。通过利益交换，李卫国一家心想事成，蒋跃进的目的也达到了，唯独当事人蒋鹏觉得自己就像被牺牲的筹码，随意地被丢进了垃圾堆。

从李卫国家里出来，蒋鹏开车回了自己的小区。坐在车里闷闷地抽了一包烟之后，蒋鹏从车库出来，直接走向了小区外面的江边。

初夏，江边的风热烘烘的，但吹在蒋鹏身上，却让他感觉一阵冷意。蒋鹏知道，自己本可以抗拒这样的人生安排，但他不仅顶不住来自叔叔蒋跃进的压力，而且内心也无法拒绝美好前途和权柄的巨大诱惑。

这就是一个真实的世界，充满着矛盾。

蒋鹏在江边走了很远，住进这个小区以后，他还是第一次独自在江边走了这么远的路，直到看到了一家名为"初恋"的酒吧，他才停住了脚步。

初恋是什么？爱情又是什么？自己现在不仅没了初恋，连爱情也一起葬送了！

蒋鹏心里苦闷，摇晃着进了酒吧。而现在躺在他身边的这位有着金色大波浪长发的女孩，就是在"初恋"酒吧中遇到的。

第三十五章 利益交换

第三十六章

酒吧艳遇

凌晨，江边路，"初恋"酒吧。

这是一家清酒吧，在江边路上偏安一隅，要不是酒吧的名字特别，应该会被大多数路人忽略。酒吧闹中取静，内部装修简洁而文艺，正中的吧台墙面摆满了各种类型的威士忌，当顶的射灯透着浅蓝色的光照在吧台上，朦胧得让人看不清威士忌的品牌。而在吧台的一侧，有一位穿着牛仔装的驻唱歌手，手里弹着吉他，嘴里清唱着情歌，婉转而悠扬。

"来，再给我来一杯。"蒋鹏坐在吧台前，眼皮也不抬，直接将空杯推给打着蓝色领结的帅气调酒师。

"先生，你已经喝了两杯啊。"调酒师眉头一皱，好心劝道，"再喝，恐怕要醉了。"

"废什么话，让你拿来就拿来。"蒋鹏嘴里嘟囔着，不满地将玻璃杯往吧台上一磕，发出"哐"的一声。

自打进了"初恋"酒吧，蒋鹏在吧台前坐下就开始喝闷酒。一个人喝酒，越喝越难受，越难受喝得越多，转眼间，两大杯威士忌就下了肚。

调酒师拿过蒋鹏的酒杯，转身准备为他续酒，这时一个轻柔的声音传了过来："帅哥，再来一杯'初恋'。"

这个声音喊得没错，"初恋"酒吧的招牌酒当属"初恋"，这是酒吧特地调制的一种鸡尾酒，颜色上蓝下粉，水果香味和酒融合得天衣无缝，柔滑如丝，香甜如初吻。不过蒋鹏对于这个招牌酒却没有什么兴趣，他觉得这酒是专为女孩子配的，因此点了酒性更烈的威士忌。

蒋鹏顺着轻柔的声音看去，右手边不知道何时坐了一个穿着黑色短裙的女孩，身材丰腴。细看，这女孩浓密金色的大波浪长发随意地披在肩头，细长的柳眉被描成了浅紫色，妩媚的大眼眸含春水，清波流盼。

金发女孩见蒋鹏望向自己，举了举手中的酒杯，眼神中充满着迷人的魅惑。

　　蒋鹏心里好像被什么电了一下似的，他过往所喜爱的女孩，像白黎、何玉琪都是清澈明亮，秀气中带着冷漠的那一种类型。蒋鹏也一直以为自己只对这种类型的女孩感冒，谁知道面前的这个娇媚十足的女孩却带给了他别样的吸引力。

　　"一个人？"蒋鹏借着酒劲，开口问道。

　　"嗯。"金发女孩轻轻点了点头。

　　"请你喝一杯？"蒋鹏见金发女孩没有拒人千里之外的意思，就邀请道。

　　"可以呀。"金发女孩爽快地答道，只是眉眼间不经意地闪过一丝悲凉。她早就注意到了这个身材瘦长，戴着金丝眼镜，一个人在吧台前喝闷酒的青年。她看蒋鹏长相斯文，满脸忧郁，倒是不惹人生厌，因此当他开口后，她就欣然应允了。

　　"靓仔，这位美女的'初恋'算我的。"蒋鹏对调酒师说道。话讲完，他见金发女孩哧笑地看着自己，才觉得这话有歧义，连忙解释道："我说的是酒。"

　　金发女孩会意地笑了笑，眉毛轻挑，没有吱声。

　　调酒师调好"初恋"后，没有直接递给金发女孩，而是放到了蒋鹏的面前，并递了一个眼神给他。对于调酒师自鸣得意的殷勤，蒋鹏并不领情，他鼻子轻哼一声，直接端起鸡尾酒站了起来，谁知一站起来竟有点头晕目眩。这两大杯威士忌不是白开水，全部被灌进了肚子后，此时开始显现威力。蒋鹏慌忙用手扶了下吧台，才将摇晃的身子稳住，这才慢慢地走到女孩的凳子旁，顺势挨着女孩坐了下来。

　　"你的'初恋'。"蒋鹏看着女孩，挤出一个帅气的笑容。

　　金发女孩对于蒋鹏挪到自己身旁这件事情有点紧张，但也没有拒绝。她接过鸡尾酒，性感的嘴唇轻启，淡淡地吐出两个字："谢谢！"

　　靠近金发女孩时，蒋鹏嗅到了一股香味，但这显然不是香水的味道，而是女孩独特的体香。他举起自己的威士忌，说道："喝一口？"

金发女孩没有立刻回应，她盯着手中颜色绚丽的鸡尾酒，问蒋鹏："为了什么？"

蒋鹏没想过这个问题，"喝酒就喝酒，哪里来的那么多为什么？"

"不！"金发女孩摇了摇头，"总要有个理由！"

"好。"蒋鹏没想到这女孩还挺固执，"那你说……为了什么？"

"为了这可恶的初恋！"金发女孩大喊了一句，晃了晃鸡尾酒送到嘴边，性感丰厚的嘴唇抿了一下，接着就下去了一大口。

蒋鹏一愣，他没有想到金发女孩的回答竟然这么直接。

初恋？自己的初恋是谁？是白黎！自己费尽了心机，可她最终还是跟了许辰逸。不过这已经不重要了，因为何玉琪的出现，他早已经放下了白黎。可何玉琪呢，看上的却是自己一直都瞧不起的柯锋。

我本将心向明月，奈何明月照沟渠！蒋鹏心里暗骂一声："这可恶的又岂止是初恋！"

"好，就为了这可恶的初恋。"蒋鹏眼神空洞，扬着脖子，这一杯威士忌就下去了一大半。

这口酒下去之后，两人竟都独自想着自己的心事，半天没有话语。良久，蒋鹏率先开口打破了沉默。他们又重新开始频频举杯，不一会儿，蒋鹏的威士忌和女孩的鸡尾酒都见了底。

"还能喝吗？"蒋鹏有些酒劲上头，但仍强自镇定，脸色涨红地大声问道。

"能！"一杯鸡尾酒下肚，金发女孩的眼神变得更加迷离。

　　弃我去者，昨日之日不可留；
　　乱我心者，今日之日多烦忧。
　　抽刀断水水更流，举杯消愁愁更愁！
　　……

驻唱歌手的歌声将酒吧气氛烘托得更加浓郁。蒋鹏本是借酒消愁，他见金发女孩没有停下来的意思，索性把心一横，又要了一杯威士忌和鸡尾酒。

"你说这喝酒是为了可恶的初恋，你的初恋……怎么了？"几口烈酒下肚，蒋鹏说话有些含糊不清，但还是问出了心里的疑惑。

金发女孩听到蒋鹏的问题，并没有立刻回答。她仰头看了一会儿头顶吧台上的射灯，摩挲着手中的酒杯，半晌没有话语。接着，她猛然端起酒杯，仰头一口气把鸡尾酒喝了个干干净净。放下酒杯时，豆大的泪珠已经顺着脸颊滚了下来。

这女孩突然的情绪让蒋鹏有些猝不及防，他的脑袋稍微清醒了一点，犹豫地伸出手在金发女孩背上部几厘米之外停留了几秒，最终还是落在了金发女孩的背上，轻轻拍了几下，算是安慰。

蒋鹏的手落到女孩背上时，女孩终于抑制不住，哭出声来，哭了约莫有五分钟，这才抬起头，眼泪汪汪地看着蒋鹏，说道："谢谢，能帮我再点一杯'初恋'吗？"

蒋鹏有些犹豫，这金发女孩已经喝了三杯下去，纵是度数不高的鸡尾酒，照这样喝下去，必定也要醉了。可他心里一方面不忍心拒绝一个才痛哭完的美女的要求，一方面在酒精的驱使下心里也在隐隐期待着什么，最终还是点了点头，便让调酒师又调了一杯"初恋"给她。

金发女孩这次接过鸡尾酒，轻抿了一口，脸色红润微醺，艳若桃花，她用迷离的双眼看着蒋鹏："你不是问……初恋怎么了吗？去他的初恋！"

从女孩断断续续的描述中，蒋鹏知道了女孩的名字——叶筱凌。

"升职、加薪……对于你们男人来说就真的……那么重要？"叶筱凌忽然问道。

"或许吧。"蒋鹏眯起眼，自己又何尝不是为了前途，牺牲了自己想要追求的女人和爱情呢？

扶着叶筱凌从"初恋"酒吧出来的时候已经接近凌晨两点，叶筱凌早已醉得不省人事，蒋鹏也是脚下不稳。他一手架起叶筱凌的胳膊，另一个手牵着她绕过自己脖子的手臂。美女在怀，鼻中嗅着叶筱凌独特的体香，望着她黑裙胸口露出的丰盈肌肤，蒋鹏鬼使神差地把她扶回了自己住的小区。

进入小区以后的事情，蒋鹏脑海中有点空白。只是恍惚中，他好像做了一个美妙的梦，在梦里，他不仅梦到了白黎，还有何玉琪……

"嘤咛"一声，叶筱凌缓缓睁开了眼，她揉了揉胀痛的额头，看到了赤裸着上身坐在床头的蒋鹏。

叶筱凌一时没有反应过来，等她缓过神来，猛然醒悟到发生了什么事。她揭开被角往里看了一眼，发现自己一丝不挂，她慌忙把被子往上拉了拉，盖住了自己的身体。她一双不安的眼睛眨巴着，望着呆坐在一边的蒋鹏。

叶筱凌醒来时，蒋鹏已经察觉到了，他一时头大，不知道该如何应对眼前的局面。自己稀里糊涂还留有残存印象的梦境其实根本不是梦，而是事实。只不过对象不是梦里的那两位，而是眼前这个有着浓密金色大波浪长发、魅惑的眼神、性感丰厚双唇的叶筱凌。

四目相对，两人都没有言语，空气中透着沉闷与尴尬。

"对不起，我昨晚喝多了。"半晌，蒋鹏还是先开了口。

"没有谁对不起谁。"叶筱凌没好气地说道。明白了发生什么事，她并没有像寻常女子一样大喊大闹。之前，她心里还存有侥幸，自己心里那位还有可能回到自己的身边，虽然她明白这只是自己在骗自己。现在经过这样的事情，她反倒想开了、看开了，于是冷冷地对蒋鹏说道："你先转过身去。"

被叶筱凌命令着，蒋鹏觉得有些懊恼，但知道现在并不是发火的时候，毕竟是人家女孩吃了亏，他只好转过身去，背对着叶筱凌。

蒋鹏转过身后，背后传来了叶筱凌穿衣时窸窸窣窣的声音。蒋鹏有些冲动和不甘，想转过身去一览究竟，毕竟昨晚的一切都是云山雾罩，自己不太清醒。叶筱凌不仅人长得妖媚漂亮，身材更是完美绝伦，修长的双腿，无不令人血脉偾张。

最终，蒋鹏还是克制住了自己的冲动。倒不是他多正人君子，而是他忽然发现自己昨晚把金丝眼镜不知道丢到哪里去了。

不一会儿，叶筱凌穿好了衣服，趿拉着拖鞋，一言不发地往门口走去。

"你去哪里？"蒋鹏问道。

叶筱凌转过头，甩了甩自己浓密的金色大波浪长发，眼里透着忧伤，对蒋鹏说道："放心，我不会让你负责，更不会因此缠上你的。"

蒋鹏听完就愣住了。负责？这个问题他压根没有想过。自己已经和李若仙定了婚期，即使他想，这个责也没有办法负啊。

　　"谢谢！"叶筱凌往前走了两步，想到了什么，又转身对蒋鹏道了一句。

　　谢谢？从何谢起？叶筱凌没有责怪他乘人之危，自己就已经谢天谢地了，怎么她反而要对自己说谢谢？

　　蒋鹏满脸疑惑，他张了张嘴，想留下叶筱凌一问究竟，但终究没有发出声音，木然地看着叶筱凌的身影消失在门口。

第三十七章

黑金计划

5月28日下午，粤富石油人力资源部部长陶彧、副部长苏芩、销售部副部长肖军在柯锋的带领下走进了培训室，与讲师Tobin及众学员打过招呼后，坐到了教室中间评委席的位置。

"尊敬的三位部长，各位学员，下午是我们培训管理者项目的最后半天，我们将在这半天时间内对我们三天两晚的学习、研讨、产出的项目成果进行汇报，并由三位部长及Tobin老师进行评审指正。"柯锋走到了讲台中央，稳稳地站定，开始了下午的项目主持。

下午的项目流程主要分为两个部分：第一部分，重点培训项目设计方案评审；第二部分，培训管理者项目回顾与结营。在第一部分的内容中，既包括了二十家地市分公司的培训项目设计方案评审，也包括了人力资源部的培训项目设计方案评审。

"尊敬的各位部长，我是郭小川，下面由我来汇报一线主管培养项目设计方案。"郭小川一身正装，缓缓走到了讲台中央，开始了前庭主管培养项目的汇报。

按照原来的计划，人力资源部设计的两个重点项目都是由柯锋亲自汇报的，但在前一天柯锋临时改了主意，决定给郭小川加加担子，让小川也能够在领导或者更重要的人面前表现表现。

听说要独自承担其中一个核心项目的汇报，郭小川非常忐忑。他害怕自己做不好，不仅在领导面前丢脸，而且在蔡美丽心中的形象更可能一落千丈，再也没有挽回的余地。但柯锋态度坚决，告诉他，成长最快的方式是突破舒适区，迎接挑战性的任务。何况柯锋也不会让郭小川一人孤军奋战，他会作为小川坚强的后盾，给予他全面的支持。在柯锋的游说下，郭小川最终答应由他来作一线主管培养项目的汇报。

"去年，我们开展了油站一线新员工培养项目，获得了总部销售部及分公司广泛的认可和好评。同时，年底我们在分公司进行调研时，发现大家对于一线主管的培训需求非常迫切，希望我们也能够像新员工培养项目一样，把一线主管的整体培养方案设计和开发出来。基于这样的业务需求，在本次培训项目中，我们就一起设计了一线主管培养项目方案。"郭小川从容地讲道。

郭小川站上讲台后，蔡美丽就为他捏了把汗。今天在场的不仅有评审席上的三位领导，还有台下经验丰富的业务骨干，郭小川作为新人在这样的阵仗下作汇报，换成是蔡美丽自己，都会紧张得要命。但当她看到郭小川不慌不忙的样子，听着他有板有眼地汇报，蔡美丽觉得郭小川一下子成熟和稳重了很多。

十五分钟的时间，郭小川顺利地作完了汇报，陶彧提了几个问题，郭小川也是从容不迫，对答如流。待郭小川致谢下台后，陶彧在评审表上写了几笔，对一旁的苏芩说道："小川这大半年成长得很快啊。"

"是啊。"苏芩点了点头，郭小川刚才的汇报也让她眼前一亮，她低声回道，"小川很上进，柯锋带他也带得比较用心。"

"嗯，没想到柯锋带人也有一套，不错！"陶彧赞扬道。

"那是，陶部长，在业务冲锋陷阵打过仗的人，不会带兵哪能行？"肖军插了一句。

听到肖军这明显是表扬柯锋的话，陶彧没有吱声，只是意味深长地看了一眼正准备上台的柯锋。

"各位部长，下面由我来汇报我们2011年的管培生培养计划——黑金计划。"柯锋接替郭小川站到了汇报的位置，开口讲道。

黑金计划？这又是什么？不仅是陶彧，连苏芩、肖军都把眼睛睁得很大，不明所以。

"可能有人知道，第一次工业革命也被人称为'黑金革命'，这里的'黑金'指的是什么？对，就是石油！而我们粤富石油公司，主营业务恰恰就是成品油销售，这是我们将这个项目命名为'黑金'的原因。我们经常听到一句话，是金子到哪里都会发光！而我们'黑金计划'的价值主张正是：

将管培生打造成职场的金子，在粤富石油发扬光大。"柯锋笑着解释道。

哦，原来是这个意思！几位评委恍然大悟。

"黑金计划，这个名字好，有新意！"陶彧首先表态作了肯定，其他两位部长也附和着点了点头。

得到陶彧的肯定，柯锋悬着的心才慢慢放了下来。因为粤富石油以前的管培生培养项目就叫管培生培养项目，普普通通，平平常常，没有其他的称谓和名头。柯锋他们这次斗胆创新了一下，为管培生项目取了一个响当当的名字——"黑金计划"，而且不仅项目冠了名，接下来的几个阶段也是按照这个名称划分的。如果一开始这个名字就被否定的话，那整个项目设计基本就相当于是被全盘推翻了。

柯锋翻到了下一页PPT，开始详细介绍起黑金计划的项目设计："黑金计划，我们主要设计为三个阶段：石脂，白银，黑金。第一阶段：石脂——管培生集中培训，时间为一个月，目标是将管培生打造成粤富人，通过职业化培训，完成学生到职业人的转化。当然，这一阶段之所以命名为'石脂'，是因为'石脂'也是石油的别称，只是听着没有黑金响亮。第二阶段：白银——管培生油站轮岗实习，时间为六个月，目标是将管培生打造成零售人，掌握油站运营基础理论知识、技能。第三阶段：黑金——管培生机关岗位见习，时间为六到十二个月，目标是让管培生能够独立胜任部门岗位工作。"

"等一下。"柯锋刚准备翻到下一页PPT，就被陶彧叫住了。

柯锋心里一惊，但强装镇定，等待陶彧的进一步指示。

陶彧吩咐道："小柯，翻回到上一页PPT。"

柯锋按照陶彧的指示翻回到了上一页PPT，陶彧戴上眼镜仔细看了一下PPT的内容，确认自己没有看错后，眉头一皱，问柯锋："你这白银阶段——管培生油站轮岗实习，时间是六个月？"

"是的，是六个月。"柯锋答道。

"我怎么记得以前都是十二个月？"陶彧看向了苏芩和肖军。

"部长，之前一直都是十二个月，你没记错。"苏芩回道，肖军也点了点头。

"好。"陶或把头重新转向了柯锋，眼神中多了一丝严厉，"公司领导一直强调管培生的油站轮岗实习一定要做得扎扎实实，怎么你们这次项目设计就把时间改了？油站轮岗整整缩短了半年时间，你给我解释一下。"

原来陶或的疑问在这里，柯锋按捺住了心中的慌乱，正视着陶或，不急不忙地回道："部长，今年高文刚总经理的年度工作报告中关于人才培养提到了一条，要保持管培生的稳定性，让分公司机关岗位后继有人，不能出现断层。"

陶或下巴微抬，这个内容他有印象："你想说明什么？"

"部长，我们管培生项目是从2001年开始的，随着业务扩张，管培生的人数也从原来开始的几个人到现在每年招聘的六十多人，但同时管培生流失率也在逐年升高，最近几年一年期的流失率一直在20%以上，去年更是达到了30%。"柯锋说道。

陶或没有打断，示意柯锋继续讲下去。

"这次项目中，我们仔细研究了管培生流失率高的原因，发现流失最多的时候就是在油站实习的这个阶段，而其中25%左右的流失发生在管培生进入油站实习的七到九个月。"柯锋一边讲，一边把PPT往后翻了翻，这些数据他本身就有准备，只不过陶或的问题打乱了他讲解的顺序。

陶或仔细看了看投影上的PPT数据图表，柯锋所讲的确实没错。

"为何会出现这样一个情况？我们进一步分析得出，我们招聘的管培生大多是名校毕业，对职场工作有着自己的期望和判断。在油站能够任劳任怨，做着加油轮岗工作的最长时间也就是六到七月。如果超出这个时间太久，他们扛不住，就会选择离职，寻找另外一份工作。"柯锋讲道。

"你这讲得不对吧？那除了这25%的流失外，剩余的人不还是能在油站坚持的吗？"陶或质疑道。

"部长，我这讲的流失的人恰恰是在油站能够坚持的那些人，其他多数人这时候已经不在油站了。"柯锋回道。

"不在油站了，那在哪里？"陶或问道。

"部长，是这样一个情况：以前管培生分到分公司油站实习以后，我们人力资源部基本就不管了，这实习的事情基本就是分公司在主导。分公司机关业务多，又缺趁手的人，所以很多管培生在油站实习过程中就被抽调到机关去见习了，直接进入了下一个阶段。"苏芩解释道。

关于管培生培养项目"黑金计划"的设计，柯锋汇报前曾和苏芩通过气，苏芩觉得柯锋提出的六个月油站实习更加合理，就赞同了他们的设计。

"陶部长，说实话，一方面是机关确实缺人，另一方面是有人根本扛不住，不说七八个月，能待够两三个月就不错了。能找关系的找关系，能托人的托人，想尽办法早点进分公司机关见习。到头来能够把油站全岗位实习一遍的人，本身就是少数。"肖军说话不像苏芩那么婉转，直接一针见血地点出了实情。

对于肖军这话，陶彧觉得有些夸张，他问柯锋："你们那一届的管培生多少人？在油站待够十个月以上，把油站全部岗位轮换了一遍的，有多少人？"

柯锋犹豫了一下，最后还是说了实话："三十八个人，但在油站待够十个月以上的，就我一个。"

陶彧对柯锋的这个答案感到非常惊讶，他看了看郭小川："小川，你在油站实习了多长时间？"

"回部长，五个月，就被抽调到机关见习了。"郭小川也如实答道。

陶彧转头看了看下面在座的分公司人力资源部主任和培训主管，问道："你们都是这样的情况？"

"是的。"梁玉梅率先回应道，其他学员也跟着点了点头。

陶彧略作沉思，说道："也就是说，虽然我们之前的管培生培养计划中规定的油站轮岗实习是一年，但大部分的人是没有待够的，就去了机关见习。而依旧留在油站的，由于忍受不了油站实习的一年期时间，在七到九个月时纷纷辞职。所以要保持管培生的稳定性，降低流失率，我们就要缩短这个油站见习的时间，我理解得对不对？"

柯锋点了点头，接着说道："缩短油站实习时间只是一个策略，其实更重要的是明确整体的培养计划，设定管培生每个阶段的培养目标。"

"每个阶段的培养目标？是什么？"肖军插话问道。

"以前领导总觉得管培生在油站实习，待的时间越长越好，时间越长对油站就越了解、越清楚，将来到了机关就不会瞎指挥。可问题是，虽然了解度跟时间成正比，但没有明确的目标，没有考核标准，管培生在油站就放了羊，谁也不知道究竟要做到什么程度才算了解、才算合格、才能迈入下一个见习期，这样心志不坚的人感觉看不到前景，熬不住就流失掉了。"柯锋解释道。

陶彧轻轻点了点头，认同了柯锋的说法。

柯锋继续讲道："黑金计划今年设定的项目目标之一就是将管培生一年期的流失率从30%降低到15%。为了实现这个目标，必须采取以下几项手段：第一，管培生黑金计划的前两个阶段'石脂——管培生集中培训''白银——管培生油站轮岗实习'全部由人力资源部负责，不再做权限下发；第二，每个阶段，甚至每个阶段中的每个时期都设定了明确的培养目标和考核标准，全部由人力资源部统筹负责，通过考核的进入下一阶段，没有通过的继续实习，直到考核通过为止。"

陶彧微微颔首，看来柯锋他们对于这个项目的设计考虑非常全面，六个月的轮岗设计确实结合了实际。他脸色缓了缓，说道："这个问题我没有疑问了，小柯，你继续按照既定的流程汇报吧。"

柯锋答应一声，将PPT重新翻回到了前面，开始了"黑金计划"完整设计方案的汇报。

第三十八章

暗流涌动

培训管理者培养项目结束后的一周后，柯锋在粤富能源大厦六十四楼遇到了白黎。

当时柯锋刚从销售部办完事情出来，他在电梯口一边等电梯，一边低头看着文件，这时有人轻轻拍了拍他的胳膊，柯锋扭头，就见白黎眼眸含笑、一脸灿烂地看着自己。

"好久不见啊，老同学。"柯锋笑着招呼道。

"是啊，能遇到你这大忙人还真不容易。"白黎调侃了一句，问道："去哪里了？"

"上周的项目评审，肖军副部长提了一些意见，我们完善后再找他看看。"柯锋指了指手中的文件，回道。

"你们这次项目做得挺成功的，影响力很大啊。"白黎伸了伸大拇指，夸赞道。

"哦？"柯锋一愣，按理说白黎跟这个项目没有任何交集，怎么会有如此的感受？柯锋好奇地问道："怎么讲？"

"上周微博都被你们项目给刷屏了，想不知道都难。"白黎晃了晃手中的手机。

原来如此！听白黎这么一说，柯锋内心不由小小得意了一下。自从去吃夜宵那晚他总结出了"三化营销"之后，第二天郭小川就把这个微博营销的"自选动作"变成了"必备动作"，鼓励所有学员一起写心得，进行微博转发。

不止白黎，就连陶或最后的项目总结，也说道："虽然我人不在现场，但是大家学习的热情氛围我是能切实感受到的，这三天除了我之外，相信很多的同事都被大家的微博刷屏了。"

"营销手段，雕虫小技。"柯锋"呵呵"笑了两声。

"你看你……笑得多假，言不由衷，心里准在偷着乐。"白黎指了指柯锋，"不过，我说老同学，以后你们如果再做这样的项目，记得把我叫上，我也要跟着学习学习、进步进步。"

"好，没问题。"柯锋被白黎这一顿夸赞，心情着实不错，拍着胸脯应承道。

两人又闲聊了两句，见电梯口来了几位其他部门的同事，白黎用胳膊轻轻碰了碰柯锋，"这电梯等得太慢，我们还是走楼梯吧。"

粤富能源大厦总高八十八层，却只有六个客梯，因此等电梯的时间一般都比较久。柯锋瞅到白黎眨巴的眼睛，便随她一起走向了楼梯的安全门。

进了楼梯，见四下无人，白黎低声说道："上次发票的事情，被上面截住了。"边说，边用眼神往楼上瞄了瞄。

柯锋意会，白黎说的楼上并不是六十五楼，而是再上一层——六十六楼的领导办公层。他小声确认道："你的意思是——蒋？"

"对。"白黎点了点头，"前两天给部长汇报工作，我顺道提了一下上季度审计问题的处理。我们部长没接话，并且暗示我不要再管这个事情了。"

柯锋不由苦笑，看来自己还是低估了纪委书记蒋跃进的权力。

之前，柯锋暗中策划实施了一次对蒋鹏的反击。在许辰逸的配合下，白黎借着季度审计大检查，查到了蒋鹏大量报销假发票的问题。因为是公司层面的普查，白黎把最终检查结果上交以后，自信这次好歹会给蒋鹏一个处分，没想到最终却是石沉大海，杳无音信。

"这件事到此为止吧，你也别再管了。"柯锋低声对白黎道，"现在蒋鹏也消停了，最近也没见他再出什么幺蛾子。他走他的阳关道，我过我的独木桥。只要他不主动来惹我，我也没工夫跟他计较，相安无事最好。"

虽然柯锋也觉得这事做得虎头蛇尾，有些窝火，感觉就像使了很大的劲打出的直拳最后打在了棉花上一样，但既然事情已经被上面盖住了，再去追究意义也不大。何况如果因为这事让白黎再受到牵连，那就更是得不偿失了。

"消停？"白黎的神情有些古怪，"他不消停也不行啊。"

"怎么？"柯锋面露诧异，"有什么事吗？"

白黎一呆，像看怪物一样看着柯锋，讶然道："你不知道？蒋鹏跟你可是同一部门的啊。"

"什么事？我真不知道。"柯锋有点丈二和尚摸不着头脑，他平时就不关注蒋鹏，这段时间忙着培训管理者培养项目，对于他的事情就更没有上心了。

白黎看着柯锋的表情不像是装的，这才说道："蒋鹏要订婚了。"

"订婚？"柯锋被白黎透露的这个消息惊得半天缓不过神来，"真的假的？对象是谁啊？"

"小道消息，不过应该不会错。"白黎非常笃定，"女孩叫李若仙。"

李若仙？柯锋迅速地在脑海中搜索了一遍，接着摇了摇头："没听说过。"

"这女孩你可能不认识，但是她父亲你一定知道。"白黎故作神秘地说道。

"你就别卖关子了，她父亲是谁啊？"柯锋问道。

"李卫国。"白黎缓缓吐出一个名字。

李卫国？柯锋脑袋"轰"的一下，他难以置信地看着白黎："集团的李卫国？李部长？"

白黎"嗯"了一声，点了点头。

粤富能源集团下辖公司众多，各业务公司虽是独立经营，但柯锋身在人力资源部，和集团的人力资源部多少也会打点交道。因此，他自然知道这李卫国是谁，他不仅是集团人力资源部部长，还兼任着集团党委组织部部长，是如假包换的集团领导班子成员。

一个当纪委书记的叔叔，已经让柯锋备感挫折。如果再加上一个在集团做领导的未来岳父，蒋鹏这都不叫如虎添翼，简直就是腾云飞仙了，以后在粤富石油绝对可以横着走了。这样一个心胸狭窄、处处和自己作对的人，却偏偏拥有如此硬核的背景和后台，如果将来他再无事生非，故意给自己找苤，那就更不好应付啊！想到这里，柯锋的脸色不由变得凝重起来。

"听说他们10月1日订婚。"白黎补了一句。

"哦。"柯锋木然地点了点头。10月1日？那就只有三四个月了，看来这事多半已经确定了。

"十一啊。"白黎抬高声音，又强调了一遍。

"哦。"柯锋有点心不在焉，既然蒋鹏快要订婚了，他也就多少有点明白上次何玉琪说的最近蒋鹏都没有再纠缠她的原因了。

白黎的手在柯锋眼前晃了晃："你知道10月1日是什么日子吗？"

"蒋鹏订婚啊，你刚说的。"柯锋说道。

"还有呢？"白黎追问了一句。

"还有？"柯锋迟疑道，"10月1日？国庆节？"

"啪——"白黎扬起手，在柯锋的胳膊上不轻不重地拍了一下。

柯锋胳膊吃痛，忽然灵光一闪，他拍了拍脑门，尴尬地笑了笑："哦，哦，想起来了，你和许辰逸结婚的日子。"

"你这反应……我要告诉辰逸，他选的伴郎很不靠谱！"白黎轻哼了一声。

"没有，没有，记着呢。"柯锋连连告饶，他反应慢了半拍，是因为脑回路还一直陷在蒋鹏订婚的事情里。

"辰逸昨天还给我电话，说要帮你提前订票，你是一个人还是两个人？"白黎眉眼含笑地问道。

"这个……"柯锋有些犹豫，"我要确认一下。"

"赶紧确认啊，自己的事得自己抓点紧，别光忙着工作。"白黎叮嘱道。

两人走到了六十五楼的楼梯口，柯锋拉开了安全门，白黎先走了出去，走了几步，她回头对柯锋说了一句："蒋鹏的事情，你别郁闷了，没啥大不了的，你不是经常讲'兵来将挡，水来土掩'吗？"

白黎心思聪慧，自然看出来了柯锋有些失常的原因。柯锋神情一振，既然白黎都不在意，自己一个大男人又怕什么？他豪气顿生，点了点头："对，兵来将挡，水来土掩。"

目送着白黎从休息区穿过，柯锋没有直接回办公室，而是拿起手机给何玉琪打了一个电话。

电话接通，柯锋听到何玉琪压低了声音："在项目上，稍等我一下。"

柯锋等了几秒，何玉琪的声音就又传了过来，这次清晰了很多："想我了？"

"10月1日你有什么安排？"柯锋问道。

"是不是想我了？"何玉琪噘着小嘴，不依不饶地问道。

"想。"柯锋瞅了瞅休息区的四周，见没有其他人，迅速地低声说了一句。

"你说什么？我听不到。"何玉琪故意拉长了声音。

"我想你了。"柯锋一字一句地说道，这次倒不是应付，而是发自内心。

"这还差不多，我也想你。"何玉琪温柔地回了一句，"你刚才说什么？十一的安排？今天6月才刚刚开始啊。"

"10月1日我有个兄弟结婚，我要去做伴郎。"柯锋解释道。

"你这是第几次做伴郎了？"何玉琪笑道，"我听人说伴郎做多了，会娶不到媳妇的。"

"这个我可不担心，像我这么玉树临风，人见人爱。"柯锋笑道。

"打住，打住。以前怎么没发现你还这么油嘴滑舌的？"何玉琪嗔怪道。

"这得看跟谁。"柯锋哈哈一笑，"你如果没有安排，那我就跟兄弟说了，我们两个人去。"

"嗯。"何玉琪点了点头，想到十一整个假期都可以和柯锋一起远游，她内心不禁充满了甜蜜的期待。

"我今天还听到一件事情，蒋鹏要订婚了。"柯锋聊完了正事，话锋一转，提起了蒋鹏。

"什么？蒋鹏要订婚了？"何玉琪听到这个信息，也是吃了一惊。

"嗯。我刚听人说的，而且说巧不巧，订婚日子选的也是10月1日。"

"这样啊。"何玉琪点了点头，怪不得最近这人都没有骚扰过自己，原来是已经有正主了啊。

又说了几句，柯锋这才挂断了电话。进入办公室后，柯锋无意间瞄了一眼蒋鹏工位的方向，见他正呆坐在工位上，满脸阴云密布。

柯锋心里暗道奇怪：怎么这刚刚攀上富贵、即将要订婚的人脸上不见一丝喜悦，反倒是愁容满面的？

对于定亲这事，蒋鹏还真高兴不起来，而且不但高兴不起来，还是愁上加愁！

10月1日订婚，这是叔叔蒋跃进和未来岳父李卫国在酒桌上敲定的事情。即使李若仙长得再不如意，但两位长辈既然拍了板，这事就是米已成粥、板上钉钉了。李若仙再丑，蒋鹏也得忍着。令蒋鹏心烦意乱、愁上加愁的是在订婚的地点上，蒋鹏的父母和李家竟起了争执。

蒋鹏的老家在山东，历来重视礼仪，所以蒋鹏的父亲蒋大山要求这订婚地点必须在山东老家。可李卫国这边却不同意，他们不愿长途奔波，跑到蒋鹏老家那个穷乡僻壤上去。他们托词说蒋鹏日后都要在花城发展，这婚自然就应该在花城订。两边争执不下，蒋跃进从中调解也一时没有结果，这使得夹在中间的蒋鹏就更是思绪烦乱、心情烦躁。

蒋鹏在工位上呆坐了半响，百无聊赖地拿过手机，随意地翻弄着，忽然通信录中的一个名字映入了他的眼帘：叶筱凌。

蒋鹏慌忙打开来看，里面竟然有完整的联系方式。

蒋鹏一阵恍惚。这个号是自己存在手机里的，还是叶筱凌拿自己手机存的？蒋鹏现在是一点印象都没有了。不过一看到这个名字，蒋鹏的脑海中就浮现出了叶筱凌浓密金色的大波浪长发和妩媚的大眼，一瞬间他从心底泛起一阵悸动，恨不得立刻把电话拨过去。

两人的关系，一觉醒来互不打扰，相忘于江湖，是最好的方式。对一个即将要订婚、结婚的人来说更是如此。蒋鹏心里清楚，一旦自己再和叶筱凌联系，说不定就会越界。而如果再越过界，想收回来，大概就不是那么容易的事情了。

可理智归理智，冲动归冲动，人毕竟还是感性动物，只是偶尔理性一下。蒋鹏一想到李若仙矮胖的身材和叶筱凌完美的曲线，这简直就是一个天一个地。越想，蒋鹏就越生出一种强烈的渴望——想要联系叶筱凌。

在座位上挣扎了半天，蒋鹏心绪起伏，烦躁不安，仿佛有千万只蚂蚁在内心挠着。最后他索性抓起手机，拿起烟盒出了办公室，直奔吸烟间。

点着烟后，蒋鹏猛吸一口，缓缓吐了出来，看着这袅袅升起的烟雾，恍惚间，这烟雾幻化成人形，他仿佛又看到了叶筱凌丰盈的身材和修长的双腿。他使劲地晃了晃脑袋，可脑海中的形象却更加清晰。蒋鹏把心一横，将烟头掐灭，拿起手机，翻到叶筱凌的号码，拨了过去。

电话"嘟嘟"响了几声，无人接听。蒋鹏不甘心，又打了一遍，还是没人接。

看来缘尽于此！蒋鹏叹了一声，准备将手机收起来，这时叶筱凌的电话却回了过来。

"你好。"叶筱凌接通了电话，说道。

"你好。"蒋鹏回了一句，却不知道接着该讲些什么，从叶筱凌的语气中，她显然知道这个电话是谁打过来的。

沉默，谁都没再吭声。几秒以后，还是叶筱凌先开了口："没想到你会给我电话。"

"我也没想到。"蒋鹏说了一句，"听到你那边比较吵，在做什么？"

"我在招聘会现场。"叶筱凌说道。

"招聘会现场？"蒋鹏有些诧异，"你在找工作？"

"是的。"叶筱凌点了点头。

"怎么样？找到了吗？"蒋鹏没话找话道。

"没有，连续找了几天了，没有合适的。"叶筱凌的声音中透着无奈和失落。

"你在哪个招聘会？"听着叶筱凌的声音，蒋鹏忽然有种冲动，想要立刻见到她本人。

"南方人才市场。"叶筱凌说出了地点。

"我去找你。"蒋鹏不待叶筱凌回话，就撂了电话。

半个小时后，蒋鹏在南方人才招聘市场的外面见到了叶筱凌。今天兴许是为了应聘，叶筱凌穿了一套职业裙装，和酒吧那晚的性感妖娆不同，倒显得清丽端庄多了。

上了蒋鹏的车，叶筱凌顺手把套裙往下扯了扯，如玉脂般白花花的两条大腿就裸露在蒋鹏眼前，令他不禁心神一荡，蒋鹏慌忙将自己的眼睛从叶筱凌的腿上挪开。

车内空间狭窄，两人都显得有些局促不安。叶筱凌低着头，双手不自然地绞着，蒋鹏双手搭在方向盘上，心里在盘算着该聊些什么。沉默了一会儿，气氛有些尴尬，蒋鹏下意识想弄出点响动来，他就顺手扭开了车上的广播，几声嘈杂之后，里面传来了凄美的情歌，恰是王菲的《暗涌》。

> 害怕悲剧重演，我的命中命中
> 越美丽的东西我越不可碰
> 历史在重演，这么烦嚣城中
> 没理由相恋可以没有暗涌
> 其实我再去爱惜你又有何用
> 难道这次我抱紧你未必落空
> 仍静候着你说我别错用神
> 什么我都有预感
> 然后睁不开两眼看命运光临
> 然后天空又再涌起密云
> 然后天空又再涌起密云
> ……

听完歌，蒋鹏终于鼓起了勇气，眼睛盯着方向盘，吞吞吐吐地说道："对不起，那晚的事情……"

叶筱凌仿佛还沉浸在刚才歌曲的意境中，她听到蒋鹏的话，愣了会儿神，缓缓说道："那晚你我都不清醒，我也不是要你负责，不用再提了！"

听到叶筱凌的话中没有太责怪自己的意思，蒋鹏心底不由一喜，辩白道："那晚喝得太多，其实我平时不这样的……"

"哦。"叶筱凌低头摆弄着自己金黄色的波浪长发，"我知道，借酒消愁。"

　　"你说我们同病相怜，你不也是一样？"蒋鹏说道。

　　叶筱凌轻轻地摇了摇头。她喝酒可不仅是借酒消愁，更多是为了壮胆，但这话她不能给蒋鹏说。她咬着嘴唇，说道："我到酒吧是想试一试，自己是否真的那么差劲，没有一点吸引力。"

　　"不，你很有吸引力！"蒋鹏脱口而出。他用眼角的余光看着叶筱凌妩媚的侧脸和修长白皙的双腿，心里想道：你岂止是有吸引力，你简直是迷死人了！

　　这话一说出口，蒋鹏自感有些太过于轻浮和孟浪，他慌忙岔开话题："你说在找工作，你是什么专业毕业的？"

　　叶筱凌点了点头，轻轻叹了口气："人力资源管理。"

第三十九章

项目延期

这周周五晚上，蒋鹏叫了销售部的李向乾在孔府酒家吃饭。

这之前，蒋鹏的跟班有两个人：一个是郭小川，另一个就是李向乾。与李向乾相比，郭小川与蒋鹏的关系其实更近，两人不仅是同门师兄弟，还在同一个部门共事，可谓亲上加亲。可如今郭小川彻底跟了柯锋，与蒋鹏仅仅只是保持着表面的客气和联系，气得蒋鹏多次在背地里骂他是白眼狼，平时见面也懒得多看郭小川一眼，更别说叫他吃饭了。

酒过三巡，蒋鹏放下筷子，貌似不经意地问了李向乾一句："向乾，上次好像听你说你姐姐在花城的一家民企做HR经理？"

"是的，鹏哥。"李向乾啃着一个猪蹄，嘴角透着油渍，含含糊糊地回道。

"哦。"蒋鹏若有所思地点了点头。

"鹏哥，怎么忽然问起这个事了？"李向乾啃完猪蹄，用纸巾随意地抹了一把自己的嘴，问道。

"没事，没事。"蒋鹏摇了摇头，举了举自己的酒杯，"我们再走一个。"

"好。"李向乾答应得爽快，脸上的肥肉轻轻颤动。他本来脸色白净，几杯酒下肚，这一脸的肥肉就显得更是煞白。

刚喝完，李向乾就抢过蒋鹏的杯子，殷勤地为蒋鹏添酒，一边添酒，一边说道："鹏哥，你要有事就直接吩咐，你的事就是我的事，能办到的我李向乾绝不会含糊。"

这李向乾虽然身材肥胖，可心思却很细腻，他从蒋鹏的神态中看出，蒋鹏今晚找自己必定有事。

蒋鹏闻言，眼光在镜片后闪烁了一会儿，这才盯着李向乾看了看："你这可是真心话？"

"当然，鹏哥，你还信不过我？"李向乾把胸脯拍得"啪啪"直响。

"这样的话，我还真有一件事情要麻烦你。"蒋鹏嚼了嚼花生米，说道。

"鹏哥，你这就见外了。有事你就直接吩咐，啥麻烦不麻烦的。"李向乾的眼睛已经眯成了一条线。能让蒋鹏麻烦自己，这就是机会啊。谁不知道蒋鹏现在除了是粤富石油纪委书记蒋跃进的亲侄子，还是粤富能源集团人力资源部李部长的未来女婿。有多少人想排着队让蒋鹏麻烦，人家还懒得理你呢。

"好，我果然没看错你。"蒋鹏用筷子指了指李向乾，这才说道："我有个大学同宿舍的兄弟，他妹妹最近跑到花城来闯世界，结果找了两个多月的工作都没有找到。他知道我在花城，所以就一个电话打到我这里来了。你也知道我这人一向仗义，看重兄弟感情，就直接应承了下来。这女孩子呢，大学学的是人力资源管理专业，想找对口的工作，所以我就想到了你这做HR的姐姐了。"

哦，原来如此！敢情今晚蒋鹏是为了帮同学的妹妹找份工作。可李向乾转念又一想，感觉这事不太对劲，他直接问道："鹏哥，你不就是人力资源部的吗？直接招到你们部门不就行了吗？"

"唉，这时机不巧啊。"蒋鹏叹了口气，"我倒是想，可咱们这边管培生招聘已经结束了。再说今年招聘还出了那事，我这个时候再往里塞人，恐怕领导该不乐意了。"

李向乾恍然大悟，今年校招时蒋鹏出了大错，他有意避开也是对的。想到这里，李向乾不假思索地回道："鹏哥，你把你这位同学妹妹的简历发给我，我转给我姐，让她看看行不？"

蒋鹏迟疑了一下，略作沉吟："这样吧，你有空问下你姐姐的意思。如果她那边缺人，我让我这位同学的妹妹直接联系她，省得我们在中间传话，再把话给传岔了。"

"嗯，鹏哥你说的是。"李向乾点了点头，"我这就给我姐姐打个电话，问问情况。"

"明天再说呗，这事又不急在一时。"蒋鹏笑道。

"鹏哥的事，那就是大事，那就是急事，怎么能耽误呢？我现在就打电话。"李向乾抓起桌上的手机，起身就往外走去。

看着李向乾挪远的肥胖身躯，蒋鹏陷入了沉思。他知道自己和叶筱凌的相处就是在玩火。但他实在情欲难耐，忍受不了来自叶筱凌的诱惑，奋不顾身地陷了进去。只是在玩火时，蒋鹏也要尽可能地想办法，不让这火烧着自己。绕了一个大圈来找李向乾帮忙，而不是直接把叶筱凌招进粤富能源或者粤富石油，就是这个原因。

李向乾打完电话，一摇一摆地挪动着粗短的双腿走回包间，满脸洋溢着兴奋："鹏哥，我姐说了，让你同学的妹妹明天直接去公司报到。"

蒋鹏眉毛一抬，他没想到这事还真就这么轻而易举地办成了。他稳了稳心神，确认道："是不是要先去面试一下？"

"我姐说，面试不面试的就是走个流程。如果学历没有问题，人长得不是太差，就可以直接上班了。"李向乾回道。

这么一说，蒋鹏也就放心了。他举起酒杯，眉眼间神采飞扬："这事多亏了你啊。向乾，我代我同学敬你一杯。"

"鹏哥，你是我大哥，再说谢就折煞我了。"李向乾把酒杯放得很低。

两人的心情都很不错，一个为顺利解决叶筱凌的工作问题而喜出望外，一个为恰如其分地拍了一个马屁而沾沾自喜，这酒就又多喝了两杯。末了，李向乾醉眼蒙眬，大着舌头说道："我说，鹏哥，你们部门，那个什么柯锋，现在都成名人了。"

"哦？"蒋鹏一愣，'柯锋'这个名字没来由地让他一阵烦躁，"他，怎么成名人了？"

"哼……"李向乾用鼻子"哼"了一声，"现在我们那个野蛮部长，一开会就拿他举例子，做正面教材，听得我耳朵茧都快长出来了。"

李向乾口中的"野蛮部长"自然指的是销售部副部长肖军。

这话倒听得蒋鹏没有脾气，柯锋在一线销售岗位做了差不多五年，业绩斐然。以前自己总觉得他傻，好好的机关办公室不坐，非得窝在油站里面受苦受累，没想到这事现在却成了他的资本。蒋鹏叹了口气："人家之前是干销售的，你有啥不服气的？"

"我不是不服气，我是替鹏哥不值。"李向乾喷着酒气说道。

"替我不值？"蒋鹏一时没有反应过来，"替我不值啥？"

"现在机关的人都知道人力资源部有个柯锋，既专业又能干，不知道还有你鹏哥啊。他比起你来，算老几啊？"李向乾愤怒地嚷嚷道。

蒋鹏的脸色一下青了许多，李向乾这话像刀一样扎在了他的心脏上。在部里，陶彧和苏芩对柯锋都极度认可；在感情上，何玉琪毅然选择了柯锋，抛弃了自己；甚至现在连在其他部门，柯锋都赢得了赞誉和声望。可自己呢？除了有背景，其他好像就没有存在感了。

想到这里，蒋鹏一晚上的好兴致顿时像被浇了一桶冷水似的。他昂起头将杯中酒一饮而尽，眼神中闪出一丝寒光：中山狼，就让你再猖狂两天！

时间过得很快，转眼到了6月中旬。这天苏芩把柯锋单独叫到了办公室，开门见山道："一线主管的项目恐怕要延期了。"

"延期？为什么？"柯锋一脸错愕，不解地问道。

人力资源部近期要开展两个重点培训项目，一个是一线主管的培养项目，另一个就是管培生培养的"黑金计划"项目。为了给郭小川压担子，柯锋提议一线主管的培养项目就由他来担任项目经理，而柯锋则重点关注管培生培养项目。按照计划，在管培生入职前的这一个月，一线主管培养项目必须交付培养方案和实操微视频，然后由分公司去组织实施。这事实在拖不得，一拖，整盘的计划都会被打乱。

"公司领导层的意思。"苏芩轻声说道。

"公司领导层的意思？哪个领导？"柯锋一愣，这个项目设计当时作过汇报，陶彧、苏芩、肖军均没有提出异议，既然组织部门和使用部门都没有意见，怎么现在凭空又要推迟了呢？

苏芩见柯锋一脸茫然，低声问道："早上部长例会的事情，你有没有听到什么消息？"

"部长例会？没有。"柯锋摇了摇头，公司的小道信息他一向不太留意。

苏芩叹了口气："没听说也好，现在这个项目一时半会儿也做不了了，你就暂时先放一放吧。"

"放一放，放到啥时候啊？"柯锋眉头紧皱，满脸的不乐意。

"再说吧。"苏芩摆了摆手。

"部长，这……"柯锋还是有些不甘心，真要一放放几个月，那今年自己能拿出手的项目，就真没几个了，之前打定主意要在简历上增添一笔的项目实践就又要缩水了。

"我都说再说了。"苏芩明显也是情绪不佳，少有的脸有愠色。

柯锋见领导有了怒意，暗自后悔刚才自己言语冒失，也就不再说话了。

苏芩见柯锋不再吭声，也意识到自己情绪不对。她把茶几上放着的一个信封往柯锋眼前推了推，换了个话题："这个东西，你看看。"

柯锋拿过信封，见是开着口的，就伸手从里面抽出一份资料来。资料拿出来之后，柯锋并没有立即打开，而是看向苏芩，征询她的意见。

"你打开看看。"苏芩吩咐道。

柯锋这才缓缓地打开了资料，见是A4纸上打印着一些内容，但他只看了两行，心里就是一惊，慌忙把材料放了下来，"部长，这个……"

"举报信，举报你的。"苏芩面色如常，显然这封举报信的内容她已经看过了。

柯锋当然知道这是一封举报信。可问题是，如果是举报信，怎么会到苏芩的手中？而且按照规矩，这封信是不可以给当事人看的，怎么现在苏芩反倒直接把它给了自己？

"部长，我是说……这东西我看不合适吧。"柯锋斟酌着字眼，强自镇定地说道。

"没事。"苏芩不以为然，"如果这信是邮寄给审计部的，你看当然不合适。不过这信是直接寄给陶或部长的，而且是匿名，陶或部长看过之后，就找了我，让我找你谈谈。"

啊？这封举报信是直接邮寄给陶或的？柯锋心里一颤，不知道陶或看完举报信，内心是何想法，又是如何看待自己的。

这封举报信反映的内容正是针对上次培训管理者培养项目的。信中说：柯锋外采的这个培训项目，供应商是柯锋女朋友所在的智传公司，柯锋这是以权谋私，以权牟利。柯锋不仅让女朋友所在的公司通过这个项目获得了利益，而且柯锋本人还收受了不低的回扣。

你说这事是有人无中生有，造谣中伤吧？可偏偏这封举报信中所提之事一半真一半假，真的是何玉琪确实是柯锋的现任女友，假的则是根本不存在以权谋私、收受回扣的事情。况且当时定项目时，何玉琪还不是柯锋的女朋友，两人尚未确立恋爱关系。

可怕就怕这事被有心人一摆弄，在旁人看来，假的也都成了真的了。

"部长……这个？"柯锋有些举棋不定。他也明白，这个举报人之所以不把举报信邮寄给审计部，是因为这种匿名信件，审计部一般也不怎么追查，效用不大。邮寄给陶彧的话结果却大不一样。只要能在陶彧心中种下一根刺，降低陶彧对于柯锋的信任，这个目的也就达到了。

"没事，我已经给部长解释过了。"苏芩摆了摆手，示意柯锋不用太担心。当时项目外采确定供应商时，是她根据智传咨询的演示，最终拍板定的事情。而且从项目运营来说，无论是讲师Tobin的专业度，还是蔡美丽的全程项目执行，都获得了学员的极大认可，满意度相当不错。

"那这个还……"柯锋有点不懂。既然苏芩已经给陶彧解释过了，为何苏芩还要把这封信拿来给他过目？

"陶彧部长是让我提醒你，防人之心不可无。"苏芩轻轻说了一句，"现在是多事之秋，你自己要多注意一些。"

多事之秋？柯锋觉得苏芩这话另有所指，但究竟是什么，他一时也没有想明白。不过能够得到领导如此的信任和支持，柯锋也不由得胸膛一热。

"你刚才说的一线主管的项目，带教部分可能暂时也不能再找智传了。这举报信，说不定已经同时邮寄给审计部了。即使我们一身清明，也架不住别人三番五次地折腾啊。"苏芩说道。

柯锋听到这话，胸口就像被石头堵住一样，憋得难受。

当初在一线主管培养项目的设计方案中，导师训练部分本来是由智传咨询承接的。因为新员工的带教，柯锋自己可以搞定，但上升到一线主管，就柯锋目前的专业度来说，还是不能胜任，因此为了保证项目质量，他建议由智传进行这一部分的带教。而现在的情况，只能是接受苏芩的建议，取消外部协作了。

柯锋苦笑一声。虽然自己身正不怕影子斜，可问题是你一心为了工作，兢兢业业，有人却生怕天下无事，非得横生枝节不可。

这世道，当真是"劣币驱逐良币"吗？

第四十章

不是结局

从苏芩办公室出来之后，柯锋心神不宁，他眉头紧锁地坐在自己的工位上，一时各种念想涌上心头。

培训管理者培养项目、一线主管培养项目、管培生培养项目，这三个项目按时间排列，一环扣一环。如今一线主管培养项目推迟，意味着所有原先安排的计划都将被打乱。这对于一个一向重视计划管理、习惯有条不紊地推进工作的人来说，无疑就是一场灾难。

这场灾难，令柯锋感到无助和烦闷。

早上的部长例会究竟发生了什么事情，让领导层决定推迟这个项目？苏芩口中的领导层究竟指的是哪位领导？为何陶彧没有坚持和争取？还有那封举报信，到底是谁邮寄出来的？用意何在？

柯锋脑海中思绪万千，一时竟理不清头绪。恰在此时，柯锋无意间瞥到了在工位上无所事事的蒋鹏。前一段时间，蒋鹏还闷闷不乐，显得消极和愁苦。反倒是最近这段时间，他眉眼间都是喜色，就像中了彩票大奖一般。柯锋本以为这是蒋鹏攀上高枝后的正常反应，现在细一思量，恐怕就不是这么简单了。

一瞬间，柯锋弄明白了举报信的问题。从举报信的内容来看，举报人对他非常了解和熟悉。这个人不仅知道培训管理者项目是由智传咨询承接的，而且知道智传咨询的员工何玉琪是他的女友。能全部掌握这些信息的人，一双手都数得过来，当真是寥寥无几。柯锋头脑冷静之后，在脑海中稍一筛选，答案就呼之欲出：这事除了蒋鹏，还能有第二个人吗？

只是按照白黎的说法，蒋鹏10月1日都要订婚了，这时候找我的麻烦干什么？难道蒋鹏真是吃饱撑的？抑或是蒋鹏觉得反正和何玉琪没戏了，就来当回"搅屎棍"，把我的事情也给搅黄？看来自己想着两人相安无事，并水不犯河水，根本就是一厢情愿。这家伙，看来真是不得不防啊！柯锋暗想道。

柯锋虽然对于蒋鹏的做法非常不齿，可眼下也实在不是和他计较的时候。除了举报信，真正令柯锋感到困惑的还是项目延期的事情：到底早上部长例会发生了什么事，才导致了一线主管培养项目的延期？

又琢磨了一会儿，柯锋忽然一拍大腿，拿起手机，快步走到了办公室外面的休息区。他翻出了销售部副部长肖军的电话，打了过去，但肖军没接。柯锋思索了一会儿，改发了一条信息："肖哥，中午有时间吗？一起到'榕城工坊'吃饭。"

"榕城工坊"距离粤富能源大厦五六公里，中午到那里吃饭，是不太可能遇到公司的熟人的。

半晌，肖军的信息回了过来："不巧，中午要陪集团领导吃饭。"

柯锋感觉有些郁闷，本来自己还想通过肖军尽快了解早上部长例会的事情，现在看来这个信息渠道也被堵上了。

在柯锋愣神的时候，肖军又回了一条信息过来："早上例会的事情？"

柯锋看到这条信息，精神一振，看来肖部长当真和自己心有灵犀啊。他回道："是。"

肖军的信息也立刻回了过来："晚上详聊，还可以喝两杯。"

晚上在"榕城工坊"的川菜馆，柯锋和肖军相对而坐，半斤白酒下肚之后，柯锋终于弄明白了早上的部长例会究竟发生了什么事情。

粤富石油每周一早上都会召开部长例会，领导班子和各部门领导都得参加。大的部门，像销售部、人力资源部，一般除了正部长之外，副部长也会参加，因此苏芩和肖军都在今早的例会之列。

早上的例会，常规的几项议题讨论完之后，大家本以为这会议就要接近尾声了，谁知道审计部的部长卢德全却跳了出来。他拿出一份检查报告呈给了各位领导，报告的内容正是分公司培训经费的使用检查情况，其中提到了抽查的两三家分公司培训经费挪用严重、虚假报销的问题，还特别点名了江城分公司。

柯锋听肖军讲到这里，脑袋"轰"的一声，没想到这部长例会竟讨论到了培训费用的问题。他略一思索，问道："这个事情……陶彧和苏芩部长事先不知道？"

"你小子讲到了重点。"肖军用手指点了点柯锋，"当时卢德全报告一拿出来，大家都不约而同地看向你们的两位部长，从他们现场的表情来看，这卢德全是突然发难，事先根本就没有和两位部长通过气。"

柯锋眉头紧皱，心想：奇怪，审计部竟然悄无声息地搞了一份针对人力资源部工作的检查报告，而且是在部长例会上公开发难，这事有点太不着调啊。

"这卢德全和陶彧部长有过节？"柯锋低声问道，这是他在脑海中冒出来的第一个想法。

"不，"肖军摇了摇头，夹起一口凉菜送到嘴里嚼了嚼，说道，"这卢德全只是冲在了前面而已。"

柯锋一愣，肖军是话中有话，既然有人冲在前面，就意味着背后一定有人主使。可要让一位部长甘愿出头，那起码也是领导班子的成员啊。难不成……想到这里，柯锋背后不由有些发寒，他犹豫道："蒋？"

肖军没有直接回答，而是很有深意地看了柯锋一眼，点了点头。

得到肖军的确认，柯锋脑海中念头急转：纪委书记蒋跃进？他和陶彧部长有过节？没听说过啊。难道……难道是蒋鹏说服了叔叔蒋跃进，要对自己下手？这也不可能吧？这么高规格？这不是用大炮打苍蝇吗？

柯锋当然不会把自己想成苍蝇，不过他有这样的想法也不奇怪。一则有举报信在前，这分明是蒋鹏在暗中捣鬼；二则因为他是总部的培训主管，分公司培训管理的事情由他具体负责，如果真的论起责任，需要背锅的话，那就非他柯锋莫属了。

可事实证明，柯锋还是太高看了自己。肖军慢悠悠地解释道："这审计部卢德全也好，纪委书记蒋跃进也好，他们此番放炮，自然不是无的放矢，他们瞄向的目标正是你们的部长——陶彧。"

"蒋怎么会和陶部长有矛盾？没有听说过啊。"柯锋听到这个答案，更是云山雾罩。

"8月份高总要提前退休，公司的领导班子要调整，这事你知道吧？"

肖军问道。

"嗯，听说了一些。"柯锋点了点头，这事他确实略有耳闻。虽然平时柯锋醉心于工作，几乎两耳不闻窗外事，可对于公司这些大事他还是十分关注的，不像领导花边新闻之类的八卦，即使别人送上门来，他也是不愿意听的。

"你们陶彧部长要调整，这事你知道吧？"肖军诡异地笑了笑，追问了一句。

什么？陶彧部长要调整？这个信息像炸雷一样，炸得柯锋半天缓不过神来。他面露诧异，急忙问道："陶部长要调整？去哪里啊？"

肖军看着柯锋的反应，张口哈哈大笑。

果然，人力资源部内部对此事也一无所知。不说柯锋，就是在今天的会议之前，关于陶彧的调整，他肖军也是没有听到丝毫风声。只是早上会议的这个插曲，令所有人都感觉到这背后一定有事。会议结束之后，大家都明里暗里调用了自己的资源去了解信息，肖军自然也不例外。

笑了半天，肖军才打住，他伸出一根手指，往上面指了指。

柯锋瞬间松了口气，这是说陶彧部长要升职，进领导班子啊。

自柯锋接手培训工作之后，他愈发感觉到领导重视和支持的重要性。现在无论是陶彧，还是苏芩，对于他的工作都是格外地放权，资源上不遗余力地支持，这让他可以把更多的心思放到项目上，而不是和领导的周旋扯皮上。如果陶彧调走，换来一个新的领导，天知道又会是一个什么样的局面。

"可即使陶彧部长要进班子，蒋也没必要下绊子吧？"柯锋问出了自己心里的疑惑。

据柯锋所知，陶彧部长是去年由粤富电力调到粤富石油的，两边的职位都是人力资源部部长，正处级。之前柯锋还觉得奇怪，粤富电力比起粤富石油来说，在集团的地位只高不低，只是粤富石油近几年发展迅猛，势头不错罢了，陶彧不知为何会选择平级调过来。现在一看，如果肖军所言确凿，那么陶彧部长之前的调动就是一个过渡，如果过渡期不出意外，陶彧就能很快地进入粤富石油的领导班子，成为厅局级干部。

只是在现有的粤富石油领导班子中，如果8月份总经理高文刚退休，党书记蔡昌明接任，那党委书记的位置就空了出来。而按照组织惯例，一般党委书记由纪委书记接任，也就是说这空出来的位置，基本就是蒋跃进的了。加上蒋跃进现在有集团组织部部长李卫国的支持，这位置大概就是十拿九稳了。而陶彧如果在这时调整进领导班子，正常的流程就是接蒋跃进的位置，成为纪委书记。当年，蒋跃进在成为纪委书记之前，担任的也正是人力资源部部长。既然蒋跃进自己要高升，那还阻挡别人干什么。多栽树少栽刺，这道理大家都懂，他实在没有必要和陶彧较劲啊。如果说是审计部部长卢德全，那还说得过去，因为毕竟审计部部长也是纪委书记位置强有力的竞争者啊。

"陶彧部长有可能升党委书记。"肖军不紧不慢地讲了一句。

啊？直接升党委书记？不可能吧？这样就是连跳两级！肖军的这个答案令柯锋更加感到匪夷所思。

"小道消息，不过也并非空穴来风。"肖军说道。这事要不是他费了一番周折打听，他自己也有点不敢相信。

据肖军打探到的消息，是因为集团领导对于这几年蒋跃进的工作并不是特别满意，所以这次岗位调整就不准备动他了。还有人说，从人力资源部部长直接升到党委书记，这得背后有人，还得是大人物才行，陶彧背后就有大人物，中粤省国资委年初刚履职的主任正是陶彧的大学同学，两人交情深厚，关系非同一般。

想来蒋跃进也是听到了这样的消息，而且跟集团的李卫国做过确认，只是李卫国也有些犹豫，因为粤富能源厅局级的干部任命，这权力表面上是在粤富能源集团，实际上恰恰是在中粤省国资委。

这个消息如晴天霹雳，让蒋跃进坐立不安。要知道，他今年已经五十一岁了，如果再上不去，等一届，就基本接近退休了，到时候就什么机会也捞不着了。自己苦熬多年，甚至牺牲了侄子蒋鹏的未来，威逼利诱他与李卫国的女儿李若仙订婚，就是为了党委书记的职位，如果错失了这次机会，这一切的算计和投入就都白费了。

肖军这么一讲，柯锋也就释然了。因为蒋鹏就在人力资源部，在陶彧手下做事，所以纪委书记蒋跃进和陶彧之间，平时也是和和气气，看不出来有丝毫嫌隙。可一旦牵涉到利益，尤其是根本利益，这矛盾自然就有了，而且几乎没有办法退让。就像那句老话说的一样：没有永远的朋友，也没有永远的敌人，只有永远的利益！

看来，蒋跃进为了牢牢地把党委书记这一位子握在手中，就联合了审计部部长卢德全，借着分公司培训管理费用的问题，在部长例会上一起向陶彧开炮。

至于为什么蒋跃进会拿分公司培训管理经费的问题出来说事，是因为在粤富石油人力资源部的六大模块中，规划、绩效、薪酬、招聘，这些基本都是死的，全部都得按照集团的条条框框来，没有太大可变动和操作的余地。只有培训，要么可以做得很出彩，要么就是存在着巨大的漏洞。蒋跃进之前就是人力资源部部长，对这些事情可谓门儿清，而且他也听蒋鹏无意间提过现在分公司的培训管理费用非常混乱，只要查，就一定会查出大问题来。这样，一旦查出了大面积的问题，陶彧作为人力资源部部长，管理失职的责任自然是逃脱不了的。在这个节骨眼上，如果出了问题，陶彧的上升之路必须被堵住，那么对于蒋跃进的威胁自然而然也就可以解除了。

因为卢德全在部长例会上抛出了抽查报告，这事就成了焦点，最后经过讨论，领导层要求对粤富石油二十家子公司的培训经费使用情况做一次全面检查。在这样的大事面前，前庭主管培养项目只能停下来，待纪委的全面检查完毕后，再进行。

"这真的是神仙打架，凡人遭殃啊。"柯锋感叹了一句，因为高层的争权夺利，自己这些小喽啰连活儿都没有办法干了。

"这事你有办法置身事外？"肖军没好气地问道，"说得好像跟你没有关系一样。"

柯锋苦笑一声。"皮之不存，毛将焉附。"如果分公司培训管理费用真的被查出大面积的问题，第一个挨收拾的就是他柯锋。

"你给老哥交个底，这分公司培训费用管理真的存在大问题？"肖军神色一正，向柯锋问道。

柯锋略一沉吟，摇了摇头，眼神坚毅地回道："不至于！以前的事情我不清楚，但去年我接手培训管理工作之后，对于分公司做过一次巡视，江城分公司的事情就是那时候发现的，我们已经做了处理，并且通过案例通报，下发到了各个分公司。今年我们下发了新的培训管理制度，对于培训费用这块更是强化了管理。你说个别分公司还在顶风乱搞，这也有可能。但我相信绝大多数的分公司，在培训管理费用这块应该没有太大问题。"

肖军听到柯锋这笃定的回答，心里也便有了底。他指着柯锋，哈哈一笑："你小子，前景光明啊。"

"光明？我现在项目推迟，都快愁死了，肖哥你还有心说笑。"柯锋苦着个脸。

"要不是你去年做的这个巡检，有了处理和防范措施，如果是现在出问题，你们陶或部长还真不好应对啊。"肖军语重心长地说道。

柯锋心中一凛，没想到自己去年做的无意之举，在关键时刻还是起了作用的。这也让他更加感到责任重大，觉得工作如履薄冰，容不得丝毫的大意，否则一不小心，丢掉的不仅是自己的饭碗，还有可能让领导惹祸上身。

但转念一想，从去年7月份到了人力资源部，将近一年的时间，自己从一无所知的培训小白到渐渐摸清了培训管理的门路，赢得了领导的认可，连尘封已久的感情都有了进展，还有什么不满足的？

人啊，总不能太贪心！

柯锋忽然感觉有些累，仿佛一下子被人抽空了力气。他向肖军示意了一下，拿出手机，走到了餐馆外面。抬头看去，他看到粤富能源大厦屹立在灯光中，那棋盘形的顶层外观设计尤为显眼。

人生如棋，谁又不是在棋盘之中呢？只是自己这一年走来，到底是陷在棋盘，被困局中，还是开始破局，逐渐闯出了自己的路？柯锋自己也说不清楚。

这时，柯锋的电话响了，他拿起来看了一眼，接通电话，不待对方作声，便开口轻声讲道："玉琪，我想你了。"

致　谢

　　谢谢我的太太张莹莹女士一直以来的支持，她是本书的第一位读者，是她的鼓励和支持让我有力量完成了这本小说，同时感谢我的两个孩子，女儿付钰和儿子付彧。